# PEGIDA

Hans Vorländer · Maik Herold
Steven Schäller

# PEGIDA

Entwicklung, Zusammensetzung und
Deutung einer Empörungsbewegung

Hans Vorländer
Maik Herold
Steven Schäller

TU Dresden, Deutschland

Gefördert mit Mitteln der Fritz Thyssen Stiftung im Rahmen des Projekts „Der gute Bürger. Erwartungshorizonte und Zuschreibungspraxen."

ISBN 978-3-658-10981-3      ISBN 978-3-658-10982-0 (eBook)
DOI 10.1007/978-3-658-10982-0

Die Deutsche Nationalbibliothek verzeichnet diese Publikation in der Deutschen Nationalbibliografie; detaillierte bibliografische Daten sind im Internet über http://dnb.d-nb.de abrufbar.

Springer VS
© Springer Fachmedien Wiesbaden 2016
Das Werk einschließlich aller seiner Teile ist urheberrechtlich geschützt. Jede Verwertung, die nicht ausdrücklich vom Urheberrechtsgesetz zugelassen ist, bedarf der vorherigen Zustimmung des Verlags. Das gilt insbesondere für Vervielfältigungen, Bearbeitungen, Übersetzungen, Mikroverfilmungen und die Einspeicherung und Verarbeitung in elektronischen Systemen.
Die Wiedergabe von Gebrauchsnamen, Handelsnamen, Warenbezeichnungen usw. in diesem Werk berechtigt auch ohne besondere Kennzeichnung nicht zu der Annahme, dass solche Namen im Sinne der Warenzeichen- und Markenschutz-Gesetzgebung als frei zu betrachten wären und daher von jedermann benutzt werden dürften.
Der Verlag, die Autoren und die Herausgeber gehen davon aus, dass die Angaben und Informationen in diesem Werk zum Zeitpunkt der Veröffentlichung vollständig und korrekt sind. Weder der Verlag noch die Autoren oder die Herausgeber übernehmen, ausdrücklich oder implizit, Gewähr für den Inhalt des Werkes, etwaige Fehler oder Äußerungen.

Lektorat: Jan Treibel, Katharina Gonsior
Titelbild: Tim Wagner

Gedruckt auf säurefreiem und chlorfrei gebleichtem Papier

Springer Fachmedien Wiesbaden ist Teil der Fachverlagsgruppe Springer Science+Business Media (www.springer.com)

# Inhalt

1 Einleitung .................................................... 1

2 Entwicklung .................................................. 5
   2.1 Entstehung ............................................... 5
   2.2 Mobilisierung ............................................ 7
   2.3 Organisation ............................................ 10
   2.4 Spaltung ................................................ 13

3 Reaktionen von Politik, Medien und Gesellschaft ............... 17
   3.1 Abgrenzung ............................................. 18
   3.2 Polarisierung ........................................... 21
   3.3 Gegenprotest ........................................... 23
   3.4 Dialog .................................................. 25

4 Inhalte und Positionen ........................................ 31
   4.1 Reden und Redner ...................................... 31
   4.2 Positionspapiere ........................................ 34
   4.3 Die inhaltliche Ausrichtung der PEGIDA-Ableger ......... 37
   4.4 PEGIDA und die AfD .................................... 39
   4.5 PEGIDA und die NPD ................................... 43

5 Die Demonstrationen .......................................... 47

6 Die Demonstranten ............................................ 53
   6.1 Wissenschaftliche Untersuchungen ...................... 54
   6.2 Soziodemographische Merkmale ......................... 57
   6.3 Politische Einstellungen und Motive ..................... 62
   6.4 Abweichungen und Veränderungen ...................... 69

| 7 | **Einordnung und Deutung der empirischen Befunde** | | 71 |
|---|---|---|---|
| | 7.1 | Islamfeindlichkeit | 73 |
| | 7.2 | Rechtsextremismus | 80 |
| | | 7.2.1 Ausländerfeindlichkeit | 86 |
| | | 7.2.2 Nationalismus | 94 |
| | | 7.2.3 Ethnozentrismus | 96 |
| | | 7.2.4 Zusammenfassung und Bewertung | 102 |
| | 7.3 | Einstellungen zu Politik, Medien und Demokratie | 105 |
| | | 7.3.1 Demokratiekritik | 106 |
| | | 7.3.2 Medienkritik | 111 |
| | | 7.3.3 Politische Deprivation und Entfremdung | 114 |
| | | 7.3.4 Autoritarismus | 122 |
| | | 7.3.5 Populismus | 124 |
| | | 7.3.6 Erklärungsversuche | 129 |
| 8 | **Zusammenfassung** | | 137 |
| | 8.1 | Was war, was ist PEGIDA? | 137 |
| | 8.2 | Was sind tieferliegende Ursachen? | 141 |
| | 8.3 | Warum Sachsen, warum Dresden? | 143 |
| | 8.4 | Welche Folgen hat PEGIDA? | 145 |

Abbildungsverzeichnis ............................................. 149
Literatur ............................................................... 153

# Einleitung 1

Er sollte der Bewegung neue Luft einhauchen: Am 13. April 2015 erwarteten die Organisatoren der PEGIDA-Bewegung den niederländischen Rechtspopulisten Geert Wilders in Dresden. Gerechnet hatten sie mit dreißigtausend Demonstranten, es kamen aber nur rund zehntausend Teilnehmer zur Kundgebung. Damit war der *Relaunch* offensichtlich gescheitert. Der Versuch, aus einer diffusen Protestbewegung eine rechtspopulistische Strömung mit Zukunft zu machen, war vorerst ohne Erfolg geblieben. Danach zogen die üblichen Montagsdemonstrationen nur rund zwei bis dreitausend Demonstranten an, im Sommer 2015 gar weniger. Und dennoch gaben sie nicht auf.

Damit, so scheint es, ist das Ende einer Bewegung noch immer nicht absehbar, die im Oktober 2014 begann, ihren ersten und größten Höhepunkt Ende Januar 2015 hatte, sich anschließend spaltete und seitdem nicht wieder das Momentum der Jahreswende zurückgewinnen konnte. Gleichwohl ist PEGIDA ein gleichermaßen ungewöhnliches wie Aufsehen erregendes Phänomen geblieben. Gestartet als kleine Gruppe von Freunden entwickelte PEGIDA eine Dynamik, die Tausende von Teilnehmern zu mobilisieren verstand. Die Aufmerksamkeit der audio-visuellen Medien wurde schnell und weit über Dresden, Deutschland und Europa hinaus gefunden. Aufmarsch und Umzug protestierender, schrille Slogans skandierender Protestbürger stießen auf heftige Reaktionen von Politik, Medien und Gegendemonstranten. PEGIDA, die *Patriotischen Europäer gegen die Islamisierung des Abendlandes*, trat als islam- und asylkritische, als ausländer- und fremdenfeindliche Bewegung in Erscheinung und wurde auch genau so wahrgenommen und kritisiert. Und doch bestritten Initiatoren und Anhänger stets, dass sie Ausländer- und Islamhasser seien.

Obwohl PEGIDA ihren Ursprung in Dresden und dort auch bei den wöchentlichen Demonstrationen den größten Zulauf hatte, verstand man sich als Nukleus einer deutschen und europäischen Sammlungsbewegung. So entstanden in vielen Städten PEGIDA-Ableger, doch blieben die meisten bisher ohne Nachhall und Bedeutung.

Der Versuch, Dresden und Sachsen zum Ausgangspunkt einer gesamteuropäischen Bewegung zu machen, muss vorerst als gescheitert angesehen werden. Der großen medialen und öffentlichen Aufmerksamkeit entsprach lange Zeit ein nur sehr bruchstückhaftes Wissen über den Kreis der Organisatoren, deren Ziele und die Motive der Teilnehmer. *Prima facie* konnte es sich nur um eine xenophobe, islamfeindliche Strömung handeln, ließen doch bei Kundgebung und „Spaziergang" mitgeführte Plakate genauso wie die Ansprachen der Redner keine andere Interpretation zu, zumal sich sowohl Organisatoren wie auch Demonstranten weigerten, Journalisten Rede und Antwort zu stehen. Erst nach und nach brachten lokale Printmedien etwas Licht in den kleinen Kreis der Initiatoren, die es verstanden hatten, via Facebook zu mobilisieren und mit einem umfunktionierten Verkaufswagen, ausgestattet mit einer einfachen Lautsprecheranlage, Tausende zu versammeln. Auch empirische, wissenschaftliche Untersuchungen ließen bis Mitte Januar 2015 auf sich warten, um Antworten auf die Frage nach Zusammensetzung und Motiven der Teilnehmer von PEGIDA zu finden.

Im Folgenden wird versucht, die Entwicklung von PEGIDA nachzuzeichnen, die Organisatoren, Demonstrationen und das Programm zu charakterisieren sowie über die Teilnehmer von Kundgebung und Umzug, ihre soziodemographische Struktur, ihre Motive und Einstellungen Auskunft zu geben. Zugleich wird der Versuch unternommen, das Phänomen einzuordnen, indem die empirischen Befunde mit etablierten Erklärungsschemata der Rechtsextremismus-, Populismus- und politischen Kulturforschung in einen deutenden Zusammenhang gesetzt werden. Dabei zeigt sich, dass sich PEGIDA den schnellen Zuordnungen entzieht. Vieles spricht dafür, dass mit PEGIDA ein neuer Typ von Empörungsbewegung öffentlich in Erscheinung getreten ist, der keinen spezifischen Protest artikuliert, sondern einen diffus bleibenden Aufschrei gegen alles inszeniert, was mit ‚offizieller' Politik und Medien in Verbindung gebracht werden kann. Das wiederum ist kein beruhigender Befund. Ganz im Gegenteil, empörte, daueranklagende Frust- und Wutbürger sind ein leicht instrumentalisier- und verführbares Potential für Demagogen aller Art.

Dass bei der folgenden Darstellung der Schwerpunkt auf PEGIDA in Dresden gelegt wird, liegt in der Natur der Sache. In keiner anderen Stadt war PEGIDA auch nur annähernd so erfolgreich wie in Dresden. Damit ist auch ein Wort in eigener Sache notwendig. Die Autoren dieses Buches sind selber Bürger Dresdens und waren, so wie viele andere, irritiert von einer Bewegung, die es schaffte, über viele Wochen und Monate, beginnend im kalten und dunklen Winterhalbjahr, Tausende von Menschen auf die Straßen der Stadt zu bringen. Die Sorge vor gewalttätigen Auseinandersetzungen angesichts einer aufgeheizten Stimmung in der Stadt und das Bedürfnis, selbst Position zu beziehen, wurden begleitet von dem Interesse, etwas über diese Bewegung, vor allem über die Teilnehmer von Kundgebung

# 1 Einleitung

und abendlichem „Spaziergang" zu erfahren. Als zivilgesellschaftliche Akteure, mediale Auskunftgeber und Wissenschaftler, die PEGIDA und die Reaktionen der gleichermaßen hoch politisierten wie tief gespaltenen Dresdner Bürgerschaft analysierten, galt es folglich immer, diese verschiedenen Rollen zu unterscheiden.

Wir haben PEGIDA seit November 2014 beobachtet und schließlich, nach reiflicher Überlegung, auch das Vorhaben einer Befragung in drei Wellen gestartet. Als dann am 14. Januar 2015 das Ergebnis vorgestellt wurde und die Befunde über die Zusammensetzung der Demonstranten in Windeseile in den audio-visuellen Medien und den sozialen Netzwerken verbreitet wurden, erreichten uns von zahlreichen Kollegen, Medienvertretern, Bürgern und Akteuren interessierte und emotionale, meist bestärkende, teilweise aber auch empörte Reaktionen. Insbesondere in einigen sozialen Medien brach eine Welle der Entrüstung los, die glaubte, die Methodik der Befragung kritisieren zu müssen, weil die Ergebnisse den jeweils eigenen Mutmaßungen entgegenstanden und ein Bild der Anhänger zeichneten, welches den bisherigen medial kommunizierten Einschätzungen in weiten Teilen widersprach. Nachfolgende Studien bestätigten indes die Befunde unserer Befragung, eine Meta-Analyse kam wenig später zu dem Resultat, dass die Dresdner PEGIDA-Studie „geradezu vorbildlich" in der methodischen Anlage einer Zufallsstichprobe bei Demonstrationsgeschehen sei und im Vergleich die besten Daten erhoben habe (Reuband 2015, S. 134 ff.).

Dieses Buch ist der Versuch, *sine ira et studio* die vielfältigen Beobachtungen von PEGIDA, der zivilgesellschaftlichen Gegenaktionen und der vermittelnden Dialogveranstaltungen, außerdem die durch Lektüren hunderter Briefe und E-Mails sowie durch unzählige Gespräche gewonnenen Einblicke und Erkenntnisse in einer zeithistorischen Darstellung zusammenzuführen und in einer umfassenderen, systematisch angelegten Analyse einzuordnen. Dafür kommen wir auf die eigene Befragung der Dresdner PEGIDA-Demonstranten zurück und vergleichen ihre Befunde mit anderen vorliegenden Studien. Des Weiteren fließen in dieses Buch unsere eigenen Demonstrationsbeobachtungen, eine Auswertung der Berichterstattung zu PEGIDA in nationalen und internationalen Medien, die Verfolgung der Kommunikation in den sozialen Netzwerken, die Ergebnisse der teilnehmenden Beobachtung von sogenannten „Dialogforen" der Sächsischen Staatskanzlei sowie der Dialogrunden der Sächsischen Landeszentrale für politische Bildung ein. Schließlich konnten auch Hintergrundgespräche mit einzelnen Mitgliedern des Organisationsteams von PEGIDA und Akteuren aus deren Umfeld geführt werden. Dieses Buch wurde im Juli 2015 abgeschlossen. Es beschreibt und analysiert die Entwicklungen der ersten zehn Monate von PEGIDA. Ob das hier gezeichnete Bild bald zu ergänzen ist, wird sich erweisen müssen.

# Entwicklung 2

## 2.1 Entstehung

Die Bewegung der *Patriotischen Europäer gegen die Islamisierung des Abendlandes* (PEGIDA) ging aus einer nicht öffentlich sichtbaren Facebook-Gruppe hervor, die am 11. Oktober 2014 gegründet worden war. Hier diskutierte das spätere Organisationsteam von PEGIDA bereits frühzeitig und planvoll über Anliegen und Auftreten einer möglichen Initiative. So wurden verschiedene Varianten der Namensgebung – zwischen „friedliebenden" und „nationalen" Europäern – diskutiert und Folgen für das öffentliche Erscheinungsbild erörtert.[1] Mit der schließlich gewählten Bezeichnung „Patriotische Europäer" sollte das Bild einer aus der bürgerlichen Mitte kommenden Bewegung erzeugt werden (Popp und Wassermann 10.01.2015).

Die Mitglieder der Facebook-Gruppe stammten allesamt aus Dresden oder aus der näheren Umgebung. Als Gründungsmotiv machte ihr Initiator, der gelernte Koch und selbstständige Werbeunternehmer Lutz Bachmann[2], später geltend, dass er und seine Mitstreiter[3] angesichts einer Demonstration von PKK-Anhängern in Dresden sowie zweier ethnisch-religiös motivierter Auseinandersetzungen in Celle und Hamburg die Einsicht gewonnen hätten, zu Protesten auf der Straße aufrufen zu

---

1 Der ursprüngliche Name der Facebook-Gruppe lautete zunächst „Friedliche Europäer gegen die Islamisierung des Abendlandes" (Popp und Wassermann 10.01.2015).
2 Nach Recherchen von Machowecz (2015, S. 21 f.) wurde Bachmann 1998 wegen mehrerer Delikte, darunter Einbrüche und Körperverletzung, zu einer Freiheitsstrafe verurteilt, der er sich zunächst durch Flucht nach Südafrika zu entziehen suchte. Nachdem ihm dort eine Abschiebung drohte, verbüßte er ab 2001 die Strafe. Danach war er u. a. als Bratwurstverkäufer und in zwei Werbefirmen tätig.
3 In diesem Text wird aus Gründen der Lesbarkeit das generische Maskulinum verwendet, das auch die weibliche Form impliziert.

müssen.⁴ Tatsächlich standen die genannten Vorfälle in einer Reihe von Entwicklungen und Ereignissen, die nicht nur in den klassischen, sondern auch in den sozialen Medien zu einer breiten politischen Diskussion geführt hatten. Zum einen waren es die Erfolge des sogenannten *Islamischen Staates* in Syrien und im Irak, auch die von ihm in Videos inszenierten gezielten Tötungen. Sie mündeten schließlich in eine Debatte über die mögliche deutsche Unterstützung kurdischer Peschmerga-Milizen (Leithäuser und Bickel 01.09.2014). In der Folge kam es auch in Dresden am 10.10.2014 zu einer Demonstration, bei der sich die Teilnehmer für Waffenlieferungen an die in Deutschland verbotene PKK einsetzten. Von dieser Demonstration hatte Lutz Bachmann Filmaufnahmen in den sozialen Medien verbreitet.⁵

Zum anderen waren es Fragen und Probleme der Unterbringung von Flüchtlingen, die die Entstehung von PEGIDA im Herbst 2014 unmittelbar beförderten. Dabei spielte die Veröffentlichung von Plänen der Dresdner Stadtverwaltung und umliegender Landkreise zur Einrichtung neuer Unterkünfte für Asylbewerber eine entscheidende Rolle (Baumann-Hartwig et al. 26.11.2014). Die Stadt Dresden hatte bereits im Juni 2014 damit begonnen, sich auf die ansteigenden Asylbewerberzahlen einzustellen und einen budgetären Mehrbedarf von 7,5 Millionen Euro für die Einrichtung neuer Asylbewerberunterkünfte geltend gemacht (Weckbrodt 27.06.2014). Daneben wurde ein sogenannter Runder Tisch „Asyl in Dresden" gegründet, zu dem Vertreter aus Kirchen und Verbänden, von Vereinen und Initiativen beratend geladen waren (Schädlich 09.07.2014). Am 24.10.2014 wurden schließlich die Pläne der Öffentlichkeit vorgelegt: 2150 Plätze für Asylbewerber, verteilt über zwölf Heime und 220 angemietete Wohnungen. Die lokale Presse hatte über Beratungen und Entschlüsse ausführlich berichtet.

Auch in anderen Gemeinden rund um Dresden sowie im gesamten Land Sachsen machten die gestiegenen Prognosen für ankommende Flüchtlinge und Asylbewerber die Einrichtung neuer Unterkünfte notwendig. Dabei sorgte in den betroffenen Gemeinden vor allem die Absicht für Kritik, Asylbewerber zentral in Heimen unterzubringen (Wolf und Llanque 08.08.2014). So geriet etwa die nordwestlich von Dresden gelegene kleine Gemeinde Perba bei Meißen in den Fokus öffentlicher Debatten, weil hier aufgrund einiger lokaler Besonderheiten die

---

4   So in einem Interview für das Internet-Portal der Wochenzeitung Junge Freiheit (12.12.2014). – In Celle kam es am 06.10.2014 zu einer „Massenschlägerei" zwischen kurdischen Jesiden und tschetschenischen Muslimen (Knoche 08.10.2014). Im Hamburger Stadtteil St. Georg ereignete sich am 08.10.2014 eine ähnliche Auseinandersetzung zwischen Kurden und Salafisten (Knaack 08.10.2014).

5   Lutz Bachmann hat am 10.10.2014 auf seinem Youtube-Kanal ein Video eingestellt, das bei der genannten PKK-Demonstration in Dresden aufgenommen worden sein soll (Vgl. https://www.youtube.com/watch?v=d6aFr9GVE2c).

Probleme der zentralen Unterbringung von Asylbewerbern deutlicher als andernorts hervortraten. Perba wurde später auch für PEGIDA zu einem Paradebeispiel verfehlter Aufnahmepolitik (Reinhard 16.01.2015).[6]

Die aktuellen Ereignisse boten den über Facebook verbundenen Freunden den Anlass, auf die Straße zu gehen. Die im Namen *Patriotische Europäer gegen die Islamisierung des Abendlandes* eingefangenen Bedrohungsszenarien wirkten als emotionaler Katalysator für eine schnelle und verstörend erfolgreiche Mobilisierung tausender Demonstrationsteilnehmer.

## 2.2 Mobilisierung

Dem ersten öffentlichen Aufruf zur Demonstration in der Dresdner Innenstadt, den die PEGIDA-Organisatoren unter ihren Freunden und Bekannten auf Facebook verteilten, folgten am 20.10.2014 etwa 300 bis 350 Personen. In den folgenden Wochen stieg die Teilnehmerzahl rapide an[7], auch außerhalb von Dresden schossen zahlreiche Ableger von PEGIDA aus dem Boden. Bereits Mitte November 2014 ging eine Gruppe in Würzburg unter dem Label von PEGIDA auf die Straße. Es folgten im Dezember Kassel, Bonn, München und Düsseldorf, nach der Jahreswende Hannover, Leipzig, Kiel, Saarbrücken, Braunschweig und weitere Städte. Neben den deutschlandweiten Ablegern entstanden auch internationale Gruppierungen, die sich der Stoßrichtung, zum Teil auch der Bezeichnung PEGIDA anschlossen,

---

6 So lebten in der Gemeinde rund 180 Einwohner, die auf keinerlei öffentliche Infrastruktur, etwa Ärzte oder Einkaufsmöglichkeiten, zurückgreifen konnten. Die Gemeinde verfügte, so eine häufig in den Medien angeführte Beobachtung, lediglich über eine Haltestelle für eine nur bei Bedarf bestellbare Kleinbusverbindung nach Meißen (Scharf 20.11.2014). Als nun die Verwaltung die zentrale Unterbringung von 50 überwiegend männlichen Asylbewerbern verfügte, erhob sich der Protest der in Perba ansässigen Bürger. Über Perba wurde fortan in Schlagzeilen wie etwa „Die Wut wächst" oder „Ein Dorf wird überfordert" (Scharf 17.12.2014a, 17.12.2014b) berichtet. Erst im Frühjahr 2015 entspannte sich die Lage im Ort zwischen Anwohnern und Asylbewerbern. Erste Kontaktaufnahmen und gegenseitige Unterstützung halfen offensichtlich, Vorbehalte abzubauen und aufeinander zuzugehen (Bielmeier 06.06.2015; Werfel 27.06.2015), so dass Perba vereinzelt auch als gelungenes Beispiel einer friedvollen Aufnahme von Asylbewerbern angeführt wurde (Schlottmann 02.07.2015).

7 Die PEGIDA-Demonstrationen fanden immer montags statt, lediglich die Veranstaltung vom 25.01.2015 war auf den Sonntag vorverlegt worden, um der am nächsten Abend zeitgleich geplanten Gegenveranstaltung „Offen und bunt – Dresden für alle" auszuweichen.

so beispielsweise in Australien, Großbritannien, Spanien, Österreich, Polen und den Niederlanden.

Erfolgreich war PEGIDA vor allem in Dresden. Während in anderen deutschen Städten oft nur einige hundert Personen den Demonstrationsaufrufen folgten und die Zahl der Gegendemonstranten deutlich die der PEGIDA-Anhänger übertraf, war die Situation in Dresden genau umgekehrt. Die *Patriotischen Europäer* verzeichneten hier bis Mitte Januar ein rasantes Wachstum und erreichten schließlich am 12.01.2015 mit ca. 25.000 Demonstrationsteilnehmern den Höchststand ihrer Mobilisierung (Abb. 2.1).

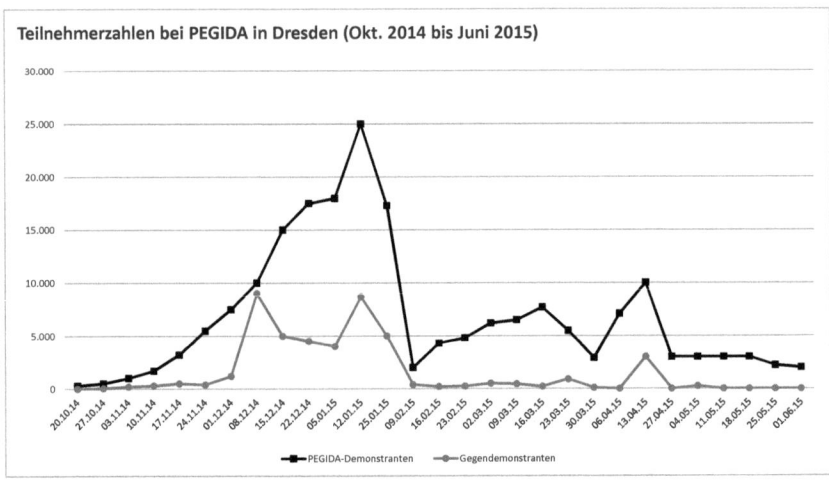

**Abb. 2.1** Die Teilnehmerzahlen bei PEGIDA und bei den jeweils parallel stattfindenden Gegendemonstrationen in Dresden im Zeitverlauf zwischen Okt. 2014 und Juni 2015[8]

---

8 Die Zahlen in Abb. 2.1 werden nach Angaben der Polizei verwendet. Vgl. dazu die Medieninformationen der Polizeidirektion Dresden, abrufbar unter: https://www.polizei.sachsen.de/de/medieninformationen_pdd.htm. Einzige Ausnahme bildet die Veranstaltung vom 13.04.2015. Hier wurden keine Polizeizahlen erhoben, die Darstellung bezieht sich deshalb auf die Angaben von dpa. Die Zählmethode der Polizei war nicht unumstritten und ihre Ergebnisse wurden in den Medien kritisch thematisiert (Springer 24.12.2014, Keilholz 13.01.2015). Die PEGIDA-Organisatoren gaben ihrerseits zum Teil noch höhere Zahlen an. In Abb. 2.1 sind nur die parallel zu PEGIDA mobilisierten Gegendemonstranten aufgeführt. Daneben gab es zwei weitere Veranstaltungen. Unter dem Titel „Für Dresden, für Sachsen – für Weltoffenheit, Mitmenschlichkeit und Dialog im Miteinander" versammelten sich am 10.01.2015 nach Angaben des Veranstalters,

## 2.2 Mobilisierung

Am darauf folgenden Montag wurden alle im Zusammenhang mit PEGIDA stehenden Veranstaltungen in Dresden kurzfristig abgesagt, weil die Sicherheitsbehörden eine „konkrete Bedrohungslage", einen geplanten Anschlag gegen ein Mitglied des Organisationsteams von PEGIDA, feststellten.[9] Am Sonntag, dem 25.01.2015, konnte mit ca. 17.500 Teilnehmern letztmalig annähernd das hohe Niveau der Vorwochen gehalten werden. Nach internen Konflikten und einer Spaltung des PEGIDA-Organisationsteams schlossen sich ab Februar 2015 dann deutlich weniger Personen den montäglichen Demonstrationen an. Mit Ausnahme des 13.04.2015, als der niederländische Rechtspopulist Geert Wilders auf der Veranstaltung sprach, verstetigten sich die Teilnehmerzahlen schließlich bis Ende Juli 2015 bei Werten zwischen 2.000 und 3.000.

**Abb. 2.2** „PEGIDA-Abendspaziergang" am Dresdner Terrassenufer am 01.12.2014 (Foto: Tim Wagner)

---

der Sächsischen Staatskanzlei, ca. 35.000 Menschen. Am 26.01.2015 organisierte der Verein *Dresden – place to be* die Kundgebung „Offen und bunt – Dresden für alle", bei der nach Polizeiangaben vor ca. 22.000 Teilnehmern Herbert Grönemeyer, die Bands Keimzeit, Silly u. a. auftraten. Vgl. dazu ausführlicher Kapitel 3.3 unten.

[9] Hierbei handelte es sich wohl um Lutz Bachmann, von den Sicherheitsbehörden wurde dies jedoch weder offiziell bestätigt noch dementiert.

Bei den zahlreichen PEGIDA-Ablegern in anderen deutschen Großstädten blieben die Teilnehmerzahlen weit hinter denen von Dresden zurück. Oft versammelten sich dabei nur einige hundert Menschen. Häufig wurden nach enttäuschenden Auftaktveranstaltungen oder Differenzen bei den lokalen Organisatoren (Kollenberg 06.05.2015; Crolly 16.03.2015) die Demonstrationen ganz eingestellt. Zu den erfolgreichsten PEGIDA-Ablegern zählten dabei noch die beiden Organisationen in Sachsen – LEGIDA in Leipzig und PEGIDA-Chemnitz/Erzgebirge. Doch auch dieser vermeintliche Erfolg war im Vergleich zu Dresden marginal: Leipzig brachte im Frühjahr 2015 regelmäßig nur etwa 500 bis 1000 Demonstranten auf die Straße, Chemnitz-Erzgebirge zwischen 300 bis 500, beide im Sommer 2015 mit fallender Tendenz (Freie Presse 19.05.2015; Döring 05.05.2015).

## 2.3 Organisation

PEGIDA wurde im Oktober 2014 von zwölf Personen aus der Taufe gehoben und im Rahmen eines zwölfköpfigen sogenannten „Organisationsteams" bis Ende Januar 2015 gemeinsam geführt. In diesem Gremium wurden sämtliche Entscheidungen nach dem Mehrheitsprinzip getroffen – von Fragen nach der inhaltlichen Ausrichtung von PEGIDA über den Ablauf der montäglichen Demonstrationen bis hin zum Umgang mit der Öffentlichkeit und der Politik.

Ein soziodemographisches Profil der zwölf Gründungsmitglieder von PEGIDA ist nur bruchstückhaft erstellbar.[10] Zum Zeitpunkt der ersten Demonstrationen im Herbst 2014 waren sie alle – bis auf die etwas jüngere Ehefrau von Lutz Bachmann, Vicky Bachmann – zwischen 37 und 55 Jahre alt. Mindestens neun von ihnen waren als selbständige Kleinunternehmer, vor allem im Dienstleistungsgewerbe tätig (Lutz und Vicky Bachmann, Stephan Baumann, Siegfried Däbritz, Thomas Tallacker, Bernd-Volker Lincke, Frank Ingo Friedemann, Achim Exner, Tom Balazs und René Jahn), sie haben dabei zum Teil heftige berufliche Rückschläge hinnehmen müssen (Friedemann, Exner, L. Bachmann). Nur zwei Frauen waren unter den Gründungsmitgliedern (V. Bachmann und Kathrin Oertel). Drei Personen waren bereits vor PEGIDA für politische Parteien aktiv (Exner bei der AfD, Tallacker in

---

10  Die verfügbaren Informationen beruhen zu einem Teil auf der Recherche von Journalisten (insbesondere Wolf et al. 02.12.2014; 22.12.2014; Wolf und Schawe 10.01.2015; Dresdner Neueste Nachrichten 15.12.2014; Machowecz 2015). Zum anderen sind hier eigene Beobachtungen von Aktivitäten der Akteure in den sozialen Netzwerken sowie Hintergrundgespräche mit einzelnen Personen aus dem Organisationsteam von PEGIDA oder deren Umfeld eingeflossen.

## 2.3 Organisation

der CDU, Däbritz kandidierte 2009 für die FDP in Meißen als Stadtrat). Ein Teil war der Dresdner Partyszene beruflich verbunden (Exner, Baumann), ein Teil in der Unterstützerszene von Fußball (SG Dynamo Dresden) und Eishockey aktiv (Exner, Thomas Hiemann und Jahn). Über diese und andere Verbindungen[11] dürften zwischen den meisten Mitgliedern des Organisationsteams bereits weit vor PEGIDA Bekanntschaften bestanden haben.

**Abb. 2.3** Mitglieder des Organisationsteams an der Spitze des Demonstrationszuges vom 01.12.2014 in Dresden. Das Banner halten, von rechts nach links: René Jahn, Thomas Tallacker, Kathrin Oertel, Hamilton Jorge (kein Mitglied des Organisationsteams), Lutz Bachmann (Foto: Tim Wagner)

---

11 Beim Elbehochwasser im Frühsommer 2013 war Lutz Bachmann einer der Organisatoren des im Stadion des Fußballvereins SG Dynamo Dresden eingerichteten Fluthilfezentrums. Auch dort sollen Kontakte geknüpft worden sein, die später im Kontext von PEGIDA an Bedeutung gewannen. Für sein Engagement im Rahmen der Fluthilfe wurde Lutz Bachmann am 17.01.2014 mit dem undotierten Sächsischen Fluthilfeorden ausgezeichnet. Mit einer feierlichen Zeremonie verlieh die damalige Dresdner Oberbürgermeisterin Helma Orosz im Auftrag von Sachsens Ministerpräsident Stanislaw Tillich diese Auszeichnung an verdiente Fluthelfer, darunter auch Bachmann (Fischer 09.12.2014).

|  | Gründungsmitglied des Organisationsteams im Oktober 2014 | Gründungsmitglied von PEGIDA e.V. am 19.12.2014 | Im Organisationsteam verbliebene Mitglieder nach der Spaltung vom 28.01.2015 |
|---|---|---|---|
| Lutz Bachmann | ✓ | ✓ | ✓ |
| Vicky Bachmann | ✓ | ✓ | ✓ |
| Tom Balazs | ✓ | ✓ | ✓ |
| Stephan Baumann | ✓ | ✓ | ✓ |
| Siegfried Däbritz | ✓ | ✓ | ✓ |
| Achim Exner | ✓ | - | - |
| Frank Ingo Friedemann | ✓ | ✓ | - |
| Thomas Hiemann | ✓ | ✓ | ✓ |
| René Jahn | ✓ | ✓ | - |
| Bernd-Volker Lincke | ✓ | - | - |
| Kathrin Oertel | ✓ | ✓ | - |
| Thomas Tallacker | ✓ | ✓ | - |

**Abb. 2.4** Die Organisatoren von PEGIDA in Dresden

Am 19. Dezember 2014 kam es zur Gründung eines eingetragenen Vereins, womit die Vorläufigkeit der bisherigen Arbeit in eine rechtlich geregelte Struktur überführt wurde. Den Vorsitz des Vereins übernahm Lutz Bachmann, sein Stellvertreter wurde René Jahn, Kathrin Oertel kümmerte sich um die Finanzen. Allerdings übernahm *PEGIDA e. V.* zunächst nicht alle Aufgaben bei der Organisation der montäglichen Demonstrationen, und auch personell wurden nicht alle Mitglieder des Organisationsteams in den neu gegründeten Verein eingebunden (Abb. 2.2).

Zur Unterstützung der Arbeit von PEGIDA wurde am 05.03.2015 außerdem der *PEGIDA Förderverein e. V.* gegründet. Dies geschah nicht zuletzt auch deshalb, um eine spätere Kandidatur von Tatjana Festerling im Dresdner Oberbürgermeisterwahlkampf vorzubereiten. Zu den Gründungsmitgliedern des Fördervereins gehörten Lutz und Vicky Bachmann, Siegfried Däbritz, Stephan Baumann, Thomas Hiemann, Tom Balazs und Tatjana Festerling. Den Vereinsvorsitz hatten Lutz Bachmann als erster Vorsitzender und Siegfried Däbritz als 2. Vorsitzender inne. Stephan Baumann kümmerte sich um die Finanzen des Vereins. Im Gegensatz zu *PEGIDA e. V.* konnten im Förderverein auch die Anhänger und Sympathisanten von PEGIDA eine Vereinsmitgliedschaft erwerben und über Mitgliedsbeiträge und Spenden die Arbeit von PEGIDA unterstützen.[12] Damit bestand die Aufgabe des Fördervereins – neben der Generierung von Spenden – vor allem darin, die

---

12 Auf der Facebookseite von PEGIDA wurde ab dem 25.03.2015 auf die Möglichkeit einer Mitgliedschaft im Förderverein hingewiesen. Vgl. https://www.facebook.com/permalink.php?story_fbid=889312287773862&id=790669100971515 (Zugriff am 08.06.2015).

Anhänger und Sympathisanten von PEGIDA institutionell einzubinden. Aus Spendeneinnahmen wurden später mehr als 30.000 Euro für den Wahlkampf von Tatjana Festerling bereitgestellt (Schenk 03.06.2015), wobei nicht erkennbar war, aus welchem Verein diese Mittel stammten.

## 2.4 Spaltung

Am 28.01.2015 gipfelte ein interner Streit über die weitere politische Ausrichtung PEGIDAs in einer Spaltung des Dresdner Organisationsteams, bei der die stärker auf ein moderates, bürgerlich-konservatives Erscheinungsbild zielenden Kräfte der Bewegung den Rücken kehrten. Der für die Öffentlichkeit sichtbare Anlass für die Spaltung bei den PEGIDA-Organisatoren war die Veröffentlichung von Text- und Fotomaterial, das Lutz Bachmann belastete.[13] Bachmann trat zunächst zurück, wollte aber im Hintergrund weiterhin die Fäden ziehen. Rückblickende Äußerungen von Kathrin Oertel und René Jahn deuten aber auch darauf hin, dass tiefer liegende Konflikte über den zukünftigen Kurs der Bewegung eine Rolle gespielt hatten.[14] Der offene Ausbruch dieser Konflikte fiel dabei in eine Zeit, als einzelne Mitglieder des Organisationsteams von PEGIDA begannen, Kontakte mit Vertretern der Politik zu knüpfen und sich gegenüber den Medien zu öffnen.[15]

---

13 Ein älterer, öffentlich gewordener Chat-Verlauf enthielt Einträge, in denen Bachmann Asylsuchende als „Viehzeug", „Gelumpe" und „Dreckspack" bezeichnet haben soll. Außerdem war ein Foto aufgetaucht, auf dem Bachmann mit ‚Hitler-Frisur' posierte. Nach Recherchen der Sächsischen Zeitung soll das Oberlippenbärtchen erst nachträglich hinein montiert worden sein (Wolf 16.02.2015).

14 Am 08.02.2015 nannte René Jahn als Grund für seinen Ausstieg bei PEGIDA die grundsätzliche Ausrichtung, die die Protestbewegung zu nehmen drohte. Bereits der Streit um das deutlich radikalere Positionspapier des Leipziger PEGIDA-Ablegers vom 03.01.2015 hatte für das Dresdner Organisationsteam eine starke interne Belastungsprobe dargestellt, bei der es auch um die inhaltliche Zielrichtung der gesamten Bewegung gegangen sei (Transkript der Rede von René Jahn am 08.02.2015 auf der ersten Kundgebung von DDfE). Kathrin Oertel gab an, dass die Aussteiger zwar die grundlegenden Ziele von PEGIDA geteilt hätten, es aber mit den verbliebenen Organisationsmitgliedern keine Einigkeit hinsichtlich der Mittel und Wege zum Erreichen dieser Ziele gegeben habe (Transkript der Rede von Kathrin Oertel am 08.02.2015).

15 Ein Teil des Organisationsteams traf sich am 07.01.2015 mit der sächsischen AfD-Landtagsfraktion (Saft 08.01.2015). Zudem fand am 27.01.2015 ein ‚geheimes' Treffen von Sachsens Innenminister Markus Ulbig mit Kathrin Oertel und Achim Exner statt (Spiegel Online 31.01.2015). Am 18.01.2015 war Kathrin Oertel in der Sendung von Günther Jauch zu Gast. Am 19.01.2015 wurde dieser Kurs einer Öffnung gegenüber den

Die personellen Konsequenzen des Zerwürfnisses bei PEGIDA waren gravierend. Sechs der insgesamt zwölf Mitglieder verließen das Dresdner Organisationsteam. Frank Ingo Friedemann beendete seine Tätigkeit, ohne sich fortan an anderer Stelle zu engagieren. Die anderen fünf ausgetretenen Mitglieder, zu denen neben René Jahn und Kathrin Oertel auch Bernd-Volker Lincke, Thomas Tallacker und Achim Exner zählten, gründeten wenige Tage später eine eigene Bewegung mit dem Namen *Direkte Demokratie für Europa* (DDfE). Nach zwei wenig ermutigenden Demonstrationen mit einer äußerst geringen Mobilisierung von Unterstützern zerfiel DDfE jedoch bereits wenige Wochen später wieder. Für *PEGIDA e.V.* hatte die Aufspaltung des Organisationsteams ebenfalls Konsequenzen: zunächst musste der Austritt von Oertel und Jahn aus dem Vorstand des Vereins rechtlich geregelt werden. Der Austritt aus dem Verein wird nach §8 der Vereinssatzung jeweils zum Ende eines Geschäftsjahres wirksam und bedeutet nach §12 gleichzeitig auch das Ende des Vereinsvorstandsamtes.[16] Da das Vereinsregister keine Auskunft über eine stattgefundene Neuwahl des Vereinsvorstandes gibt, kann davon ausgegangen werden, dass *PEGIDA e.V.* mit der Spaltung des Organisationsteams inaktiv geworden ist. In diesem Umstand könnte, neben der Unterstützung der Kampagne von Tatjana Festerling zur Wahl des Dresdner Oberbürgermeisters, ein zusätzliches Motiv für die Gründung eines weiteren Vereins zum 05.03.2015, dem *PEGIDA Förderverein e.V.*, gesehen werden.

Die Aussteiger gingen nach dem Zerfall von DDfE getrennte Wege. Thomas Tallacker und Bernd-Volker Lincke stellten ihre Aktivitäten ein. Achim Exner ist im Kontext einer neuen Protestbewegung, *Widerstand Ost West* (vgl. dazu Kapitel 4.3), aktiv geworden. René Jahn und Kathrin Oertel kündigten am 10.03.2015 einseitig die Zusammenarbeit mit DDfE auf. Beide engagierten sich anschließend in einer weiteren, ebenfalls über Facebook organisierten Bewegung, die sich unter dem Namen *193 Friedenstauben* dem Zusammenhang zwischen Kriegen, Flüchtlingsströmen und ökonomischen Interessen widmete. Am 01.05.2015 fand hierzu eine einmalige Kundgebung für „Frieden, Freiheit, Ehrlichkeit" auf dem Dresdner Neumarkt vor der Frauenkirche statt. Im Vorfeld dieser Kundgebung hatte Kathrin Oertel mit einer Videobotschaft auf sich aufmerksam gemacht, in der sie sich bei allen Muslimen für ihre Beteiligung an PEGIDA entschuldigte.[17]

---

Medien mit einer Pressekonferenz in den Räumen der Landeszentrale für Politische Bildung fortgesetzt.

16 Vgl. Amtsgericht Dresden, Vereinssatzung des *PEGIDA e.V.*, VR 7750, zuletzt eingesehen am 30.06.2015

17 Vgl. den entsprechenden Eintrag von Kathrin Oertel vom 29.04.2015 auf ihrem Facebook-Profil: https://www.facebook.com/100004186668301/viedos/vb.1000041866683

## 2.4 Spaltung

**Abb. 2.5** PEGIDA-Kundgebung am 15.12.2014 in Dresden (Foto: Tim Wagner)

Bereits zwei Wochen nach der Spaltung des Führungszirkels ging PEGIDA zwar wieder auf die Straße, die Teilnehmerzahlen brachen aber ein. So kamen am 09.02.2015 nur etwa 2.000 Demonstranten zusammen. Mit verschiedenen Maßnahmen versuchten die Organisatoren, das politische Momentum zurück zu gewinnen und die Aufmerksamkeit der Medien wieder auf sich zu lenken. Hierzu zählten die Einladung des niederländischen Rechtspopulisten Geert Wilders am 13.04.2015 sowie der Beschluss, mit einer eigenen Kandidatin, Tatjana Festerling, bei der Wahl zum Amt des Dresdner Oberbürgermeisters am 07.06.2015 anzutreten.[18] Zu Geert Wilders kamen ca. 10.000 Kundgebungsteilnehmer, die Organisatoren hatten mit deutlich mehr Personen gerechnet. Seitdem blieb es montäglich bei ein- bis dreitausend Demonstrierenden. Im Juni 2015 kündigte PEGIDA weitere politische Initiativen an. So erklärte Lutz Bachmann am 15.06.2015, man plane

---

01/471770346305850/ (Zugriff am 08.06.2015).

18  Bei dieser Wahl erzielte Tatjana Festerling einen Achtungserfolg. Im ersten Wahlgang konnte sie 9,6 Prozent (in absoluten Zahlen: 21.306) der gültigen Stimmen auf sich vereinen (http://www.dresden.de/de/02/060/04/c_001.php). Zum zweiten Wahlgang am 05.07.2015 trat Festerling nicht mehr an, sprach aber eine Wahlempfehlung für den später siegreichen Kandidaten Dirk Hilbert (FDP) aus.

über Direktmandate in die Kommunal- und Landesparlamente einzuziehen. Außerdem sei mittelfristig die Gründung einer eigenen Partei angedacht (Alexe 16.06.2015).

# 3 Reaktionen von Politik, Medien und Gesellschaft

Die schnelle Ausbreitung und das massive Wachstum von PEGIDA in Dresden erzeugten ein Medienecho, das ab Mitte November 2014 nicht mehr auf die regionale Berichterstattung begrenzt blieb. Bald beherrschten die Dresdner Demonstranten bundesweit auch die Kommentarspalten der Printmedien und die abendlichen Talkshows der öffentlich-rechtlichen Sendeanstalten. Selbst internationale Medien schenkten PEGIDA Aufmerksamkeit.[19] Bei Beobachtern im In- und Ausland hinterließen die in der abendlichen Dunkelheit ‚marschierenden' Menschenmassen mit ihren Deutschlandfahnen und ihren teilweise verstörenden Parolen und Plakaten einen nachhaltigen Eindruck. Die Wirkung dieser Bilder aus Dresden wurde zusätzlich verstärkt durch mehrere demoskopische Erhebungen, die auf eine große Sympathie für PEGIDA in der deutschen Bevölkerung verwiesen. Nach einer repräsentativen Umfrage im Auftrag von *Zeit Online* äußerten Mitte Dezember 2014 rund die Hälfte der Deutschen Verständnis für Demonstrationen gegen eine drohende „Islamisierung des Abendlandes". Insgesamt räumten sogar drei Viertel aller Befragten eine positive bis aufgeschlossene Haltung für PEGIDA ein. Eine wenig später durchgeführte repräsentative Umfrage ergab darüber hinaus, dass auch in den alten Bundesländern die Sympathiewerte zu PEGIDA ähnlich hoch waren wie im Osten. Rund ein Drittel der Westdeutschen teilte demnach die Positionen von PEGIDA. Mit diesen Befunden wurde nochmals die politische Sprengkraft der Ereignisse in Dresden verdeutlicht. Nicht nur das Bild Dresdens,

---

19 Vgl. entsprechende Berichte in Le Monde (Martel 2015), El País (Doncel 05.01.2015), The Times (Charter 15.12.2014), New York Times (Smale 07.12.2014) oder der Washington Post (Noack 16.12.2014). Bei CNN wurde Bundesinnenminister Thomas de Maizière am 05.01.2015 von Christiane Amanpour zu PEGIDA und neuen ausländerfeindlichen Tendenzen der ostdeutschen Gesellschaft befragt. Dieses Interview wiederum führte zu der Wahrnehmung, de Maizière müsse inzwischen das Ausland über die Vorgänge in Dresden und anderswo beruhigen (Amanpour 05.01.2015; Frankfurter Allgemeine Zeitung 06.01.2015).

sondern auch der Ruf Deutschlands in der Welt schien durch die rasant wachsende Protestbewegung gefährdet.[20]

## 3.1 Abgrenzung

Diese Gemengelage hob binnen weniger Wochen das Thema ‚PEGIDA' auf die Agenda von Politikern, Verbänden, Kirchen und zivilgesellschaftlichen Akteuren. Die explizite Verweigerungshaltung der PEGIDA-Organisatoren gegenüber den Massenmedien sowie die an ihre Anhänger ausgegebene Losung, am Rande der Demonstrationen nicht mit deren Vertretern zu sprechen[21], ließen die wöchentliche Proteste dabei lange rätselhaft erscheinen und beförderte die ablehnende, zum Teil aggressive Stimmung gegenüber Journalisten vor Ort.[22] In der veröffentlichten

---

20 Die Befragungen wurden durchgeführt von *YouGov*. In einer Umfrage von *TNS Forschung* im Auftrag von *Spiegel Online* war wiederum gut ein Drittel der Befragten der Ansicht, dass in Deutschland eine zunehmende Islamisierung stattfinde. Eine am 01.01.2015 veröffentlichte repräsentative Umfrage des Meinungsforschungsinstituts Forsa im Auftrag des *Stern* bestätigte diese Ergebnisse. Demnach halte fast ein Drittel der Deutschen den Einfluss des Islam im eigenen Land für zu groß und Proteste dagegen für gerechtfertigt (Zeit Online 15.12.2014; Frankfurter Allgemeine Zeitung 19.12.2014; Spiegel Online 13.12.2014; Süddeutsche Zeitung 01.01.2015; Baumgärtner 15.12.2014; Barth und Lemke 04.12.2014). Eine am 05. und 06.01.2015 durchgeführte Umfrage von *Infratest Dimap* für den ARD-Deutschlandtrend lieferte hingegen in der Tendenz andere Zahlen. Hier hatte lediglich ein Fünftel der Befragten sehr großes oder großes Verständnis für die Protestmärsche von PEGIDA (19 Prozent der westdeutschen Befragten / 31 Prozent der ostdeutschen Befragten) geäußert. Nur sieben Prozent konnten sich vorstellen, einmal selbst an einer PEGIDA-Demonstration teilzunehmen (6 Prozent der westdeutschen Befragten / 14 Prozent der ostdeutschen Befragten). Allerdings fanden 52 Prozent der Befragten, Parteien und Politiker sollten auf die PEGIDA-Bewegung zugehen, statt diese zu ignorieren (4 Prozent) oder sich davon abzugrenzen (38 Prozent) (Infratest Dimap 2015, S. 3, 5 f.).

21 Bei der PEGIDA-Demonstration am 15.12.2014 machten die Organisatoren ihre Kooperationsverweigerung mit den Medien explizit (Vgl. Transkript der Rede von Kathrin Oertel am 15.12.2014). Damit reagierten sie auf die kritische Berichterstattung der regionalen Presse, insbesondere der Sächsischen Zeitung (Wolf et al. 02.12.214) und der Dresdner Neuesten Nachrichten (15.12.2014).

22 Um im Rahmen einer verdeckten Recherche dennoch an aussagekräftige Informationen über die Dresdner Demonstranten zu gelangen, mischte sich am 15.12.2014 ein RTL-Journalist unter die PEGIDA-Teilnehmer und gab in der Rolle als vermeintlich Protestierender einem (nicht über seine wahren Hintergründe informierten) ARD-Fernsehteam ein ausführliches Interview, in dem er auch fremdenfeindliche Ressen-

## 3.1 Abgrenzung

Meinung dominierte folglich schnell eine klare Verurteilung und Abgrenzung von der Protestbewegung. Mit Blick auf die allwöchentlichen, bald auch außerhalb Dresdens stattfindenden Demonstrationen stellte sich gar eine regelrechte Wechselwirkung gegenseitiger Verstärkung zwischen Kritikern und Anhängern der Protestbewegung ein. So entstand eine Dynamik, in deren Verlauf die Verurteilung von PEGIDA durch Medienvertreter und Politiker einen immer schärferen Ton annahm und dies wiederum deutlich nachweisbare Mobilisierungserfolge für PEGIDA bewirkte.[23] PEGIDA wurde etwa als „Schande für Deutschland" (Heiko Maas) bezeichnet. Ihre Demonstranten und Sympathisanten galten als „komische Mischpoke" (Cem Özdemir), als ein „kruder Haufen" (Gerhard Schröder) oder als „Chaoten" (Joachim Gauck). Die Organisatoren wiederum seien „Rattenfänger" (Markus Ulbig) und „Nazis in Nadelstreifen" (Ralf Jäger), in deren Herzen viel „Kälte, ja sogar Hass" seien (Angela Merkel) und die sich einer „Kultur der Angstmache" (Joachim Gauck) bedienten. Ihr Gebrauch der Worte ‚Patriot' und ‚Patriotismus' sei eine „Unverschämtheit" (Thomas de Maizière).[24]

Auch Kirchen und Gewerkschaften stimmten in diesen Tenor ein. Während der Deutsche Gewerkschaftsbund vielerorts zu Gegenprotesten aufrief und der Kölner Dompropst aus Protest gegen eine Demonstration des Kölner PEGIDA-Ablegers KÖGIDA am 05.01.2015 das Gotteshaus verdunkeln ließ (Dörries 05.01.2015)[25], bezeichneten Vertreter der Evangelischen Kirche in Deutschland die Demonstrationen der „Patriotischen Europäer" als „unerträglich" und „unchristlich": Christen hätten „auf diesen Kundgebungen nichts zu suchen" (Rheinische Post 05.01.2015). Der Vorsitzende der Deutschen Bischofskonferenz, Reinhard Kardinal Marx, kritisierte PEGIDA ebenfalls, sprach sich aber – im Gegensatz zu seinem Bamberger Kollegen Ludwig Schick (Gierth 28.12.2014) – gegen ein oberhirtlich

---

timents artikulierte (Panorama 18.12.2014). Nach Bekanntwerden der Identität des vermeintlichen PEGIDA-Demonstranten und entsprechend empörter Medienberichte wurde er schließlich von seinem Arbeitgeber entlassen. Das PEGIDA-Organisationsteam griff diesen Vorfall anschließend mehrfach auf, um die vermeintlich skandalösen Methoden der „Lügenpresse" zu kritisieren (Hanfeld 22.12.2014).

23  Dies konnte durch die systematische Befragung von PEGIDA-Demonstranten auch empirisch nachgewiesen werden (Vorländer, Herold und Schäller 2015, S. 67 ff.).

24  Die Zitate im Nachweis: Joachim Gauck (Burger 13.12.2014; Spiegel Online 12.12.2014), Heiko Maas (Rossmann 15.12.2014), Markus Ulbig (Kochinke 26.11.2014) Cem Özdemir (Maybritt Illner 17.12.2014), Ralf Jäger (Süddeutsche Zeitung 13.12.2014), Gerhard Schröder (Waurig 20.12.2014), Thomas de Maizière (Meier und Niewendick 09.12.2014) und Angela Merkel (Bundesregierung.de 31.12.2014).

25  Auch die Beleuchtung der Dresdner Frauenkirche wurde anlässlich der Demonstration von PEGIDA am 09.02.2015 ausgeschaltet (Lohse 09.02.2015).

verordnetes ‚PEGIDA-Verbot' für Katholiken aus (Münchner Kirchennachrichten 21.12.2014). Andere Kommentare wiederum riefen in ihrer Verurteilung der Dresdner Demonstranten die gängigen Klischees vom ‚tumben', ‚undankbaren' und extremistisch eingestellten Ostdeutschen auf – etwa, wenn die Äußerungen der bei PEGIDA versammelten „empörten Verwandten der Zonen-Gabi" (Martin 19.12.2014) in breitem Sächsisch zitiert wurden (Yücel 16.12.2014). Auch wurden „die Wut, Unfreundlichkeit und Kälte vieler PEGIDA-Demonstranten" (Machowecz 04.02.2015) als Teil einer ostdeutschen Befindlichkeit diagnostiziert.

In der aufgeheizten Stimmung machten bald auch zahlreiche Spekulationen über die soziale Herkunft der Demonstrationsteilnehmer und ihre politischen Einstellungen die Runde. Aus PEGIDA spreche „das abgrundtiefe Misstrauen von Außenseitern gegenüber der traditionellen, bürgerlichen Öffentlichkeit". Es sei „die Angst vor dem Abstieg" in einer Welt, in der „Globalisierung und Technologie gnadenlos minderqualifizierte Arbeit vernichten". Die Wut der Demonstranten sei typisch für Menschen, denen „jederzeit Prekariat und sozialer Abstieg drohen" (Altenbockum 20.12.2014; Joffe 23.12.2014; Marschall und Quadbeck 24.12.2014; Schwan 30.12.2014). Zudem sei vielen Demonstranten die politische Bedeutung ihres Handelns wohl nicht ganz klar. Entsprechend wichtig sei es, die Organisatoren von PEGIDA und deren eigentlichen Ziele zu demaskieren, denn, so vermutete etwa der nordrhein-westfälische Innenminister Ralf Jäger, „[v]iele Demonstranten laufen aus Unwissenheit einfach mit" (Frigelj 13.12.2014). Hieran schlossen wiederum ausgreifende (Fern-)Diagnosen über die Hintergründe des besonderen Erfolges von PEGIDA in Dresden an. Schnell war die Rede vom „Tal der Ahnungslosen", einer typisch sächsischen Intoleranz und einem historisch verwurzelten ‚Dresdner Sonderweg' aus Selbstbezogenheit, Faktenscheue und einer mythischen Verklärung der eigenen historischen Opferrolle.[26]

---

26  Aly (15.12.2014), Lühmann (16.12.2014), Petzold (17.12.2014), Birgel (20.12.2014), Müller et al. (20.12.2014) und Carstens (21.12.2014). „Tal der Ahnungslosen" war im Sprachgebrauch der ehemaligen DDR dabei eine polemische Bezeichnung für jene Regionen, in denen Fernseh- und Radioprogramme des Westens nicht empfangen werden konnten und deren Bewohner deshalb auf die Informationen aus den staatlichen DDR-Medien angewiesen waren. Dazu zählten auch Teile Ostsachsens, insbesondere das Elbtal um Dresden. Dass diese Abkopplung von den Westmedien, ihren Nachrichten und Unterhaltungsangeboten, in der Bevölkerung allerdings weniger zu politischer Naivität oder Anpassung, sondern vielmehr zu größerer Unzufriedenheit mit dem DDR-System führte, haben Kern und Hainmüller (2009) gezeigt.

## 3.2 Polarisierung

Umgekehrt sahen sich alle, die im öffentlichen Raum wirkten und zu PEGIDA kritisch Stellung bezogen, bald einem anhaltenden Zustrom an E-Mails und Anrufen ausgesetzt. Insbesondere die Büros von politischen Amts- und Mandatsträgern sowie die Redaktionsteams der als ‚Lügenpresse' verunglimpften Massenmedien wurden darin meist mit scharfen Worten – häufig in einem aggressiv-beleidigenden und verleumderischen Tonfall – für ihre PEGIDA-kritische Haltung angeprangert. Auch in Dresden führten die öffentlichen Auseinandersetzungen um PEGIDA zu einer extremen Aufheizung und Polarisierung. Die Stadt zerfiel in zwei Lager: PEGIDA-Befürworter und PEGIDA-Gegner. In der Dresdner Bevölkerung herrschte bald ein regelrechter ‚Bekenntniszwang'. Jeder schien sich zu PEGIDA in irgendeiner Weise verhalten oder positionieren zu müssen. Wer der ‚falschen' Seite angehörte, galt aus der Perspektive des jeweils anderen Lagers dann entweder als ‚naiver Gutmensch' oder als ‚Latenznazi'. Freundeskreise wurden gespalten, Freundschaften zerbrachen.[27]

Die enorme Polarisierung des Diskurses, die systematische Einteilung in ‚PEGIDA-Versteher' und ‚PEGIDA-Gegner' war auch im Internet zu beobachten. Auf den Webseiten von Nachrichtenportalen und Tageszeitungen quollen unter beinahe jedem Beitrag zum Thema die Kommentarspalten und Leserforen über – meist mit empörten Reaktionen auf einen (in den Augen der Kommentatoren) falschen und unkritischen Umgang mit Themen wie ‚Asyl', ‚Flüchtlinge' oder ‚Islam' sowie eine ‚verunglimpfende' Berichterstattung über PEGIDA.

In den sozialen Netzwerken wiederum sammelten sich auf den einschlägigen Seiten PEGIDA-Sympathisanten und PEGIDA-Gegner und ließen ihrem Unmut über die jeweilige Gegenseite freien Lauf. Einerseits wurde in empörter, hetzerischer, teilweise sich konkreter Verschwörungstheorien bedienender Weise über das ‚System', die ‚Politiker', die ‚rot-grün versifften Medien' sowie über die ‚Asozialen', ‚Volksverräter', ‚Chaoten' oder ideologisch verblendeten ‚Gutmenschen'

---

27 Die aufgeladene politische Stimmung in der Stadt zeigte sich etwa im Umgang mit dem Mord an dem Asylbewerber Khaled Idris Bahray. Nachdem der junge Eritreer am 13.01. 2015 in Dresden tot aufgefunden wurde und die Polizei gleich zu Beginn Ermittlungsfehler eingestehen musste, machten in den nationalen und internationalen Medien Spekulationen über einen rassistischen Tathintergrund, dessen vermutete Vertuschung und eine mögliche Verbindung zu PEGIDA die Runde. Mahnwachen, Gedenkveranstaltungen und Solidaritätskundgebungen wurden organisiert, ehe das Ergebnis der polizeilichen Ermittlungen feststand. Wie sich letztlich herausstellte, wurde Khaled von seinem eritreischen Mitbewohner nach einem Streit um die Haushaltsführung erstochen (Springer 15.01.2015).

der PEGIDA-Kritiker geschimpft. Auf der anderen Seite wurde PEGIDA und den mitlaufenden Demonstranten vorgeworfen, die dort vertretenen Positionen und Parolen seien unvereinbar mit den Regeln von Menschlichkeit, Toleranz und freiheitlicher Demokratie und offenbarten bei allen PEGIDA-Sympathisanten ein rechtsextremistisches, rassistisches und neonazistisches Gedankengut. Jegliche Sympathie mit der PEGIDA-Bewegung sei deshalb inakzeptabel und könne nur mit konsequenter Abgrenzung beantwortet werden. In diesem Sinne wurde in überregionalen Tageszeitungen bald dazu aufgerufen, in den entsprechenden sozialen Netzwerken die eigene ‚Freundesliste' von PEGIDA-Sympathisanten zu befreien und diejenigen Personen zu löschen, die PEGIDA ‚liken' (Stern Online 17.12.2014; Tanriverdi 17.12.2014).[28]

Eine weitere unmittelbare Folge der Mobilisierungserfolge von PEGIDA sowie der ihr gewidmeten medialen Aufmerksamkeit war, dass bald in einem breiteren öffentlichen Rahmen eine lebhafte Diskussion über die von PEGIDA auf die Agenda gesetzten Themen der Asyl- und Integrationspolitik geführt wurde. In diesem Kontext war insbesondere in den sozialen Medien eine deutliche Verrohung der Diskussionskultur zu beobachten – nicht nur durch die Zunahme von Pöbeleien und das Abschleifen allgemeiner Umgangsformen. Die radikalisierende Wirkung einwanderungskritischer, ausländerfeindlicher und zum Teil gewaltverherrlichender Äußerungen vieler Internetnutzer im Umfeld des diskursiven Deckungsraums der Facebookseite von PEGIDA führte generell zu einer gewissen „Normalisierung" derartiger Positionen im Diskurs.

Dabei ließ sich die Konstituierung einer digitalen ‚Schmähgemeinschaft' beobachten, die in der kommunikativen Zusammenführung von Ressentimentträgern bestand und eine diskursive Enthemmung bewirkte. Gewalttätige Vorfälle um ein Ende Juni 2015 neu eingerichtetes Erstaufnahmelager für Asylbewerber im sächsischen Freital sowie die seit dem Winter 2014 allgemein angestiegene Zahl von Anschlägen auf Asylbewerberheime in Sachsen unterstrichen diese Entwicklung. (Maxwill 25.06.2015, Sächsische Zeitung 25.06.2015, Saft und Bernd 25.06.2015).[29]

---

28  Vgl. zudem die Einträge, Kommentare und Chatverläufe auf Facebook-Seiten von PEGIDA (https://www.facebook.com/pegidaevdresden), NOPEGIDA (https://www.facebook.com/nopegida) oder PEGIDA#watch (https://www.facebook.com/pegidawatch) u. a.

29  Auch die Proteste „besorgter Bürger" gegen die genannte Freitaler Einrichtung im ehemaligen Hotel *Leonardo* Ende Juni 2015 wurden größtenteils über die sozialen Netzwerke koordiniert. Im Mittelpunkt stand dabei seit Anfang des Jahres 2015 die Initiative *Freital wehrt sich. Nein zum Hotelheim.* Daneben mobilisierten in den sozialen Medien die Initiativen *Widerstand Freital* und *Frigida – unsere Stadt bleibt sauber – Freital ist frei.* Auch Lutz Bachmann war bei den Freitaler Protesten am 22.06.2015 vor Ort

## 3.3 Gegenprotest

Während im Lager der Sympathisanten die Bereitschaft zur Demonstrationsteilnahme stetig wuchs, formierte sich der Widerstand der PEGIDA-Gegner in zahlreichen Initiativen. Hierzu gehörten beispielsweise das Bündnis *Dresden für alle*, deren zentrale Akteure aus dem Kontext der Universität kamen, *Dresden nazifrei*, eine seit Jahren bestehende Gruppierung gegen den symbolischen Missbrauch der Stadt Dresden am 13. Februar, dem Tag der Zerstörung Dresdens im Zweiten Weltkrieg, die Initiative *Weltoffenes Dresden*, eine Vereinigung der Dresdner Kulturinstitutionen[30], sowie die *Aktion Neujahrsputz*, eine um die Jahreswende ad hoc entstandene Initiative von Kulturschaffenden.

Mit dem Ziel, PEGIDA auch auf der Straße entgegenzutreten, fanden zwischen Anfang November 2014 und Mai 2015 in Dresden wöchentlich Gegendemonstrationen statt. Dabei gelang es den Organisatoren allerdings zu keinem Zeitpunkt, PEGIDA zahlenmäßig zu übertreffen und in ähnlich kontinuierlicher Weise gleichmäßig hohe Teilnehmerzahlen zu mobilisieren (vgl. Abb. 2.1). In anderen deutschen Großstädten erreichte die Mobilisierung des Gegenprotests zwar zum Teil ähnliche Ausmaße wie in Dresden, dort allerdings waren die Anti-PEGIDA-Demonstranten stets klar in der Überzahl. Als Anmelder und Organisatoren von Gegendemonstrationen traten verschiedene Gruppierungen und Personen in Erscheinung. Zur ersten Veranstaltung am 03.11.2014 riefen die *Projektgruppe Studentenrat* und die *Undogmatische Radikale Antifa Dresden* auf (Dresdner Neueste Nachrichten 04.11.2014), später waren es Abgeordnete des Sächsischen Landtages, der Rektor der Technischen Universität Dresden oder Repräsentanten der Dresdner Kultur- und Kunstinstitutionen.

Auch die Formen des Protests waren vielfältig. Sie reichten von der lautstarken Auseinandersetzung mit den PEGIDA-Teilnehmern in Sicht- und Hörweite, über

---

und warb für politischen Widerstand auf der Straße. Die Proteste gegen das Freitaler Erstaufnahmelager stellten eine deutlich sichtbare Radikalisierung dar. Bei den abendlichen Versammlungen vor der Unterkunft wurden offen Hassbotschaften verbreitet und mehrmals der Hitlergruß gezeigt (Lindner 28.06.2015). Bachmann bemühte sich in der Folge um eine Distanzierung von dieser Form des Protestes. Vgl. https://www.facebook.com/permalink.php?story_fbid=711652568946760&id=61477416863460, (Zugriff am 26.06.2015) sowie die Facebook-Seiten der Freitaler Initiativen: https://www.facebook.com/pages/Freital-wehrt-sich-Nein-zum-Hotelheim/1586352918266554, https://www.facebook.com/Freiheitfuerdeutschland, https://www.facebook.com/pages/Widerstand-Freital/1591614877753731 (Zugriff am 26.06.2015).

30 Darunter u. a. die *Staatlichen Kunstsammlungen Dresden*, das *Dresdner Hygienemuseum*, das *Militärhistorisches Museum Dresden*, das *Dresdner Staatsschauspiel*, die *Semperoper* sowie *Hellerau – Europäisches Zentrum der Künste Dresden*.

die Besetzung von Plätzen, die von PEGIDA für die Abhaltung einer Kundgebung vorgesehen waren, bis hin zur Sitzblockade mit dem Ziel, den PEGIDA-Demonstrationszug aufzuhalten[31]. Andere wählten stärker symbolische Ausdrucksformen, etwa als der Rektor der Technischen Universität Dresden am 08.12.2014 zu einem „Sternlauf" gegen PEGIDA aufrief oder als die von PEGIDA als Kulisse gesuchte Semperoper in Dresden ab dem 01.12.2014 ihr Haus mit Botschaften für Weltoffenheit und Toleranz beflaggen und am 22.12.2014 während des sogenannten „PEGIDA-Weihnachtssingens" mit einer Lichtinstallation anstrahlen ließ. Daneben fanden von Februar bis Mai 2015 jeden Montag parallel zur PEGIDA-Veranstaltung sogenannte „Postplatzkonzerte" statt, mit denen das *Netzwerk Kultur Dresden* für eine weltoffene und tolerante Stadtgesellschaft warb. Auch die Sächsische Staatskanzlei und die Landeshauptstadt Dresden traten am 10.01.2015 als Veranstalter einer Kundgebung auf, bei der vor 35.000 Teilnehmern „Für Dresden, für Sachsen – für Weltoffenheit, Mitmenschlichkeit und Dialog im Miteinander" geworben wurde.[32] Damit sollte der Welt gezeigt werden, dass die Bevölkerung Dresdens mehrheitlich nicht mit den Zielen und Positionen von PEGIDA übereinstimmte. Der Verein *Dresden – place to be* setzte am 26.01.2015 mit namhaften Künstlern ein ähnliches Zeichen und lud dazu alle Dresdner auf den Platz vor der Frauenkirche ein, auch jene, die bislang Sympathie für PEGIDA bekundeten. Die Veranstaltung verzeichnete 22.000 Teilnehmer.

Zu den vielfältigen Protestformen gegen die „Patriotischen Europäer" zählten schließlich auch satirisch konnotierte Aktionen. So rief die *Aktion Neujahrsputz*, eine Initiative von Dresdner Künstlern, ab dem 05.01.2015 dazu auf, im Rahmen eines „symbolischen Kehraus" nach jeder PEGIDA-Veranstaltung mit Besen die Innenstadt wieder zu „säubern". Darüber hinaus mischten sich immer wieder Reporter von Satiresendungen sowie Mitglieder der Partei *Die Partei* mit humoristischen Transparenten unter die Teilnehmer des PEGIDA-Demonstrationszuges (Leubecher 02.12.2014).[33]

Daneben zeigten sich auch andere, indirekte Formen der Auseinandersetzung mit PEGIDA. So entstanden im Zuge der Ereignisse des Winters 2014/2015 eine

---

31 Am 17.11.2014 besetzten Gegendemonstranten in Dresden den Theaterplatz und zwangen PEGIDA dazu, die Abschlusskundgebung am benachbarten Postplatz durchzuführen. Am 01.12.2014 errichteten Gegendemonstranten eine Sitzblockade und hinderten PEGIDA daran, den angestrebten Theaterplatz zu erreichen.

32 Die Verlässlichkeit der Angaben zu den Teilnehmerzahlen ist umstritten. Vgl. dazu Anmerkung 8.

33 Eine weitere Form der kritischen Auseinandersetzung mit PEGIDA stellten Streitschriften sowie Position beziehende Augenzeugenberichte dar. Vgl. nur Weidner (2015), Koall (2015).

Reihe von Initiativen, die es sich zum Ziel setzten, ankommende Flüchtlinge und Asylbewerber zu unterstützen und ihnen durch entsprechende Angebote die Integration zu erleichtern.[34]

## 3.4 Dialog

Neben den genannten Formen von Abgrenzung, Gegenprotest und Engagement wurde die Frage nach dem richtigen Umgang mit den PEGIDA-Demonstrationen allerdings auch in anderer Weise beantwortet. So fand bereits von Anfang an eine Position starke Fürsprecher, die davon ausging, dass mit den Demonstranten, vielleicht sogar auch mit den Organisatoren des Protestes in einen politischen Dialog getreten werden müsse. Hier wies zunächst Frank Richter, Direktor der Sächsischen Landeszentrale für politische Bildung, bereits Ende November 2014 darauf hin, dass die Ängste der Bürger nicht bagatellisiert werden dürften und daher eine grundsätzliche Dialogbereitschaft vorhanden bleiben müsse (Heuer und Pleil 24.11.2014). Richter sprach daraufhin mehrmals explizite Einladungen, ebenfalls über die Medien kommuniziert, an die Organisatoren des Protestes aus (Sächsische Zeitung 13.12.2014). Daneben waren auch verschiedene politische Akteure im Hintergrund tätig, um mit den Köpfen der Bewegung ins Gespräch zu kommen, darunter die Landtagsfraktion der AfD im Sächsischen Landtag unter der Führung von Frauke Petry (Saft 08.01.2015) sowie Sachsens Innenminister Markus Ulbig (Spiegel Online 26.01.2015). Auf beide Gesprächsangebote ging die Führung von PEGIDA im Januar 2015 ein.

Hinzu traten zahlreiche Politiker und Persönlichkeiten, die ebenfalls zum Dialog mit PEGIDA aufrufen oder zumindest um ein Verständnis der Motive von PEGIDA-Anhängern bemüht waren – etwa die Bundesminister Thomas de Maizière (CDU) und Gerd Müller (CSU) oder FDP-Vize Wolfgang Kubicki (Exner 05.01.2015; Sigmund 01.01.2015; Tagesthemen 11.12.2014). Auch der sächsische Ministerpräsident, Stanislaw Tillich, warb mehrfach für einen Dialog mit PEGIDA. In einem Interview mit der *Welt* äußerte er bereits am 10.12.2014 „Verständnis für die Bürger, die sich Sorgen machen, wie Unterbringung und Integration gelingen können". Gespräche seien hier wichtig, um Gerüchte, Unverständnis und falsche Tatsachen aufzuklären – Voraussetzung sei aber, dass „beide Seiten auch dazu

---

34   Vgl. beispielhaft nur die Initiativen *Willkommen im Hochland* (http://www.willkommen-im-hochland.de), *Willkommen in Löbtau* (https://www.willkommen-in-loebtau.de) oder die Integrationsplattform „afeefa.de".

bereit sind" (Detjen 21.12.2014; Gaugele 10.12.2014). Das vom Organisationsteam am 05.01.2015 ausgesprochene Angebot, eine PEGIDA-Veranstaltung zu besuchen, nahm Tillich allerdings nicht an: „von einer Bühne zu sprechen, von der die Kanzlerin und andere Politiker mehrfach unsachlich beschimpft und gegen Ausländer gehetzt" werde, komme für ihn nicht infrage.[35] Am 25.01.2015 sorgte der sächsische Ministerpräsident schließlich mit seiner Äußerung für Aufsehen, „der Islam gehöre nicht zu Sachsen" (Kammholz 25.01.2015).[36] Eigene Fehler bei der Einrichtung von Asylbewerberunterkünften und der Kommunikation mit den Bürgern gestand wiederum die Dresdner Oberbürgermeisterin Helma Orosz ein. Am 11.12.2014 betonte sie im Dresdner Stadtrat, dass die grundrechtlich verbürgte Meinungs- und Versammlungsfreiheit es auch PEGIDA-Anhängern jederzeit ermögliche, ihren Protest auf der Straße zu bekunden. Wer dieses Recht wahrnehme, so Orosz, sei nicht automatisch rechtsradikal. Auf der anderen Seite aber seien auch die Grenzen des legitimen Protests klar: Menschenverachtende Ausdrucksformen könnten nicht geduldet werden, die Menschenwürde und das Asylrecht stünden nicht zur Disposition (Orosz 2014)[37].

Auch die ehemalige Fraktionschefin der Grünen im Sächsischen Landtag, Antje Hermenau warnte davor, die PEGIDA-Demonstranten vorschnell zu diskreditieren. In einem Beitrag in der *taz* nahm Hermenau die PEGIDA-Demonstranten sogar öffentlich in Schutz: „Das sind meine Leute in Sachsen, die mit der Ideologiekeule reflexhaft erschlagen werden sollen. Die lebenspraktischen Fragen, die sie stellen, kann man nicht mit Moralapostelei erschlagen. Zu behaupten, man stünde auf der richtigen Seite und ‚die anderen' auf der falschen, ist historisierend und weltfremd" (Hermenau 24.01.2015). In ähnlicher Weise warb auch die Herausgeberin der Zeitschrift *Emma*, Alice Schwarzer, öffentlich dafür, die Anliegen der Dresdner Demonstranten ernsthaft zu diskutieren. Die Politik, so sagte Schwarzer mit Blick auf Umfragen, die auf eine große Sympathie für PEGIDA in der Bevölkerung hindeuteten, solle „das Unbehagen dieser überwältigenden Mehrheit" nicht „weiterhin ignorieren", abstrafen oder gar dämonisieren – auch wenn es derzeit „zum guten Ton" gehöre, über PEGIDA empört zu sein (Schwarzer 06.01.2015).

---

35  Vgl. Transkript der Rede von Kathrin Oertel am 05.01.2015; Hebel (06.01.2015).

36  Damit grenzte sich Tillich von einer Äußerung Angela Merkels ab, die am 12.01.2015 nach dem Terroranschlag auf die Satirezeitschrift *Charlie Hebdo* noch erklärt hatte, dass der Islam zu Deutschland gehöre (Wiegel und Ross 13.01.2015).

37  Orosz stellte in der Sächsischen Zeitung außerdem fest, dass es schwer sei, die PEGIDA-Teilnehmer überhaupt zu erreichen, denn viele zeigten offensichtlich kein großes Interesse daran, „sich auch mal die andere Seite anzuhören und erklären zu lassen, wie es läuft". Stattdessen dominiere offenbar das Bedürfnis, „einfach seinen Frust bei dem Pegida-Lauf ab[zu]lassen" (Sächsische Zeitung 09.12.2014).

## 3.4 Dialog

Viele der öffentlich für einen Dialog mit PEGIDA werbenden Akteure wurden dafür entsprechend heftig kritisiert und mussten regelrechte *shitstorms* – die selbst zum Gegenstand der Berichterstattung wurden (Altenbockum 07.01.2015; Sturm 24.01.2015) – über sich ergehen lassen (Tageszeitung 25.01.2015; Jacobsen 29.01.2015). Andere versuchten mit PEGIDA-Sympathisanten selbst ins Gespräch zu kommen. So waren sächsische Landespolitiker aller Parteien bei Podiumsdiskussionen mit PEGIDA-Anhängern und PEGIDA-Gegnern zugegen, politische Stiftungen und Bildungswerke veranstalteten Informationsreihen, und auch im Rahmen der Technischen Universität Dresden wurden Veranstaltungen initiiert, in denen Experten über die von PEGIDA auf die Agenda gesetzten Themen mit Bürgern ins Gespräch kommen sollten.[38] Derartige Veranstaltungen trafen zwar stets auf großes Interesse, sie machten aber auch die tiefe Spaltung der Dresdner Bürgerschaft im Hinblick auf PEGIDA sichtbar. Sämtliche Dialogbemühungen fanden um die Jahreswende 2014/2015 außerdem in einer äußerst angespannten Stimmung statt und erzeugten ihrerseits weiteren Gesprächsstoff: Welche Ziele sollten derartige Diskussionen verfolgen? War es überhaupt angemessen, sich mit Personen an einen Tisch zu setzen, die augenscheinlich gegen Asylsuchende, Zuwanderer und Muslime Stimmung machten? (Amman et al. 24.01.2015)

Als Vermittler zwischen Anhängern und Gegnern von PEGIDA trat dabei vor allem die Sächsische Landeszentrale für Politische Bildung um ihren Direktor Frank Richter in Erscheinung. Bereits seit Ende November 2014 hatte dieser immer wieder öffentlich erklärt, dass in demokratischen Gesellschaften stets nach Möglichkeiten einer lagerübergreifenden Verständigung gesucht werden müsse (Heuer und Pleil 24.11.2014). Die ersten ausgewiesenen Dialogveranstaltungen wurden schließlich Anfang Januar 2015 von der Sächsischen Landeszentrale für Politische Bildung angeboten. In ihrem Rahmen kamen am 06.01., 23.01. und 02.02.2015 jeweils etwa 150 bis 200 interessierte Bürger zusammen, um über PEGIDA und die dort angesproche-

---

38 Bereits im Dezember lud das Institut für Soziologie der TU Dresden zu einer offenen Gesprächsrunde „Phänomen Pegida: Soziologische Deutungen" ein. Ende Januar thematisierten Dresdner Kommunikationswissenschaftler die Rolle der Medien mit einer Podiumsdiskussion „Was ist dran am Vorwurf der ‚Lügenpresse'?". Mitte März organisierte die Philosophische Fakultät eine Podiumsdiskussion mit dem Titel „Volksaufstand in Elbflorenz. Erklärungen und Deutungen", um mit den Bürgern über die Ursachen von PEGIDA ins Gespräch zu kommen. Außerdem lud die Konrad-Adenauer-Stiftung Mitte Januar zur Veranstaltungsreihe „Pegida ausbuchstabieren" und im Rahmen des „Forums Frauenkirche" diskutierten am 20.01.2015 prominente Gäste zu der Frage „Was will das Volk?".

nen Themen zu diskutieren.³⁹ Die Teilnehmer dieser Runden setzten sich vor allem aus Sympathisanten und Unterstützern von PEGIDA zusammen. Daneben waren ausgewiesene PEGIDA-Gegner, professionelle Beobachter, darunter Journalisten und Wissenschaftler, aber auch Lokal-, Landes- und Bundespolitiker, wie etwa, am 23.01.2015, der als „Privatmann" angereiste SPD-Chef und Bundeswirtschaftsminister Sigmar Gabriel oder, am 02.02.2015, das CDU-Präsidiumsmitglied Jens Spahn anwesend (Hoidn-Borchers 04.02.2015; Welt Online 04.02.2015). An der Veranstaltung vom 02.02.2015 nahmen auch Kathrin Oertel und Achim Exner teil, die zu diesem Zeitpunkt bereits aus dem Organisationsteam von PEGIDA ausgeschieden waren.

Auch wenn die Diskussionen der Dialogrunden eine die Auseinandersetzungen zivilisierende Struktur und Moderation erfuhren, so spiegelten sie gleichwohl das extrem polarisierte Klima und die diskursiven Schützengräben einer gespaltenen Stadtbürgerschaft wider. Auf der einen Seite standen jene, die sich nach eigenen Angaben von der Politik nicht angehört und mit ihren Problemen allein gelassen fühlten. Sie beklagten, dass sie in den Äußerungen von Politikern und Medienvertretern ihre eigene spezifische Lebensrealität nicht wiederfänden. Dabei wurde insbesondere auf die Flüchtlings- und Asylpolitik verwiesen. Hier ergriffen mehrfach Bürger das Wort, die nach eigener Auskunft in unmittelbarer Nachbarschaft von geplanten oder bereits eingerichteten Unterkünften für Asylbewerber wohnten und den Eindruck gewonnen hatten, über keinerlei Mitspracherechte zu verfügen. Ihnen wurde von anderen Gesprächsteilnehmern entgegnet, dass sie grundlegende Ressentiments gegenüber Ausländern und Asylbewerbern hegten, die nichts anderes als rechtspopulistische oder rechtsextreme Einstellungen erkennen ließen. Eine Auseinandersetzung in der Sache mit den Themen von PEGIDA berge die Gefahr, solche Ressentiments salonfähig zu machen. Daneben wurde auch auf die moralische, menschenrechtlich verbürgte Pflicht zur Aufnahme von Kriegsflüchtlingen hingewiesen.⁴⁰

Neben der Landeszentrale für politische Bildung trat ab Januar 2015 auch die Sächsische Staatskanzlei, zusammen mit der Landeshauptstadt Dresden und der Stadt Chemnitz, als Veranstalter sogenannter „Dialogforen" in Erscheinung. Unter dem Titel „Miteinander in Sachsen" fanden die ersten beiden Veranstaltungen am 21.01. und 10.03.2015 in Dresden, die bisher letzte am 21.04.2015 in Chemnitz statt. Organisiert wurden die Dialogforen von einer Agentur für Dialoggestaltung. Dabei

---

39   Grundlage bildete das sogenannte „Aquariums-" oder „Fish-Bowl-Prinzip": Dabei wurde in der Mitte des Raumes ein Tisch mit vier Stühlen platziert und ringsherum weitere Stuhlreihen gestellt, auf denen die Teilnehmer saßen. Aus dem Publikum rekrutierten sich die Personen, die am Tisch in der Mitte Platz nahmen und dort öffentlich über ihre Motive für die Unterstützung oder Ablehnung von PEGIDA sprachen.

40   Vgl. Beobachtungsprotokoll der Dialogveranstaltung „Warum (nicht) zu PEGIDA gehen?" am 06.01.2015.

## 3.4 Dialog

**Abb. 3.1** Dialogforum der Sächsischen Staatskanzlei „Miteinander in Sachsen" am 10.03.2015 im Dresdner Albertinum (Foto: Steven Schäller)

wurden die bis zu 300 Teilnehmer auf einzelne Tische mit je sieben Stühlen im Losverfahren verteilt.[41] An jedem Tisch saßen sechs Bürger mit unterschiedlichen Positionen zu PEGIDA sowie jeweils ein „Experte".[42] Die Teilnehmer jedes Tisches bestimmten aus ihrer Reihe einen Tischgastgeber, der die Gespräche moderierte und die Diskussionsergebnisse protokollierte. Der Ablauf der Veranstaltung sah zwei aufeinanderfolgende, als „Tischdialoge" bezeichnete Diskussionsrunden, eine daran anschließende Interviewrunde ausgesuchter Tische und eine Fish-Bowl-Podiumsdiskussion zum Abschluss vor. Dabei zeigte sich, dass eine versachlichte Kritik im Themenbereich „Asyl, Zuwanderung und Integration" vor allem auf intranspa-

---

41 Bei der ersten Veranstaltung lag die Teilnehmerzahl noch bei den maximal möglichen 300 Bürgern. Schon bei der zweiten Veranstaltung im März ging das Interesse bei etwa 250 Teilnehmern sichtbar zurück. Zu der Veranstaltung in Chemnitz kamen nur noch etwa 180 Teilnehmer.

42 Neben Funktionsträgern aus Verwaltung und Justiz waren dies hohe Repräsentanten des Landes Sachsen, wie Landtagspräsident Matthias Rößler oder Ministerpräsident Stanislaw Tillich, zahlreiche Abgeordnete des Sächsischen Landtages, Vertreter Dresdner Kulturinstitutionen sowie der Vorsitzende des Ausländerbeirates der Landeshauptstadt Dresden.

rente Verwaltungsentscheidungen und fehlende demokratische Einspruchs- und Mitbestimmungsrechte gerichtet war. Zugleich brach auch hier, wie schon in den anderen Gesprächsrunden und Foren, immer wieder eine fundamentale Kritik an „den" Politikern und Medien durch, die bei wichtigen Entscheidungen entweder nicht auf den Bürger hörten oder ihn gar nicht erst fragten. Ein wechselseitiges „Verstehenwollen" des Dialogpartners kam unter diesen Bedingungen kaum zustande, an der grundsätzlich konfrontativen Stimmung zwischen sich unverstanden fühlenden Bürgern und „abgehobenen" politischen Repräsentanten änderte sich ebenso wenig. Hinzu kam eine oft schrille und fordernde, für die Probleme politischer Entscheidungsprozesse wenig Empathie zeigende Rhetorik der Anhänger oder Sympathisanten von PEGIDA. Das dritte Dialogforum am 21.04.2015 in Chemnitz schien zudem von koordiniert agierenden Personengruppen verschiedener „Anti-Asylheim-Initiativen" besucht worden zu sein. Diese zeigten sich in den Interviewrunden als geübte und thematisch versierte Redner, die gezielt die Abschiebung krimineller Ausländer und den Stopp von Wirtschaftsflüchtlingen forderten und damit die anwesenden Politiker in der Fish-Bowl-Runde konfrontierten.[43]

Insgesamt kann den Dialogforen in der aufgeheizten und polarisierten Stimmung im Frühjahr 2015 aber eine beruhigende, das Protestpotential einhegende Wirkung bescheinigt werden. Obwohl die Diskussionen zu keinen konkreten Ergebnissen führten, die verhärteten Fronten zwischen Gegnern und Befürwortern von PEGIDA kaum auflösen konnten und meist einer Aneinanderreihung von Monologen glichen, vermochten sie es gleichwohl, Bürger mit den häufig kritisierten politischen Eliten an einen Tisch zu bringen und zur – oft emotional aufgeladenen – Aussprache einander konträrer Positionen beizutragen. Daneben aber waren die Dialogforen nicht zuletzt auch ein Tummelplatz von einzelnen oder in Gruppen auftretenden politischen Aktivisten beider Seiten, die den öffentlichen Raum gezielt nutzten, um Präsenz zu zeigen und für ihre Positionen zu werben.

---

43 Diese reagierten teilweise ausweichend und hilflos. So zog sich beispielsweise Sachsens Justizminister auf die Rolle als „einfacher und zuhörender Abgeordneter", zurück, der sich dafür bedankte, dass ihm Positionen wie die Behauptung, Bürger in den sächsischen Randgebieten würden gegenüber Flüchtlingen benachteiligt, zu Gehör gebracht wurden. Vgl. Beobachtungsprotokoll des 3. Dialogforums „Miteinander in Sachsen" am 21.04.2015.

# 4 Inhalte und Positionen

## 4.1 Reden und Redner

Über die Ziele von PEGIDA bestand lange Zeit Unklarheit. Der Name zeigte die Stoßrichtung an, ein eigentliches Programm, das viele erwartet oder gefordert hatten, war nicht erkennbar. Anhaltspunkte waren allein den gehaltenen Reden und Positionspapieren zu entnehmen. Die ersten Reden auf den Dresdner PEGIDA-Demonstrationen wurden von Lutz Bachmann, Kathrin Oertel und Frank Ingo Friedemann gehalten. Ab der dritten Demonstration entwickelte sich Lutz Bachmann zum Hauptredner der Kundgebungen. Die Ausführungen dieser frühen Reden im Oktober und November 2014 griffen, thematisch leicht variierend, jene Punkte auf, die später in einem 19 Punkte umfassenden Positionspapier verschriftlicht wurden. Dazu zählten steigende Flüchtlings- und Asylbewerberzahlen, sogenannte ‚Parallelgesellschaften' in deutschen Großstädten sowie der in Sachsen durchgeführte Stellenabbau bei der Polizei. Ab Mitte November 2014 kam René Jahn als weiterer Redner aus dem Organisationsteam hinzu. Von Dezember 2014 an sprachen auch auswärtige Gäste kurze ‚Grußworte', etwa Vertreter regionaler Initiativen gegen die Einrichtung eines Asylbewerberheims oder Repräsentanten der *Patriotischen Europäer* aus anderen deutschen Großstädten.[44] Letztere wurden ab Januar 2015 auch als Hauptredner eingesetzt, so Michael Viehmann von KAGIDA (Kassel), Silvio Rösler von LEGIDA (Leipzig) und Marco Carta Probach von PEGIDA NRW (Nordrhein-Westfalen). Damit wurde der Anspruch erhoben, PEGIDA als bundesweites Sprachrohr besorgter und unzufriedener Bürger zu etablieren. Mit dem Einsatz auswärtiger Redner ab dem 22.12.2014 entglitt den

---

44 Das Format der ‚Grußworte' wurde bis in das Frühjahr 2015 beibehalten und entwickelte sich zu der sogenannten ‚Offenen Bühne'. Diese bot Rednern aus dem Kreis der Demonstranten die Gelegenheit, sich mit eigenen Worten an die Demonstrationsöffentlichkeit zu wenden.

**Abb. 4.1** Lutz Bachmann spricht vor den Dresdner PEGIDA-Teilnehmern am 02.03.2015 in Dresden (Foto: Johannes Grunert)

Organisatoren aber auch die Kontrolle über die angesprochenen Inhalte, so etwa, als der eingeladene Stéphane Simon, ein gebürtiger Franzose und ehemaliger Bundespolizist, zu einer hetzerischen und beleidigenden Rede ansetzte, bei der selbst Lutz Bachmann erschrocken gestikulierte.[45] Das Ausscheiden der Gruppe um Kathrin Oertel und René Jahn Ende Januar 2015 beeinflusste die Auswahl auswärtiger Redner schließlich dahingehend, dass nun auch Redner eingeladen wurden, die aufgrund ihrer ausgewiesenen Radikalität zuvor im Organisationsteam nicht mehrheitsfähig gewesen waren.

Inhaltlich rückten die Reden nun das Thema ‚Islamisierung' in das Zentrum und verbanden dies durchgehend mit einer scharfen Kritik am politisch-medialen Establishment. Als vermeintlicher Augenzeuge dieser Islamisierung fungierte ab dem 22.12.2014 der gebürtige Niederländer, aber im Fränkischen beheimatete

---

45 Vgl. https://www.youtube.com/watch?v=eNpwDbMTAZo (Zugriff am 08.06.2015). Für Irritationen sorgte am 06.04.2015 auch der schweizerische Rechtspopulist Ignaz Bearth, als er Lutz Bachmann zum Ablegen eines „europäischen Rütlischwures" spontan auf die Bühne holte (https://www.youtube.com/watch?v=STuysWo-80A, Zugriff am 08.06.2015).

## 4.1 Reden und Redner

Edwin Wagensveld, Inhaber eines Internetversandhandels für Druckluftwaffen, ‚Selbstverteidigungsartikel' und Outdoor-Produkte. Er behauptete, dass die Ausbreitung muslimischer Sitten und Konventionen die deutsche Kultur verdrängten und dies von den Politikern bewusst geduldet würde. Eine ausgeprägte Naivität im Umgang mit dem Islam bescheinigte auch Udo Ulfkotte dem politisch-medialen Establishment. Der ehemalige Journalist der *Frankfurter Allgemeinen Zeitung* und Verfasser eines kritischen, verschwörungstheoretisch aufgeladenen Bestsellers zur deutschen Medienlandschaft sprach am 05.01.2015 auf der Dresdner Bühne. René Stadtkewitz, früheres Berliner CDU-Mitglied und Gründer der Partei *Die Freiheit*, verschärfte die islamkritische Stoßrichtung von PEGIDA am 23.02.2015, indem er den Islam als politisch-totalitäre Ideologie charakterisierte. Der niederländische Rechtspopulist Geert Wilders schloss am 13.04.2015 an diese Thesen an und warnte ebenfalls vor den Folgen eines aggressiven Islams, zu dessen Bekämpfung notfalls auch das Asylrecht eingeschränkt werden müsse.[46]

Andere Redner stellten vor allem die Kritik an den politischen und medialen Eliten in Deutschland ins Zentrum. Götz Kubitschek etwa, Inhaber eines nationalkonservativen Verlages und Herausgeber des Monatsheftes *Sezession*, der als einer der führenden Köpfe der „Neuen Rechten" in Deutschland gilt, verknüpfte ab dem 09.02.2015 in mehreren Auftritten in Dresden seine Schelte der politisch-medialen Klasse mit einer semantisch kaum verhüllten völkischen Position und schlug so eine Brücke zu neurechten, „identitären" Bewegungen.[47] Tatjana Festerling, ehemaliges AfD-Mitglied aus Hamburg, dort wegen ihrer rechtfertigenden Äußerungen zu den gewalttätigen Ausschreitungen bei *Hooligans gegen Salafisten* (Hogesa) am

---

46 Vgl. die Transkripte der Reden von Edwin Wagensveld (genannt ‚Ed uit Utrecht') am 22.12.2014, Udo Ulfkotte am 05.01.2015, René Stadtkewitz am 23.02.2015 und Geert Wilders am 13.04.2015.

47 Vgl. die Transkripte der Reden von Götz Kubitschek am 09.02.2015 und 02.03.2015. Die *Identitäre Bewegung* gilt als sogenannte „neurechte" Bewegung. Sie muss im Kontext einer jüngeren europaweiten Ausbreitung von Ideen gesehen werden, in deren Mittelpunkt der Schutz von Heimat, Kultur und Identität steht. Diese Begriffe sind als Chiffren zu verstehen, mit denen ältere nationalistische Konzepte und rechtsideologische Versatzstücke semantisch neu kodiert werden. Im Kontext identitärer Positionen findet sich beispielsweise der Wunsch nach einer kleinteiligen raumorientierten Volkswirtschaft, die Forderung nach einem Ende des sogenannten „Großen Austauschs" der weltweiten Ethnien und Kulturen sowie eine positive Konnotation des sogenannten „Ethnopluralismus", wonach jede einzelne Kultur für sich genommen bewahrenswert sei und diese sich zum Schutz vor äußeren, korrumpierenden Einflüssen auf dem eigenen Heimatterritorium abgrenzen dürfe. Vertreter der *Identitären Bewegung* waren regelmäßig bei den Demonstrationen von PEGIDA vertreten und an der gelben Flagge mit einem schwarz umrundeten Lambda zu erkennen.

26.10.2014 in Köln kritisiert, nahm die Verurteilung des politisch-kulturellen Establishments in besonders schrillen und diffamierenden Worten vor. So bezeichnete sie das politische Personal der Bundesrepublik als „pöbelnd-pestende Apparatschiks in unseren Parlamenten" und geißelte die Konventionen der sogenannten ‚political correctness' als „Minderheitenterror" und „Gesinnungsdiktatur".[48] Mit Blick auf die Zuwanderungs- und Integrationspolitik sprach sie von „Selbstvernichtungsfantasien" in „links-grünen Erfolgshochburgen". Kanzlerin Angela Merkel und Vizekanzler Sigmar Gabriel qualifizierte sie in diesem Zusammenhang als „Deutschlandvernichter" ab.[49] ‚Gender Mainstreaming', ‚sexuelle Früherziehung' und Ähnliches wiederum sei das Werk „verkorkster Gendertanten", einer radikalen „sozialistisch-queer-sexuellen Minderheitenlobby", die sich das Ziel gesetzt hätten, „unsere Kinder mit ihrem überzogenen Sexualscheiß schon in der Grundschule zu traumatisieren".[50] Das alles, so Festerling, rechtfertige eine neue Mauer zwischen Ost und West, die den „patriotischen Osten" vor dem „Grünen Reich" im Westen beschütze.[51] Als Kandidatin im Dresdner Oberbürgermeisterwahlkampf schlug Festerling Anfang Mai 2015 zunächst moderatere Töne an, um dann aber wieder durch rhetorische Verunglimpfungen Aufmerksamkeit zu erregen.[52]

## 4.2 Positionspapiere

Ihre inhaltliche Ausrichtung haben die *Patriotischen Europäer* zwischen Dezember 2014 und Februar 2015 auch durch mehrere Positionspapiere zum Ausdruck gebracht. Bereits seit Anfang November wurden Forderungen „an unsere Politiker" in Reden auf den Kundgebungen in Dresden artikuliert. Diese richteten sich inhaltlich gegen die Flüchtlings- und Asylpolitik – verlangten etwa die sofortige Abschiebung straffällig gewordener Asylbewerber, die konsequente Anwendung des Asylrechts oder ein Zuwanderungsgesetz nach dem Vorbild von Kanada, Australien oder

---

48  Vgl. die Transkripte ihrer Reden bei PEGIDA vom 09.03.2015 und 30.03.2015.
49  Vgl. die Transkripte ihrer Reden bei PEGIDA vom 09.03.2015 und 06.04.2015.
50  Vgl. die Transkripte ihrer Reden bei PEGIDA vom 30.03.2015 und 06.04.2015.
51  Vgl. das Transkript ihrer Rede bei PEGIDA vom 09.03.2015.
52  So bezeichnete Festerling am 01.06.2015 „unsere Gegner", die Politiker in Brüssel und Berlin, als „Alkoholiker". Ihre Parteien seien durchsetzt von „Kommunisten" und „Kinderfickern". (Transkript ihrer Rede vom 01.06.2015).

der Schweiz.⁵³ Am 10.12.2014 veröffentlichte PEGIDA ein 19 Punkte umfassendes Positionspapier auf Facebook. Dort, wo das Positionspapier zur Kenntnis genommen wurde, traf es auf heftige Kritik, die sich vor allem an der Widersprüchlichkeit und Unschärfe des Papiers festmachte. PEGIDA, so der Tenor, versuche mit diesen „19 Punkten" ein Feigenblatt für ihr radikales Auftreten zu finden. Die viel zu allgemeinen Forderungen würden dazu einladen, dass sich „Trittbrettfahrer aus Splitterparteien vom rechten Rand" der PEGIDA-Bewegung für ihre eigenen zweifelhaften Ziele bedienten (Sächsische Zeitung 11.12.2014; Anderson 16.01.2015). Letztlich, so etwa der nordrhein-westfälische Innenminister Ralf Jäger, mache sich PEGIDA unglaubwürdig, wenn ihre Organisatoren versuchten, mit diesem Papier und seinen scheinbar bürgerlichen Parolen die eigenen rechtsextremen Absichten zu verschleiern (Frigelj 13.12.2014). Weil das Papier in den Medien nicht die beabsichtigte Wirkung erzielte, folgte am 12.01.2015 eine auf „Sechs Forderungen an die Politik" gekürzte, ebenfalls über Facebook geteilte Fassung, die von Bachmann auch in seiner Rede am 12.01.2015 vorgetragen wurde.⁵⁴

Nach der Spaltung des Dresdner Organisationsteams fand Mitte Februar 2015 ein Treffen der deutschlandweiten Ableger von PEGIDA in Moritzburg bei Dresden statt. Als Ergebnis dieses Treffens wurde am 15.02.2015 ein neues Positionspapier vorgestellt, das als thematische Plattform aller PEGIDA-Ableger vorgesehen war. Insofern konnten diese von PEGIDA sogenannten „Dresdner Thesen" im Vergleich zu dem vorangegangenen 19-Punkte-Papier als redaktionell durchgearbeitet gelten.⁵⁵

Insgesamt erstreckten sich die von PEGIDA gestellten Forderungen auf sechs thematische Bereiche: Flüchtlinge und Zuwanderung, Islam und Islamisierung, Innere Sicherheit, Direkte Demokratie, Außenpolitik sowie die sogenannte ‚political correctness'. Das Thema „Flüchtlinge und Zuwanderung" wurde dabei in allen Papieren am ausführlichsten angesprochen. In den „19 Punkten" war es allein mit neun, in den „Dresdner Thesen" mit drei Forderungen vertreten. PEGIDA setzte sich demnach für ein Asylrecht für „Kriegsflüchtlinge" und politisch bzw. religiös Verfolgte sowie für eine beschleunigte Verfahrensdauer für Asylverfahren ein, aber auch für ein beschleunigtes Abschiebeverfahren abgelehnter Asylbewerber. Man forderte eine angemessene, dezentrale Unterbringung und einen besseren Betreuungsschlüssel für Asylsuchende, einen gesamteuropäischen Verteilungsschlüssel für Flüchtlinge, aber auch „eine Null-Toleranz-Politik gegenüber straffällig gewordenen

---

53  Die Forderungen umfassten zunächst vier, später sieben Punkte. Vgl. die Transkripte der Reden von Lutz Bachmann vom 03.11.2014 und vom 10.11.2014.
54  Vgl. Transkript seiner Rede vom 12.01.2015
55  Die Positionspapiere sind über die Facebook-Seite von PEGIDA zugänglich (https://www.facebook.com/pegidaevdresden. Abruf am 08.06.2015).

Asylbewerbern und Migranten". Außerdem sollte die „Pflicht zur Integration" in das Grundgesetz aufgenommen werden. In den „Dresdner Thesen" kam die Forderung nach einem Zuwanderungsgesetz hinzu, das „nach schweizerischem oder kanadischem Vorbild" entlang demographischer, wirtschaftlicher und kultureller Gesichtspunkte eine ‚qualitative Steuerung' von Zuwanderung ermöglichen solle. Hier fand sich auch die These, dass eine veränderte Familienpolitik der Schlüssel zur Umkehr des demographischen Wandels und zur Verhinderung einer befürchteten Minorisierung „autochthoner Deutscher" darstellen könnte.

Die PEGIDA den Namen gebende „Islamisierung" wurde in den „19 Punkten" in mehrfacher Hinsicht aufgegriffen: So richtete man sich gegen den Islam als „frauenfeindliche, gewaltbetonte politische Ideologie aber nicht gegen hier lebende, sich integrierende Muslime", gegen „Parallelgesellschaften/Parallelgerichte in unserer Mitte, wie Sharia-Gerichte, Sharia-Polizei" oder „Friedensrichter" sowie gegen „Hassprediger, egal welcher Religion zugehörig".[56] In den „Dresdner Thesen" vom Februar 2015 erfuhr das Thema „Islam und Islamisierung" dann deutlich weniger Aufmerksamkeit und fand sich nur noch in einer einzigen, allgemein gehaltenen Forderung wieder.

Mit Forderungen nach einer Mittelaufstockung und dem Stopp des Stellenabbaus bei der Polizei, nach Bürgerentscheiden entsprechend dem Vorbild der Schweiz sowie nach einem Aussetzen von Waffenlieferungen in Kriegsgebiete waren die Themenbereiche ‚Innere Sicherheit', ‚Direkte Demokratie' und ‚Außenpolitik' in den „19 Punkten" vertreten. Daneben fanden sich Bekenntnisse „für sexuelle Selbstbestimmung" und gegen die „zwanghafte, politisch korrekte Geschlechtsneutralisierung unserer Sprache". Insbesondere der Bereich ‚Außenpolitik' wurde in den „Dresdner Thesen" vom Februar 2015 stark erweitert: Erstens fand sich nun die Forderung nach einer Normalisierung der Beziehungen zu Russland. Zweitens wurde anstatt der Europäischen Union ein Verbund „starker souveräner Nationalstaaten in freier politischer und wirtschaftlicher Selbstbestimmung" postuliert. Hier verschmolzen euroskeptische Positionen mit der Forderung nach mehr demokratischer Beteiligung. Drittens nahm PEGIDA nun auch die weit verbreiteten Vorbehalte gegen ein transatlantisches Freihandelsabkommen (TTIP) auf, da ein solches Abkommen die „europäische Selbstbestimmung und die europäische Wirtschaft" schädigen würde.

Zusammenfassend kann festgehalten werden, dass die inhaltlichen Markierungen der Positionspapiere von den Medien und von der Öffentlichkeit kaum zur Kenntnis genommen wurden, wenngleich die aus Dresden stammenden Demonstrationsteilnehmer immer wieder auf sie als Grundlage ihrer Teilnahme verwiesen. Damit sollte auch die Ernsthaftigkeit des Anliegens wie auch die Mäßigung in den

---

56  Vgl. in den „19 Punkten" die Punkte 10, 16, 18 und 19.

konkreten Forderungen unterstrichen werden. Im Gegensatz hierzu verstanden es die Redner, die Stimmung mit einer pauschalen Islamkritik und populistischer Politikerschelte anzuheizen.

## 4.3 Die inhaltliche Ausrichtung der PEGIDA-Ableger

Viele PEGIDA-Ableger in anderen deutschen Städten unterschieden sich in personeller und inhaltlicher Hinsicht von der Dresdner Protestinitiative. Diese Unterschiede in den Organisationsstrukturen wurden zuerst bei BOGIDA (Bonn) deutlich. Melanie Dittmer, eine regional bekannte Aktivistin mit Vergangenheit in der rechtsradikalen Szene, gründete bereits im Dezember 2014 in der ehemaligen Bundeshauptstadt einen Ableger. Sie musste sich jedoch aus der Organisation von BOGIDA zurückziehen, nachdem Details ihrer politischen Vergangenheit bekannt geworden waren (Lehberger et al. 22.12.2014). Auch andere Ableger wurden von der rechten Szene unterwandert, so beispielsweise MVGIDA (Mecklenburg-Vorpommern), wo nicht nur Anmelder und Redner aus der NPD kamen, sondern auch Teile der Schweriner Landtagsfraktion der NPD offen an den Demonstrationen teilnahmen (Kiesel 21.01.2015). SÜGIDA (Suhl) wurde von der thüringischen Neonazi-Szene kaum verdeckt gesteuert (Haak 15.01.2015), wobei offen blieb, ob hier überhaupt Kontakte zu den Dresdner Organisatoren bestanden hatten. In anderen Fällen ist bekannt, dass PEGIDA Dresden bestehende Kontakte aufrecht erhielt, obwohl eine Unterwanderung durch rechtsradikale Kräfte angenommen werden musste – beispielsweise zu BAGIDA (München) und LEGIDA (Leipzig) (Götte 07./08.03.2015; Klaubert 22.01.2015). Inhaltliche Differenzen mit dem Leipziger Ableger zeigten sich aber hinsichtlich des Positionspapiers von LEGIDA. Deren Organisatoren veröffentlichten am 03.01.2015 ein eigenes, nicht mit Dresden abgestimmtes Papier, das sich bekannter rechtsprogrammatischer Semantiken bediente. Darin forderten die Leipziger ein Ende des „Kriegsschuldkultes", der „Generationenhaftung" und zugleich eine neue deutsche Verfassung, die im Gegensatz zum Grundgesetz einem „wahren" Souveränitätsakt des deutschen Volkes entspringen sollte. Das Positionspapier führte zu einem offenen Konflikt mit den Dresdner Organisatoren (Kochinke 23.01.2015), in dessen Verlauf PEGIDA Dresden mit rechtlichen Mitteln drohte (Richter et al. 23.01.2015).[57]

---

57 Das Positionspapier von LEGIDA war im Januar 2015 über deren Facebook-Seite zugänglich, wurde dann aber wieder entfernt. Der Konflikt mit PEGIDA-Dresden wurde

Bis Mitte Juni 2015 zählte PEGIDA etwa 21 Ableger in Deutschland. Nach der inhaltlichen Konsolidierung mit den „Dresdner Thesen" ließ sich auch eine schrittweise Verfestigung der deutschlandweiten organisatorischen Strukturen beobachten. So blieb die Zahl der Städte, in denen PEGIDA demonstrierte, seit Juni 2015 einigermaßen stabil. Auch konnte die Stabilität örtlicher Organisationsstrukturen insgesamt erhöht werden, sodass – im Gegensatz zu den ersten, gescheiterten PEGIDA-Ablegern im Winter 2014/2015 – auch bei Konflikten unter den jeweiligen Führungspersonen die einmal etablierten Strukturen nicht wieder zerfielen.[58] Eine Verfestigung der deutschlandweiten Strukturen zeigte sich schließlich auch daran, dass das Dresdner Team um Lutz Bachmann den *PEGIDA Förderverein e.V.* – anders als *PEGIDA e.V.* – im Frühjahr 2015 auch für solche Personen öffnete, die nicht dem Organisationsteam angehörten.

Dennoch brachen immer wieder Konflikte zwischen den Dresdner Organisatoren und den Verantwortlichen lokaler PEGIDA-Gruppierungen auf. Zuletzt schaffte es die im April 2015 gegründete Bewegung *Widerstand Ost West*, einen Teil der im Streit mit Dresden abgespaltenen PEGIDA-Ableger aufzufangen und unter einem neuen Dach zu vereinen. Zu dieser neuen Bewegung zählen auch die ehemaligen PEGIDA-Ableger aus Karlsruhe und Hamburg sowie PEGIDA NRW, die sich in *Widerstand Karlsruhe*, *Widerstand Hamburg* sowie *Widerstand NRW* umbenannten (Welt Online 02.06.2015). *Widerstand Ost West* wird nach außen durch Ester Seitz repräsentiert und koordiniert sich (ähnlich wie PEGIDA) vor allem über die sozialen Medien. Die Bewegung behauptet von sich, unzufriedene Bürger, deren Protestpotential von „den Herrschenden" bewusst in zahlreiche Initiativen zersplittert werde, vereinen zu wollen. Ihre Initiatoren hoffen mit einer in friedlichem Protest vereinten Bürgerschaft „die Politik" in den Fragen von Zuwanderung, Asyl und Islamisierung zum Umdenken zu bewegen. Am 20.06.2015 führte *Widerstand Ost West* eine sogenannte „Großdemonstration gegen den islamischen

---

am 25.01.2015 öffentlich mit dem Auftritt von Silvio Rösler, einem Organisator von LEGIDA, in Dresden beigelegt (Springer et al. 26.01.2015).

58 Interne Streitigkeiten und Konflikte zwischen Mitgliedern der Organisationsteams gab es etwa im März 2015 in Frankfurt am Main, im April 2015 in München und im Mai 2015 in Leipzig. In Frankfurt am Main führten Meinungsverschiedenheiten mit den Dresdner Organisatoren zu einer kompletten Auflösung und späteren Neugründung des Organisationsteams (Voigts 14.04.2015). In München und Leipzig führten interne Auseinandersetzungen nur noch zum Austritt einzelner Mitglieder. Diese Konflikte wurden von den verbliebenen Organisatoren entweder unkommentiert übergangen (München), oder den Anhängern in einer sachlich gehaltenen Stellungnahme als personelle Umstrukturierung verkündet (Leipzig). Vgl. https://www.facebook.com/legida.eu/photos/a.869495356418406.1073741828.868195626548379/976534502381157/.

und linksradikalen Faschismus in Deutschland" in Frankfurt am Main durch, die jedoch mit 250 bis 300 Teilnehmern weit hinter den Erwartungen der Anmelder zurückblieb und auf eine deutlich größere Anzahl von Gegendemonstranten traf (Harder 20.06.2015). Die Organisatoren der Demonstration wurden dabei auch von Achim Exner, einem ehemaligen Mitglied des Dresdner Organisationsteams, unterstützt.[59] Zu den Rednern auf dieser Veranstaltung zählte Michael Stürzenberger, Vorsitzender der Partei *Die Freiheit*, der wegen diffamierender Äußerungen über den Islam bereits vor Gericht stand.[60] Die Ordner der Veranstaltung rekrutierten sich unter anderem aus den Kreisen der szenebekannten Hooligans „Berserker Pforzheim" und „Berserker Wolfsburg", die bei *Hogesa* in Köln am 26.10.2014 durch gewalttätige Ausschreitungen auf sich aufmerksam gemacht hatten. Auch *Widerstand Ost West* hat ein Positionspapier vorgelegt, dass sich inhaltlich jedoch kaum von PEGIDAs „Dresdner Thesen" unterscheidet. So zielen die Forderungen des Papiers auf die vermeintliche „Islamisierung" Deutschlands, eine konsequente Umsetzung bestehender Gesetze im Bereich der Asylpolitik, eine Stärkung der Polizei sowie auf ein „Recht zum Patriotismus" und die Verabschiedung eines Zuwanderungsgesetzes.[61]

## 4.4 PEGIDA und die AfD

Unter den politischen Parteien hat insbesondere die *Alternative für Deutschland* (AfD) frühzeitig versucht, Kontakte zu PEGIDA zu knüpfen. Ihre Fraktion im Dresdner Stadtrat reagierte bereits am 20.11.2014 mit einer Pressemitteilung auf die Demonstrationen der *Patriotischen Europäer*. In ihr stellte der Fraktionsvorsitzende Bernd Lommel im Namen der Fraktion fest, dass der Protest von PEGIDA – im Gegensatz zu dem der Gegendemonstranten – „gewaltfrei, friedlich und sachlich durchgeführt" werde. Die Fraktion begrüße deswegen ausdrücklich, „dass Bürger ihr verfassungsrechtlich garantiertes Demonstrationsrecht ausüben und dazu nutzen, ihre Anliegen sowie Bedenken zu artikulieren" (Lommel 2014). Wie das

---

59 Achim Exner war auf einem Foto zu identifizieren, das ihn zusammen mit der Anmelderin der Frankfurter Demonstration im Gespräch mit der Polizei zeigte. Das Foto wurde am 22.06.2015 auf der Facebookseite von Ester Seitz veröffentlicht. Vgl. https://www.facebook.com/photo.php?fbid=1668176383396737&set=p.1668176383396737&type=1&theater (Zugriff am 24.06.2015).
60 Michael Stürzenberger war am 17.06.2015 auch Redner bei PEGIDA in Dresden.
61 Vgl. http://www.w-ow.de/app/download/12155776825/Positionspapier+Widerstand+Ost-West.pdf. (Zugriff am 26.06.2015).

Verhältnis zu den PEGIDA-Demonstrationen aber konkret aussehen sollte, blieb innerhalb der AfD stets umstritten – die Vorschläge schwankten hier zwischen Abgrenzung, wohlwollender Zustimmung, informeller Unterstützung und offizieller Zusammenarbeit. Auch die Parteispitze vertrat in dieser Frage lange keine abgestimmte Position. Ihre Sprecher lieferten sich stattdessen eine zum Teil öffentlich ausgetragene Diskussion um den richtigen Umgang mit den PEGIDA-Protesten und befeuerten damit einen Flügelkampf innerhalb der Partei.

Auf Bundesebene äußerte sich die AfD erstmalig im Dezember 2014 zu den Dresdner Demonstrationen: Der wirtschaftsliberale Flügel der Partei um den damaligen stellvertretenden Parteisprecher Hans-Olaf Henkel ging dabei frühzeitig auf Distanz zu PEGIDA. Weil die Proteste möglicherweise einen „ausländerfeindlichen oder gar rassistischen Beigeschmack bekommen" könnten, riet er AfD-Parteimitgliedern am 09.12.2014 ausdrücklich davon ab, sich den Demonstranten anzuschließen (Meier und Niewendick 09.12.2014).[62] Diese Aussagen Henkels wurden bereits zwei Tage später vom damaligen Parteivorsitzenden Bernd Lucke relativiert. Es könne, so erklärte Lucke, nicht falsch sein, dass sich PEGIDA gegen frauenfeindliche und gewaltbereite Auswüchse des Islams wende. Die reflexhafte Ablehnung der Proteste durch die „Altparteien und viele Medien", „ohne sich ernsthaft mit den Forderungen der Demonstranten" befasst zu haben, sei ein „Armutszeugnis". Im Wesentlichen komme es lediglich darauf an, dass PEGIDA sich klar von „rechtsextremen Mitläufern" distanziere „und eindeutig für Rechtsstaatlichkeit, Toleranz und Religionsfreiheit" einstehe (Neuerer 11.12.2014).[63] Der stellvertretende AfD-Sprecher und brandenburgische Landesvorsitzende Alexander Gauland ging hier noch einen Schritt weiter, indem er die eigene Partei als die „natürlichen Verbündeten dieser Bewegung" bezeichnete (Lachmann 11.12.2014). Nachdem er am 15.12.2014 eine PEGIDA-Demonstration vor Ort in Dresden beobachtet hatte, gab er zu Protokoll, eher eine „Graswurzelbewegung", nicht aber Rechtsextreme erkannt zu haben – ebenso wenig habe er Parolen gehört, die in diese Richtung gingen. Die „19 Punkte" von PEGIDA, so Gauland, seien „zum Teil sehr vernünftig" (Weiland 19.12.2014).

In diesen zum Teil öffentlich ausgetragenen Auseinandersetzungen der Bundesspitze um den richtigen Umgang mit den Dresdner Demonstranten hielt sich der Landesverband der AfD in Sachsen mit öffentlichen Äußerungen eher

---

62 Diese Kritik wiederholte Henkel am 19.12.2014 in Reaktion auf den Besuch Alexander Gaulands auf der Dresdner PEGIDA-Demonstration am 15.12.2014 (Spiegel Online 19.12.2014).

63 Auszüge dieses Interviews mit dem *Handelsblatt* ließ Lucke auch auf seiner Internetseite veröffentlichen. Vgl. http://bernd-lucke.de/unterstuetzung-fuer-pegida/. (Zugriff am 01.07.2015).

## 4.4 PEGIDA und die AfD

bedeckt. Stattdessen lotete die sächsische Parteivorsitzende und Fraktionschefin im sächsischen Landtag, Frauke Petry, Möglichkeiten aus, mit den Organisatoren von PEGIDA direkt ins Gespräch zu kommen.[64] Ein Treffen zwischen Teilen der AfD-Landtagsfraktion und Teilen des PEGIDA-Organisationsteams, das am 07.01.2015 stattfand, erbrachte – neben der Feststellung „inhaltlicher Schnittmengen" – allerdings keine konkreten Ergebnisse. Mögliche Formen der Zusammenarbeit wurden nicht vereinbart – nicht zuletzt wegen einer starken persönlichen Antipathie zwischen Lutz Bachmann und Frauke Petry (Lachmann 08.01.2015).[65] Zu einem regelrechten Bruch zwischen Bachmann und Petry kam es dann, als Petry am 21.01.2015, nach dem Bekanntwerden belastenden Materials gegen Bachmann (Vgl. Kapitel 2.3), in einer verfrüht veröffentlichten Pressemitteilung den Rücktritt von Lutz Bachmann vorweg nahm (Schneider 23.01.2015). Seitdem vertrat Bachmann öffentlich die Position, die AfD sei eine gescheiterte Protestpartei, die sich mit einem Vertrauensvorschuss der Bürger in die Parlamente wählen ließe, nur um anschließend „mit internen Postenkämpfen, mit Richtungsdiskussionen und ihrer Selbstversorgung" beschäftigt zu sein. Damit unterscheide sich die AfD nicht mehr von den anderen etablierten Parteien. Eine Zusammenarbeit sei für eine Bürgerbewegung wie PEGIDA deshalb unmöglich.[66]

Neben diesen Versuchen einer (halb)öffentlichen Kontaktaufnahme auf institutioneller Ebene bestanden bereits frühzeitig enge Vernetzungen zwischen den PEGIDA-Organisatoren und Mitgliedern der *Alternative für Deutschland*. Bis hin zur Ebene der AfD-Kreisvorstände aus Dresden und Meißen waren seit dem Beginn der montäglichen Demonstrationen einzelne Parteimitglieder im Umfeld

---

64 Dieses Vorgehen wurde von der AfD-Bundesspitze um Bernd Lucke sowie auch von Vertretern des liberalen Parteiflügels mehrmals ausdrücklich begrüßt. Es sei richtig, so äußerte sich etwa Henkel, „sich die Anliegen der Menschen anzuhören, wie es die AfD-Sprecherin Frauke Petry mit Pegida-Anhängern getan habe" (Krumrey 13.01.2015).
65 Nach den Eindrücken von Teilnehmern des Treffens vom 07.01.2015 bestand zwischen Bachmann und Petry von Beginn an kein vertrauensvolles Verhältnis. Beide sahen sich wechselseitig als Konkurrenten und erkannten in der Persönlichkeit des jeweils anderen ein Hindernis für eine fruchtbare Zusammenarbeit. Dies wurde später auch immer wieder wechselseitig so kommuniziert – von Bachmann zuletzt am 09.07.2015 auf Facebook. Hier stichelte er über „Frau Petry – die ja maßgeblich an der Spaltung von PEGIDA beteiligt war im Januar 2015 (unter Anderem mit Falschmeldungen über meinen angeblichen Rücktritt im Januar, bevor überhaupt unsere Vereinssitzung war und ich wiedergewählt wurde, durch Einflussnahme auf OrgateamMitglieder usw. usw.) und im Hintergrund auch heute noch aktiv gegen PEGIDA intrigiert und arbeitet". Vgl. https://www.facebook.com/permalink.php?story_fbid=717921654986518&id=614774168634601. (Zugriff am 10.07.2015).
66 Vgl. Transkript der Rede von Lutz Bachmann am 11.05.2015.

von PEGIDA aktiv und unterstützten auch die Arbeit des Organisationsteams – etwa durch die kurzfristige Bereitstellung von Armbinden zur Identifizierung der Ordner im Oktober 2014. Derartige Formen konkreter Zusammenarbeit wurden dabei meist durch persönliche Kontakte angebahnt. Neben anderen konnte hier etwa PEGIDA-Mitorganisator Achim Exner, gleichzeitig im Kreisvorstand der Dresdner AfD tätig, seine entsprechenden Beziehungen nutzen. Ein Ergebnis derartiger Kooperationen zeigte sich auch ab der vierten Demonstration am 10.11.2014, als Lutz Bachmann nicht mehr über ein einfaches Megaphon zu den Demonstranten sprach, sondern auf einen zur Bühne umfunktionierten und mit einer Tonanlage ausgestatteten Verkaufswagen zurückgreifen konnte. Dieser Verkaufswagen war von Mario Aßmann, einem Meißner AfD-Kreisvorstandsmitglied, wöchentlich zur Verfügung gestellt und gelegentlich sogar persönlich auf das Kundgebungsgelände gefahren worden. Im Gegenzug leistete PEGIDA im März 2015 eine Spende an die „Aktion Tier Meißen e. V." und ein von ihr betriebenes Tierheim. Vorsitzender dieses Vereins war wiederum Aßmann (Lohse und Springer 17.03.2015). Darüber hinaus ist der Verein „Aktion Tier Meißen e. V." gemäß Paragraph 14 der Vereinssatzung auch Begünstigter im Falle einer Auflösung des PEGIDA Fördervereins e. V.[67]

Trotz dieser teilweise engen Zusammenarbeit zwischen AfD-Mitgliedern und den PEGIDA-Organisatoren in Dresden kam es auf der Ebene der Bundespartei zu anhaltenden Kontroversen über die eigene Positionierung zu den Protesten. Während die Vertreter des national-konservativen Parteiflügels um die – nach erfolgreichen Landtagswahlergebnissen gestärkten – ostdeutschen Landesverbände deutlich mit den Anliegen der PEGIDA-Teilnehmer sympathisierten, ging der liberal-konservative Flügel um Bernd Lucke und Hans-Olaf Henkel immer stärker auf Distanz zu den Demonstrationen und mit Teilen der eigenen Partei hart ins Gericht. So betonte Hans-Olaf Henkel am 17.04.2015 mit Blick auf den Rest der noch immer wöchentlich in Dresden demonstrierenden PEGIDA-Anhänger, dass mittlerweile „selbst der verbohrteste Rechtsaußen in der AfD erkennen [müsse], was das für Leute sind". Seine Partei müsse sich „genau ansehen, wer da herumläuft und Abstand halten zu allen diesen diffusen Bewegungen." Die Grenze zur offenen Ausländerfeindlichkeit sei bei PEGIDA inzwischen deutlich überschritten (Weiland 17.04.2015). Dieser Grundsatzstreit zwischen den Lagern wurde schließlich durch die offene Konkurrenz zwischen den Parteisprechern Bernd Lucke und Frauke Petry personalisiert und in einem öffentlichen Machtkampf um die Führung und inhaltliche Ausrichtung der Partei ausgetragen. Beide Lager versuchten, mit Blick auf eine für den Sommer 2015 anstehende Neuwahl des Bundesvorstandes

---

67 Vgl. Amtsgericht Dresden, Vereinssatzung des PEGIDA Förderverein e. V., VR 7816, zuletzt eingesehen am 30.06.2015.

eigene politische Mehrheiten zu organisieren. Auf dem Parteitag der AfD in Essen konnte Frauke Petry am 04.07.2015 die Auseinandersetzung schließlich für sich entscheiden. Markus Pretzell, AfD-Landesvorsitzender in Nordrhein-Westfalen und Abgeordneter im Europäischen Parlament, erklärte daraufhin, dass die AfD auch die „PEGIDA-Partei" sei (Bender und Lohse 06.07.2015). Zahlreiche AfD-Mitglieder und Funktionsträger des liberal-konservativen Flügels traten aus der Partei aus, so etwa auch Bernd Lucke und Hans-Olaf Henkel. Zu den Gründen gab Lucke an, dass er nicht als „bürgerliches Aushängeschild" für politische Vorstellungen missbraucht werden wolle, die er zutiefst ablehne. Zu spät habe er erkannt, „in welchem Umfang Mitglieder in die Partei drängten, die die AfD zu einer Protest- und Wutbürgerpartei umgestalten wollen".[68]

Rückblickend ist davon auszugehen, dass gerade die Frage nach dem richtigen Umgang mit PEGIDA schon früh, nämlich seit Dezember 2014, einen tiefen Graben in der AfD zwischen liberal-konservativen und national-konservativen Kräften aufbrechen ließ, der dann maßgeblich zur Spaltung auf dem Essener Parteitag Anfang Juli 2015 führen sollte.

## 4.5 PEGIDA und die NPD

Neben der AfD war auch die NPD von Beginn an um eine besondere Nähe zu PEGIDA bemüht. Bereits im Kontext der ersten Dresdner Demonstrationen vermeldeten Pressberichte die Teilnahme stadtbekannter Neonazis und ehemaliger NPD-Abgeordneter (Pleil et al. 25.11.2014). Sachsens Innenminister Ulbig kritisierte daraufhin, dass die PEGIDA-Organisatoren die Anwesenheit dieser Personen zumindest in Kauf nähmen (Kochinke 26.11.2014). Es wurde ebenfalls vermerkt, dass die Demonstrationsteilnehmer Woche für Woche „gemeinsam mit bekannten Neonazis, NPD-Kadern und Hooligans" durch Dresden marschieren würden, ohne dies besonders anstößig zu finden (Baumann-Hartwig et al. 26.11.2014). Der Präsident des Sächsischen Verfassungsschutzes, Gordian Meyer-Plath, charakterisierte die auf den Demonstrationen regelmäßig Präsenz zeigenden Rechtsradikalen als Angehörige sich überschneidender Milieus von NPD-Anhängerschaft und gewaltbereiten Hooligans (Alexe 15.12.2014).

---

68  Vgl. die Austrittserklärung von Bernd Lucke aus der Alternative für Deutschland unter http://bernd-lucke.de/austrittserklaerung-aus-der-alternative-fuer-deutschland-afd. (Zugriff am 10.07.2015).

Auch der NPD-Landesverband Sachsen bekannte sich früh zu den PEGIDA-Demonstrationen und kommentierte diese regelmäßig. Bereits im November wurde der Mobilisierungserfolg von PEGIDA als Anzeichen der Unzufriedenheit mit jener „deutschen Ausländer- und Asylpolitik" gekennzeichnet, die von der Partei seit jeher angeprangert werde (Schimmer 26.11.2014). In der *Sächsischen Zeitung* wurde die Hoffnung der NPD zitiert, dass sich mit PEGIDA „ein nachhaltiger politischer Klimawandel" bemerkbar mache (Wonka und Riecker 17.12.2014). Zu Beginn des Jahres 2015 stellte die sächsische NPD schließlich nochmals die eigene Sicht auf die Dresdner Demonstrationen klar: PEGIDA werde von „patriotischen Wut- und Mutbürger[n]" getragen, habe „die Einwanderungslobbyisten und ihren medialen Propagandaapparat in tiefe Verunsicherung gestürzt" und verfolge damit ähnliche Ziele wie die Partei. Wie die NPD zeigten die Dresdner Demonstranten „klare Kante gegen Überfremdung und Asylbetrug" – ganz im Gegensatz etwa zur politischen Konkurrenz aus der AfD (NPD Landesverband Sachsen 05.01.2015).

Diese deutlich inszenierte Nähe der NPD zu PEGIDA stieß umgekehrt jedoch auf wenig Gegenliebe. Dabei schien es im Organisationsteam von PEGIDA zunächst im Dezember 2014 und Januar 2015 keine klare Linie gegenüber der NPD zu geben. Zwar betonten einige, wie beispielsweise René Jahn in einem Interview im Dezember 2014, dass PEGIDA eine überparteiliche Bürgerbewegung sei (n-tv 09.12.2014). Jedoch kam es bei keiner der Reden auf den Demonstrationen oder in anderen öffentlichen Kontexten zu einer klaren Distanzierung von den Nationaldemokraten. Nach der Spaltung des Organisationsteams im Januar 2015 mehrten sich dann aber die Anzeichen dafür, dass sich das Verhältnis von PEGIDA zur NPD eher in Richtung eines Konkurrenz- statt eines Kooperationsverhältnisses entwickelte (Saft 30.01.2015). So beschuldigte die ausgeschiedene Kathrin Oertel am 08.02.2015 die NPD, am schlechten Image von PEGIDA mit Schuld zu sein. Das Erreichen der Ziele von PEGIDA sei nicht möglich gewesen, solange der Anschein bestand, die NPD wirke im „Background" von PEGIDA mit.[69]

Eine offene Konkurrenz zeichnete sich auch im Dresdner Oberbürgermeisterwahlkampf ab. Der einseitige Aufruf der NPD, die Kandidatin von PEGIDA zu unterstützen (Weller 21.04.2015),[70] wurde von PEGIDA als Versuch der Diskredi-

---

69 Kathrin Oertel veröffentlichte diesen Beitrag am 08.02.2015 auf Facebook: https://www.facebook.com/photo.php?fbid=433404736809078&set=a.335324219950464.1073741827.100004186668301&type=1 (Zugriff am 08.06.2015). Im Kommentarbereich dieses Beitrages beschuldigte sie die NPD zudem der versuchten Unterwanderung von PEGIDA und unterstellte, dass Teile der Mitglieder der Partei mit dem Verfassungsschutz kooperieren würden.

70 Vgl. auch die Pressemitteilung des Kreisvorstandes der NPD Dresden vom 19.04.2015: https://npd-sachsen.de/dem-patriotischen-protest-in-dresden-eine-stimme-geben/

## 4.5 PEGIDA und die NPD

tierung der eigenen Kampagne zurückgewiesen. Tatjana Festerling bezeichnete die Wahlempfehlung der NPD als vorhersehbaren Versuch, sie „unwählbar zu machen", indem man ihr „ein NPD-Geschmäckle" anzuhängen versuche. Die NPD wurde von ihr zudem als „rechte Verfassungsschutzpartei" bezeichnet.[71]

Trotz dieser offensichtlichen Diskrepanzen angesichts einer sich zuspitzenden Konkurrenz um die Unterstützung nationalkonservativer, „patriotischer" bzw. rechter Anhänger, standen auch weiterhin Mutmaßungen über eine insgeheime Zusammenarbeit zwischen PEGIDA und der NPD im Raum. So wurde ein Foto, auf dem sich Siegfried Däbritz zusammen mit Frank Franz, dem Bundesvorsitzenden der NPD, bei der Demonstration am 11.05.2015 ablichten ließ, zum Anlass genommen, eine Annäherung zwischen PEGIDA und der NPD zu diagnostizieren (Meisner 18.05.2015). Vermutlich aber war dieses Foto, vom NPD-Vorsitzenden in den sozialen Medien geteilt,[72] nur als ein weiterer Provokationsversuch in Richtung der PEGIDA-Organisatoren gedacht – eine Retourkutsche auf deren Versuche, die NPD als ‚verlängerten Arm des Verfassungsschutzes' zu diskreditieren.

Eine weitere Zuspitzung der Konkurrenz zwischen PEGIDA und der NPD erfolgte durch die Ereignisse rund um eine Erstaufnahmeeinrichtung für Asylbewerber ab dem 23.07.2015 in der Dresdner Friedrichstadt. In einem sehr zügigen Verfahren wurde hier von der Landesdirektion Dresden der Aufbau eines Zeltlagers als Erstaufnahmeeinrichtung beschlossen und innerhalb von 24 Stunden umgesetzt (Barthel 25.07.2015). Die Dresdner NPD begann umgehend mit einer Mobilisierung der eigenen Anhänger und rief unter dem Motto „Asylflut stoppen – Nein zur Zeltstadt auf der Bremer Straße!" bereits für den 24.07.2015 zu einer Protestkundgebung auf.[73] Lutz Bachmann dagegen ermahnte seine Anhänger, nicht vor der Erstaufnahmeeinrichtung zu demonstrieren. Er distanzierte sich von der Protestkundgebung der NPD und behauptete, diese versuche PEGIDA für ihre eigenen Ziele zu missbrauchen – Ziele die nicht zuletzt in einer gewaltsamen

---

(Zugriff am 08.06.2015).

71 Vgl. den entsprechenden Facebook-Beitrag von Tatjana Festerling am 20.04.2015: https://www.facebook.com/tatjana.festerling/posts/882926931773664 (Zugriff am 08.06.2015).

72 Vgl. den Beitrag von Frank Franz auf Facebook am 12.05.2015 https://www.facebook.com/ff.frankfranz/photos/pb.135950559786887.-2207520000.1438169652./1192852150763384/ (Zugriff am 08.06.2015)

73 Vgl. dazu den Mobilisierungsaufruf der NPD auf Facebook: https://www.facebook.com/dresden.npd/photos/a.283979658312931.73110.283849118325985/1018122414898648/?type=1 (Zugriff am 28.07.2015).

Eskalation liegen würden.⁷⁴ Stattdessen sollte der Protest gegen die Asylpolitik besser jeden Montag friedlich bei PEGIDA vorgetragen werden.⁷⁵

Das Verhältnis zwischen der NPD und PEGIDA erreichte bis Juli 2015 einen Punkt, an dem anfängliche Sympathiebekundungen auf der einen, Zurückhaltung bis Skepsis auf der anderen Seite in einen offenen Konflikt um die Deutungshoheit in Teilen des rechtsnationalen Lager umgeschlagen waren. Die NPD kämpft seit dem Verpassen des Wiedereinzugs in den Sächsischen Landtag nach den Landtagswahlen im August 2014 um das politische Überleben und wurde durch die Konkurrenz mit der AfD bereits teilweise von der politischen Bühne verdrängt (Schlottmann 09.01.2015). Mit PEGIDA ist aus ihrer Sicht nun ein weiterer Gegenspieler hinzugetreten, der trotz Schnittmengen in Fragen der Asyl-, Integrations- und Zuwanderungspolitik das Beharren auf überparteiliche Distanz als Vorteil im Wettbewerb um ein – in Teilen – ähnlich gelagertes Wählerspektrum auszuspielen vermag.

---

74  Die gegensätzlichen Positionen im Umgang mit der Erstaufnahmeeinrichtung führte zu einem Disput zwischen Bachmann und dem ehemaligen NPD-Landtagsabgeordneten René Despang, den Bachmann umgehend auf Facebook öffentlich machte und mit einer Kampfansage an die NPD verband. Zunächst hatte sich Despang bei Bachmann in einer privaten Chatnachricht über dessen Spaltungsabsichten der Protestbewegung beschwert und dies mit der Vorhersage verbunden: „In spätestens Sechs (sic!) Monaten redet niemand mehr von PEGIDA, dies ist mein Ziel". Bachmann nahm diese Nachricht seinerseits zum Anlass, die NPD erneut als Partei des Verfassungsschutzes zu bezeichnen, die PEGIDA diskreditieren und zerstören wolle. Vgl. die Beiträge von Lutz Bachmann vom 24.07.2015 und 25.07.2015 auf Facebook: https://www.facebook.com/permalink.php?story_fbid=723977681047582&id=614774168634601 (Zugriff am 28.07.2015) sowie https://www.facebook.com/614774168634601/photos/a.648765541902130.1073741828.614774168634601/724331401012210/ (Zugriff am 25.07.2015, der Beitrag wurde von Bachmann inzwischen wieder gelöscht).

75  Während die Organisatoren von PEGIDA in Hinblick auf die Formen und Ziele des Protests – gegen ‚die Politik', statt gegen Asylbewerber – eine Abgrenzungsstrategie gegenüber der NPD verfolgten, zeigten sich bei der Kommunikation mit den eigenen Anhängern in den sozialen Netzwerken deutliche Übereinstimmungen mit der NPD. So zielten zahlreiche, über Facebook geteilte Beiträge nicht allein gegen das von ‚der Politik' ausgestaltete Asylrecht, sondern auch gegen konkrete Asylbewerber, die verunglimpfend und pauschal an den Pranger gestellt wurden. Auf diese Weise wurde auf den Facebook-Seiten der PEGIDA-Organisatoren mit Vorurteilen, Kriminalitätsängsten und Sozialneid gespielt (vgl. nur die Beiträge von Lutz Bachmann und Tatjana Festerling vom 30.07.2015: https://www.facebook.com/photo.php?fbid=932963550103335&set=a.302662959800067.75155.100001690956303&type=1, https://www.facebook.com/permalink.php?story_fbid=726618877450129&id=614774168634601. Zugriff am 30.07.2015).

# 5 Die Demonstrationen

Die Dresdner PEGIDA-Veranstaltungen bestanden üblicherweise aus drei Teilen: auf eine stationäre Auftaktkundgebung folgte ein als „Abendspaziergang" bezeichneter Demonstrationszug, der wiederum mit einer Abschlusskundgebung beschlossen wurde. Nicht immer konnte dieses Konzept eingehalten werden. Gegendemonstrationen und Sitzblockaden führten mitunter zu Änderungen der Demonstrationsroute oder zur Verlegung der abschließenden Versammlung.[76] Bei den Auftaktveranstaltungen kamen nach Bachmann in der Regel die Hauptredner zum Einsatz, bevor die Organisatoren die Teilnehmer schließlich dazu aufforderten, entlang einer verkündeten Route friedlich und schweigend durch Dresden zu spazieren.[77] Auf der Abschlusskundgebung wurden dann weitere kurze Reden und Grußworte vorgetragen. Der letzte Akt einer jeden PEGIDA-Veranstaltung bestand von Oktober 2014 bis in das Frühjahr 2015 hinein darin, dass die Teilnehmer ein Mobiltelefon oder ein Feuerzeug in den dunklen Abendhimmel hoben, um „den Politikern ein Licht aufgehe[n]" zu lassen.[78] Dieses dreigliedrige Veranstaltungs-

---

[76] Am 17.11.2014 besetzte beispielsweise eine Gegendemonstration den als Abschlusskundgebung geplanten Postplatz. Am 01.12.2014 wurden die demonstrierenden PEGIDA-Anhänger durch eine Sitzblockade am Dresdner Terrassenufer zur Umkehr gezwungen. Gelegentlich war auch von vornherein nur eine Kundgebung vorgesehen, so zum sogenannten ‚Weihnachtssingen' vor der Semperoper am 22.12.2014.

[77] PEGIDA war zunächst als kleine Veranstaltung angelegt. So sprach Bachmann auf den ersten drei Demonstrationen zu den Teilnehmern noch über ein Megaphon. Erst am 10.11.2014 wurde dieses Megaphon durch eine Tonanlage ersetzt, alle Redner standen fortan auf einem zur Bühne umfunktionierten Verkaufswagen und sprachen zu einer zunehmend größer werdenden Menge, die von Lichttechnik angestrahlt wurde. Dies alles lässt sich den Videoaufzeichnungen der Veranstaltungen im November 2014 entnehmen, die über www.youtube.de frei zugänglich sind.

[78] Dieses abschließende ‚Lichtermeer' entfaltete in der abendlichen Dunkelheit eine starke symbolische, integrative Wirkung für die Teilnehmer. Mit dem beginnenden Frühjahr

konzept versuchten auch die PEGIDA-Ableger in anderen Städten nachzuahmen. Oft war dort aber der Gegenprotest so massiv, dass PEGIDA lediglich auf eine stationäre Kundgebung beschränkt blieb.

**Abb. 5.1** PEGIDA-Kundgebung vor der Semperoper in Dresden am 25.01.2015 (Foto: Hans Vorländer)

In Dresden basierten Organisation und Durchführung der einzelnen Veranstaltungen auf einem sorgfältig geplanten Sicherheitskonzept, für das im Wesentlichen Achim Exner, Stephan Baumann und Siegfried Däbritz zuständig waren. Als ehemaliger Sicherheitschef des lokalen Fußballvereins SG Dynamo Dresden brachte dabei vor allem Exner eine Expertise für Großveranstaltungen mit. Im Zentrum des Sicherheitskonzeptes von PEGIDA standen die selbst gestellten Ordner. Sie sollten die Demonstrationen nach innen und außen absichern und dafür sorgen, dass alles friedlich verlief. Insgesamt war etwa ein Ordner für 50 Demonstrierende eingeplant, was bei den Großdemonstrationen im Dezember 2014 und Januar 2015 dazu führte, dass an den Montagen jeweils bis zu 300 PEGIDA-Ordner im Einsatz

---

versuchten die Organisatoren durch das abschließende Singen der Nationalhymne einen Ersatz zu finden.

waren. Über die Zusammensetzung dieser Ordner ist nur wenig bekannt. Im Organisationsteam war es vor allem Däbritz, der die Ordner instruierte und auf der Basis einer geschlossenen Facebook-Gruppe koordinierte. Die Rekrutierung der Ordner erfolgte vermutlich vor allem aus dem erweiterten Freundes- und Bekanntenkreis von Däbritz und durch den in Dresden gut vernetzten Exner – etwa aus dem Umfeld eines Radebeuler American Football Vereins, eines Motorrad-Klubs sowie aus der Fanszene des Fußballvereins SG Dynamo Dresden. In der Hochphase von PEGIDA wurden zudem einzelne Ordner auch aus der Mitte der Demonstrierenden rekrutiert, indem auf dem Kundgebungsgelände vor Beginn der Auftaktveranstaltung per Lautsprecheransage zur Mithilfe aufgerufen wurde. Nach einem entsprechenden Vorgespräch mit Däbritz positionierten sich die Ordner ringförmig in einem Abstand von etwa 10 bis 15 Metern um die allmählich anwachsende Menschenmenge. Dabei achteten sie insbesondere darauf, dass die Auflagen des Ordnungsamtes eingehalten wurden, setzten also beispielsweise ein Verbot von Alkohol und Glasflaschen durch. Während des anschließenden Demonstrationszuges übernahmen die Ordner ebenfalls eine sichernde Funktion. Sie rahmten den Demonstrationszug und versuchten kritische Situationen – etwa beim Kontakt mit Gegendemonstranten – zu entschärfen. So kam es auf den Demonstrationen zu keinen gewaltsamen Zwischenfällen.[79]

Obwohl PEGIDA in Dresden als friedlicher und gewaltfreier Protest bezeichnet werden kann, berichteten Beobachter regelmäßig von einer wütenden bis aggressiven Stimmung auf den Veranstaltungen. Dieser Eindruck entstand vor allem durch die kämpferischen, teils aggressiven Parolen, die skandiert wurden. Mit dem viel beachteten Ausruf „Lügenpresse" wurde insbesondere gegenüber Journalisten eine Verachtung zum Ausdruck gebracht, die sich auch in Beleidigungen und aggressiven Störmanövern gegenüber Medienvertretern vor Ort entlud (vgl. nur Thurau 12.01.2015). Viele der Parolen entwickelten sich in der Interaktion zwischen Redner und Publikum und nahmen rituelle Formen an. Zustimmung zu den Reden wurde durch Rufe wie „Wir sind das Volk!" (sehr häufig), „Jawohl!", „Pfui!" und (seltener) „Volksverräter!" ausgedrückt.[80] Die Abschlusskundgebungen wurden meist mit „Wir kommen wieder" beendet.

---

79   Als am 05.01.2015 einer Gruppe gewaltbereiter Demonstranten die Konfrontation mit den Gegendemonstranten zu suchen schien, konnte diese allerdings erst nach dem Drängen von Oertel zur Umkehr bewegt werden (Hebel und Otto 06.01.2015).
80   Insbesondere die Verwendung der Parole „Wir sind das Volk" hat den Demonstranten bei PEGIDA von Seiten der alten DDR-Bürgerrechtler Kritik und den Vorwurf der Anmaßung eingebracht, u. a. von Frank Richter (Baumann-Hartwig 26.11.2014). Freya Klier hielt die Verwendung des Slogans für eine „furchtbare Anmaßung" (Zweigler

**Abb. 5.2** Teilnehmer des PEGIDA-Demonstrationszuges in Dresden am 15.12.2014 (Foto: Tim Wagner)

Neben den Sprechchören und Parolen prägten vor allem Transparente und Schilder das Bild von PEGIDA auf den Straßen. Als Sammelsurium von Forderungen, Losungen und Schmähungen richteten sie sich gegen eine drohende ‚Islamisierung' Deutschlands[81], gegen die gegenwärtige Zuwanderungs- und Asylpolitik und sprachen sich für die Bewahrung von Traditionen, Heimat und eigener Identität aus[82].

---

27.01.20215). Auch die Dresdner Neuesten Nachrichten (Birgel 08.12.2014) sprachen von der schamlosen Vereinnahmung eines Symbols der Friedlichen Revolution.

81 „Gegen religiösen Fanatismus und jede Art von Radikalismus! Gemeinsam ohne Gewalt" (22.12.2014); „Friedensvertrag & Verfassung statt Scharia & Dschihad", „Lieber aufrecht zu PEGIDA, als morgen auf Knien gen Mekka", „Islam = Karzinom" (12.01.2015).

82 „Ottendorf sagt Nein zum Asylantenheim" (01.12.2014); „Heimat und Identität bewahren, Asylbetrug stoppen" (08.12.2014); „Für die Zukunft unserer Kinder", „Kein Platz für Wirtschaftsflüchtlinge und kriminelle Ausländer", „Mehr Geld für unsere Kinder, statt für Ausländer" (15.12.2014); „Geld ist genügend da, nur nicht für das eigene Volk" (22.12.2014); „Respekt & Toleranz – Auch unserem Volk", „Kriegstreiberei und Flüchtlingsströme stoppen" (05.01.2015); „Multikultur tötet", „Stoppt maßlose Zuwanderung! Wir wollen eine sichere, soziale, deutsche Heimat", „1989: Wir sind das Volk! 2014: Wir sind noch d. Volk. 2039: Wir waren das Volk" (12.01.2015).

## 5 Die Demonstrationen

Das politische System, die Parteien und Politiker, insbesondere Merkel und Gauck, wurden kritisiert, mehr demokratische Mitbestimmungsmöglichkeiten, auch direkte Demokratie gefordert[83]. Die Medienberichterstattung[84] sowie die vermeintlichen Gebote einer *political correctness*[85] wurden gegeißelt, der außenpolitische Kurs der Bundesregierung kritisiert.[86] Mit Zitaten bekannter Persönlichkeiten sollten eigene Meinungen autorisiert werden.[87] Schließlich bezeichneten viele Plakate die Herkunft von PEGIDA-Demonstranten[88] – so auch zahlreiche mitgeführte Flaggen. Neben den Farben der Bundesländer Bayern, Sachsen, Berlin, Mecklenburg-Vorpommern und Brandenburg, wurden auch regelmäßig die Flaggen anderer Staaten, wie etwa Israel, Frankreich, der Ukraine und (am häufigsten) Russlands gezeigt. Einige Flaggen waren dabei dezidiert als politische Aussagen intendiert. Dazu zählten (vor dem Hintergrund der Pariser Attentate vom 07.01.2015) die französische oder (vor

---

83 „Mut zur Demokratie Jetzt" (01.12.2014); „Wir sind mündige Bürger und keine Sklaven" (u. a. 08.12.2014); „Parteien Gute Nacht, Bürger an die Macht", „Volksentscheid ins Grundgesetz" (15.12.2014); „Direkte Demokratie und menschenwürdige Umgangsformen in Politik und Gesellschaft", „Wacht auf! Die Hand, die einen füttert, beißt man nicht! Wir sind das Volk!", „Merkel muss weg" (05.01.2015); „EU-Diktat beenden – direkte Demokratie einführen", „Das System ist am Ende", „Alle Räder stehen still, wenn unser starker Arm das will", „Alle Politiker sind gewählte DIENER des Volkes! Und nicht umgekehrt" (12.01.2015); „National Stasi Agency – In IM ERIKA we trust [mit diffamierendem Bild Angela Merkels]" (09.03.2015). „Merkel und Gaukler sind nur Angestellte des antideutschen Regimes der BRD-GmbH" (13.04.2015).

84 „GEZ abschaffen! Schluss mit Staatspropaganda" (15.12.2014); „Schluss mit Lug und Trug. Mut zur Wahrheit" (22.12.2014); „SZ – Lügenblatt" (05.01.2015).

85 „Mut zur Wahrheit" (05.01.2015); „Für freie Meinungsäußerung – PEGIDA" (12.01.2015); „Genderismus ist westliche Dekadenz" (09.03.2015).

86 „Frieden mit Russland! Nie wieder Krieg in Europa!" (08.12.2014); „Bautzen will Frieden" (08.12.2014); „Demokraten achten die Freiheit; betreiben keinen Völkermord; achten die Pressefreiheit; zetteln keine Kriege an, wie: Lybien, Syrien Irak; achten die Gesetze; morden keine politischen Gegner; belügen nicht das Volk" (05.01.2015); „USA, NATO, EU, Deutschland – Wer Frieden will, muss Frieden geben" (12.01.2015); „Für Weltfrieden: keine Kriegswaffenexporte; keine unchristliche CDU" (09.03.2015); „Gaspadin Putin! hilf uns, rette uns, vor dem korrupten, volksfeindlichen BRD-Regime sowie vor Amerika und Israel" (13.04.2015).

87 „An allem Unfug, der passiert, sind nicht etwa nur die Schuld, die ihn tun, sondern auch die, die ihn NICHT verhindern! (Erich Kästner)" (u. a. 05.01.2015); „PEGIDA. Zuerst ignorieren sie dich, dann lachen sie über dich, dann bekämpfen sie dich und dann ... gewinnst du. (Mahatma Gandhi)" (05.01.2015); „Wer sich den Gesetzen nicht fügen lernt, muß die Gegend verlassen, wo sie gelten. (Johann Wolfgang von Goethe 1749-1823)" (06.04.2015).

88 Vgl. Aufschriften wie „Witzschdorf grüßt PEGIDA" (15.12.2014); „Stadt Bernsdorf, Kreis Bautzen" (05.01.2015); „Rammenauer unterstützen PEGIDA" (12.01.2015).

dem Hintergrund des Krieges in der Ukraine) die russische Flagge, aber auch die zahllosen Deutschlandflaggen. Sie sollten als Bekenntnis zum eigenen Land, als Ausdruck von Nationalgefühl oder – wie im Falle eines regelmäßig mitgeführten schwarz-rot-goldenen Kreuzes – als symbolische Zurschaustellung der eigenen ‚christlich-abendländischen (Leit)Kultur' interpretiert werden. Politische Symbolkraft entwickelte darüber hinaus die Flagge der *Identitären Bewegung* – einer Gruppierung mit neurechtem-völkischem Hintergrund – sowie die häufig zu sehende sogenannte *Wirmer-Flagge*.[89]

**Abb. 5.3** Geert Wilders bei PEGIDA am 13.04.2015 in der Dresdner ‚Flutrinne', im Hintergrund sind u. a. zahlreiche „Wirmer-Flaggen" zu sehen (Foto: Johannes Grunert)

---

89 Diese zeigt – ähnlich der Flagge Norwegens – ein schwarzes, golden umrahmtes Kreuz auf rotem Hintergrund. Als Symbol des Widerstandes der Attentäter vom 20. Juli 1944 hat diese Flagge mittlerweile eine Reihe von Umdeutungen und symbolischen Aneignungsversuchen erfahren, etwa im Kontext der sogenannten ‚Neuen Rechten'. Auch bei PEGIDA versuchten die Träger dieser Flagge augenscheinlich an das symbolische Reservoir des Widerstandskampfes anzuknüpfen (Kellerhoff 20.01.2015), wobei eine Gleichsetzung der Bundesrepublik mit einem totalitären System insinuiert wurde.

# Die Demonstranten 6

Über die Teilnehmer der PEGIDA-Demonstrationen, ihre soziodemographischen Merkmale und politischen Motive herrschte lange Zeit Unklarheit. Durch die kollektive Verweigerungshaltung der Organisatoren sowie die unfreundliche bis aggressive Reaktion von Demonstranten auf Journalisten verfestigte sich in der Medienberichterstattung schnell ein Bild, das die öffentliche Wahrnehmung zu PEGIDA prägte und allwöchentlich um neue, teilweise verstörende Aufnahmen und O-Töne angereichert wurde. Demnach wurde davon ausgegangen, die Teilnehmer der PEGIDA-Demonstrationen stammten überwiegend von den sozialen Rändern der Gesellschaft, verfügten über einen niedrigen Bildungsgrad und seien durch offen fremdenfeindliche Ressentiments sowie ein rechtsextremes Gedankengut motiviert. Kurz: Es handele sich um jene abgehängten, notorisch antidemokratisch orientierten, von gesellschaftlichen Veränderungen überforderten oder schlicht ‚ahnungslosen' Angstbürger, die trotz Wiedervereinigung und ‚Aufbau-Ost' in den neuen Bundesländern nach wie vor mit erschreckender Häufigkeit anzutreffen seien.[90]

Dieses Bild begann sich wesentlich zu verändern, als Mitte Januar 2015 die erste wissenschaftliche Studie zu PEGIDA der Öffentlichkeit präsentiert wurde. In ihren Befunden sowie den Ergebnissen weiterer empirischer Untersuchungen zeigte sich, dass die PEGIDA-Demonstranten zu weiten Teilen einer gesellschaftlichen Mittelschicht entstammten, gut ausgebildet und berufstätig waren, über ein für sächsische Verhältnisse leicht überdurchschnittliches Nettoeinkommen verfügten, keiner Konfession angehörten, keine Parteiverbundenheit aufwiesen und aus Dresden oder Sachsen stammten (Vorländer, Herold und Schäller 2015). Diese Erkenntnisse waren einerseits erstaunlich, widersprachen sie doch teilweise deutlich jenem

---

90 Vgl. hier nur Hebel und Reimann (16.12.2014), Lackerbauer (21.04.2015) sowie einen längeren Beitrag des ARD-Magazins Panorama vom 18.12.2014, in dem unter dem Titel „Kontaktversuch: ‚Lügenpresse' trifft Pegida" insgesamt über 60 min. Videomaterial von Interviews mit PEGIDA-Demonstranten gesammelt wurde (Panorama 18.12.2014).

Bild, das bis dahin die öffentliche Wahrnehmung der PEGIDA-Demonstranten in Dresden geprägt hatte. Auf der anderen Seite aber wurde damit die beunruhigende Vermutung bestätigt, dass im Rahmen der allwöchentlichen ‚Abendspaziergänge' der *Patriotischen Europäer* nicht einzelne Extremisten, sondern Teile einer im bürgerlichen Milieu verankerten sozioökonomischen Mittelschicht auf die Straße gingen. Offensichtlich schienen bei Vielen keine größeren Vorbehalte dagegen zu bestehen, die eigenen Anliegen gemeinsam mit einschlägig bekannten Rechtsextremen und Personen aus der Hooligan-Szene öffentlich zu artikulieren. Klar wurde damit ebenfalls, dass für die PEGIDA-Demonstranten scheinbar kein Widerspruch darin bestand, einer ökonomischen Mittelschicht anzugehören und gleichzeitig politisch rechte, rechtspopulistische oder gar ausländerfeindliche Parolen zu artikulieren.

## 6.1  Wissenschaftliche Untersuchungen

Der Kenntnisstand über die PEGIDA-Demonstranten, ihre soziodemographischen Merkmale, ihre politischen Einstellungen und Motive, basiert im Wesentlichen auf den Befunden von fünf Studien, die mit Hilfe standardisierter Verfahren Teilnehmer der PEGIDA-Demonstrationen befragt haben. Ergänzt wurden diese Befragungen durch eine systematische Beobachtung der entsprechenden Veranstaltungen, ihrer Organisatoren und der Kommunikation in den (sozialen) Medien. In chronologischer Reihenfolge ihres Erscheinens liegen folgende Studien über PEGIDA vor:

- Unter dem Titel „Wer geht zu PEGIDA und warum?" befragte ein Team um den Dresdner Politikwissenschaftler Hans Vorländer mit Hilfe direkter, fragebogengestützter Face-to-Face-Interviews bei den PEGIDA-Veranstaltungen am 22.12.2014, 05.01.2015 und 12.01.2015 insgesamt 397 Demonstrierende nach soziodemographischen Merkmalen und ihrer Motivation zur Teilnahme bei PEGIDA. Die Auswahl der Befragungsteilnehmer erfolgte dabei nach dem Zufallsprinzip (Vorländer, Herold und Schäller 2015).
- Ein Team des Berliner Vereins für Protest- und Bewegungsforschung um den Soziologen Dieter Rucht verteilte auf der Dresdner PEGIDA-Veranstaltung am 12.01.2015 Handzettel, die zur Teilnahme an einer Online-Umfrage einluden. Von den angesprochenen ca. 1.800 Demonstrationsteilnehmern nahmen insgesamt 123 Personen die Einladung an und gaben anschließend im Internet Auskunft (Rucht et al. 2015).
- Ein Team um den Politikwissenschaftler Franz Walter vom Göttinger Institut für Demokratieforschung ließ ebenfalls am 12.01.2015 in Dresden sowie

## 6.1 Wissenschaftliche Untersuchungen

anschließend auf weiteren PEGIDA-Veranstaltungen in Leipzig, Hannover, Braunschweig und Duisburg Handzettel mit der Einladung zur Teilnahme an einer Online-Umfrage verteilen. Dem Aufruf folgten insgesamt 727 Personen. (Walter 19.01.2015 sowie Geiges et al. 2015).

- Mit Hilfe von Studenten ließ der Dresdner Politikwissenschaftler Werner J. Patzelt am Sonntag, dem 25.01.2015, fragebogenbasierte Face-to-Face Interviews mit PEGIDA-Demonstranten führen. Die Auswahl der angesprochenen Personen erfolgte dabei auf der Basis eines Quotenplans. Gemäß der in den vorausgegangenen Studien ermittelten Geschlechts- und Altersverteilung bei PEGIDA-Veranstaltungen wählten die Interviewer dabei gezielt Demonstrationsteilnehmer aus. Unter ihnen nahmen 242 Personen an der Befragung teil (Patzelt 2015a). Am 27.04. sowie am 04.05.2015 wurden nach gleicher Vorgehensweise, jedoch mit einem stark erweiterten Fragebogen, schließlich zwei weitere Erhebungen durchgeführt. Sie sollten klären, inwiefern sich die Zusammensetzung der Dresdner Demonstrationen mittlerweile verändert hatte (Patzelt und Eichardt 2015).
- Auf der Grundlage einer bestehenden Kontaktdatenbank Dresdner Bürger ließ Mitte Januar 2015 auch der Dresdner Kommunikationswissenschaftler Wolfgang Donsbach 860 zufällig ausgewählte Personen per E-Mail zu PEGIDA befragen. Weil sich unter den Befragten nur etwa 3 Prozent als PEGIDA-Teilnehmer zu erkennen gaben, lieferte die Untersuchung jedoch lediglich Hinweise darauf, „welche Einstellungen die Wahrscheinlichkeit erhöhen, dass jemand den Pegida-Zielen zustimmt oder nicht" (Donsbach 23.01.2015).[91]

Bei der Auswertung und Interpretation der quantitativen Befunde konnten die in Abb. 6.1 dargestellten Studien zusätzlich auf die Erkenntnisse aus parallel durchgeführten qualitativen Untersuchungen zurückgreifen.[92] Trotz unterschiedlicher

---

91   Die Ergebnisse der Befragung wurden bisher lediglich in einer kurzen Pressemitteilung veröffentlicht. Außerdem liegt ein Konferenzpapier zu dieser Studie vor (Schielicke et al. 2015).

92   So führten Vorländer, Herold und Schäller sowie Patzelt zwischen Oktober 2014 und Februar 2015 wöchentlich Demonstrationsbeobachtungen in Dresden durch, das gleiche taten Walter et al. sowie Rucht et al. am 12.01.2015. Geiges, Marg und Walter (2015) konnten außerdem knapp 30 Personen für Gruppeninterviews gewinnen. Vorländer, Herold und Schäller sowie Geiges, Marg und Walter unternahmen zusätzlich eine systematische Auswertung der Berichterstattung zu PEGIDA in den nationalen, internationalen und sozialen Medien. Darüber hinaus führten Vorländer, Herold und Schäller eine wissenschaftliche Begleitung und systematische Beobachtung aller Dialogveranstaltungen der Sächsischen Staatskanzlei sowie der Sächsischen Landeszentrale für politische Bildung durch und konnten auf Hintergrundgespräche mit zahlreichen Personen aus dem Or-

| Studie | Vorländer, Herold, Schäller (2015) | Rucht et al. (2015) | Walter (2015) | Patzelt (2015) |
|---|---|---|---|---|
| Erhebungsverfahren | Face-to-Face-Interviews (Zufallsauswahl) | Online-Umfrage (planvolle Ausgabe von Handzetteln) | Online-Umfrage (planvolle Ausgabe von Handzetteln) | Face-to-Face-Interviews (Quotenstichprobe) |
| Erhebungszeitpunkte | 22.12.2014, 05.01.2015, 12.01.2015 | 12.01.2015 | 12.01.2015 | 25.01.2015 |
| Angesprochenen Personen | 1106 | 1800 | 3.500 | 492 |
| Befragungsteilnehmer | 397 | 123 | 482 | 242 |
| Auschöpfungsquote | 35,9 % | 6,8 % | 13,8 % | 49,2 % |
| Vorstellung der Ergebnisse | 14.01.2015 | 19.01.2015 | 19.01.2015 | 03.02.2015 |

**Abb. 6.1** Überblick: Empirische Untersuchungen zu PEGIDA in Dresden[93]

methodischer Herangehensweisen und Erfolge der einzelnen Untersuchungen sind ihre Ergebnisse gut miteinander vergleichbar und ergeben *in der Zusammenschau*

---

ganisationsteam von PEGIDA, dessen Umfeld sowie mit Vertretern des Gegenprotests, von Flüchtlingsinitiativen und politischen bzw. medialen Beobachtern zurückgreifen.

93 Eigene Zusammenstellung der Angaben aus Vorländer, Herold und Schäller (2015, S. 7), Rucht et al. (2015, S. 8 f.), Walter (19.01.2015), Patzelt (2015a, S. 3 ff.). Die hier dargestellten Studien untersuchten PEGIDA in Dresden zu deren Hochphase zwischen Dezember 2014 und der Spaltung des Organisationsteams Ende Januar 2015. Die Studie von W. Donsbach (23.01.2015), bei der es sich im eigentlichen Sinne nicht um eine Untersuchung von PEGIDA-Demonstranten, sondern um eine Untersuchung der Dresdner Bevölkerung handelte, wurde in dieser Darstellung ebenso wenig berücksichtigt, wie die später im April und Mai 2015 durchgeführten Erhebungen von W. J. Patzelt und C. Eichardt, die zu einem Zeitpunkt stattfanden, als PEGIDA sich auf einen Kernbestand von wöchentlich ca. 2.000 bis 3.000 Teilnehmern zurückentwickelt hatte. Diese späten Erhebungen von Patzelt und Eichardt (2015, S. 3f.) haben am 27.04.2015 bei 271 realisierten Interviews eine Ausschöpfungsquote von knapp 48 Prozent, am 04.05.2015 bei 434 realisierten Interviews eine Ausschöpfungsquote von knapp 39 Prozent erreicht. Zu Patzelt (2015a) ist außerdem anzumerken, dass seine Erhebung vom 25.01.2015 im Gegensatz zu den anderen hier dargestellten Befragungen an einem Sonntagnachmittag bei Tageslicht stattfand. Um eine Vergleichbarkeit zu gewährleisten, bezieht sich die Darstellung von Walter (19.01.2015) in Abb. 6.1 nur auf dessen Daten zu Dresden. Diese Dresdner Erhebung haben die Göttinger Forscher jedoch später um weitere Befragungen in anderen Städten ergänzt. Insgesamt basierte die Studie schließlich auf einer Online-Befragung von insgesamt 727 PEGIDA-Teilnehmern aus Dresden, Leipzig, Hannover, Duisburg und Braunschweig. Nach Angaben der Autoren wurden dazu ca. 17.500 Personen angesprochen. Damit lag die Ausschöpfungsquote der gesamten Untersuchung von Walter et al. bei 4,2 Prozent. Vgl. Geiges et al. (2015, S. 61).

ein Gesamtbild, das gesicherte Erkenntnisse über die Dresdner PEGIDA-Demonstranten ermöglicht.[94]

## 6.2 Soziodemographische Merkmale

Bereits im Hinblick auf das soziodemographische Profil der PEGIDA-Demonstranten sind die Befunde der vier genannten Studien weitestgehend deckungsgleich. Wie in Abb. 6.2 erkennbar, ergibt die Merkmalsverteilung in den unterschiedlichen Stichproben in Bezug auf das Geschlecht, das Alter, die Religionszugehörigkeit und die Herkunft der befragten Demonstrationsteilnehmer ein nahezu einheitliches Bild. Demnach ist eine deutliche Mehrheit der PEGIDA-Demonstranten männlich, zwischen 30 und 60 Jahre alt, keiner Religion zugehörig und kommt aus Dresden oder der näheren Umgebung. Im Hinblick auf die Religionszugehörigkeit gaben etwa 21 Prozent der Befragten an, einer protestantischen Glaubensgemeinschaft anzugehören.

Zwischen vier und fünf Prozent bekannten sich zum Katholizismus. Die überwiegende Mehrzahl von fast drei Viertel der befragten PEGIDA-Demonstranten aber

---

[94] Nach allgemeiner Erfahrung der empirischen Umfrageforschung ist anzunehmen, dass in allen Studien eine leichte Verzerrung der Ergebnisse in Richtung der gebildeteren und auskunftsbereiteren Demonstranten vorliegt ('Mittelschichtsbias'). Dies gilt in verstärktem Maße für die beiden Online-Umfragen, die von ihren Teilnehmern zusätzlich gewisse Routinen bei der Internetnutzung voraussetzten (Diekmann 2014, S. 422, 520 ff.). Bei den Face-to-Face-Befragungen sind wiederum gewisse Verzerrungen im Antwortverhalten durch den Effekt „sozialer Erwünschtheit" nicht auszuschließen. Außerdem sind bei der Bewertung der Studienergebnisse die jeweiligen Ausschöpfungsquoten zu berücksichtigen. Eine vor allem in der politisch interessierten Bloggerszene verbreitete Kritik nahm diese zum Teil geringen Quoten zum Anlass, die Befunde der Untersuchungen pauschal zu bezweifeln. Wie K.-H. Reuband gezeigt hat, ist eine derartige Kritik – zumindest bei Quoten im Bereich der beiden Face-to-Face-Befragungen zwischen 35 und 50 Prozent – jedoch irreführend (Reuband 2015, S. 135 f.). Einerseits wäre es verfehlt anzunehmen, dass die Höhe der Ausschöpfung (Response Rate) notwendigerweise mit einer Verzerrung der Ergebnisse (Non-Response Bias) korreliert – zum Zusammenhang zwischen Response Rate und Non-Response Bias vgl. zuletzt Koch und Blohm (2015, S. 1 ff). Andererseits sind in der empirischen Umfrageforschung Ausschöpfungsquoten von unter 50 Prozent eher die Regel. Selbst mit hohem technischen, personellen und organisatorischen Aufwand erreichen professionelle Bevölkerungsumfragen im Face-to-Face-Verfahren mittlerweile nur noch ähnliche Quoten (Allbus 2012: ca. 38 Prozent), bei telefonischen Befragungen ist diese Quote oft sogar noch niedriger. Eine ausführliche Diskussion möglicher Verzerrungen ihrer PEGIDA-Befragung findet sich bei Vorländer, Herold und Schäller (2015, S. 31 ff.).

|  | Vorländer, Herold, Schäller (2015) | Rucht et al. (2015) | Walter (2015) | Patzelt (2015) |
|---|---|---|---|---|
| Geschlecht | - männlich: 74,6%<br>- weiblich: 24,9% | - männlich: 76,0%<br>- weiblich: 23,0% | - männlich: 81,5%<br>- weiblich: 18,5% | - männlich: 72,0%<br>- weiblich: 28,0% |
| Alter | - Durchschnitt:<br>47,6 Jahre<br>- 0-39 Jahre: 34,7%<br>- 40-59 Jahre: 37,0%<br>- über 59 Jahre: 26,8% | - Durchschnitt: k.A.<br>- 0-39 Jahre: 52,5%<br>- 40-64 Jahre: 42,5%<br>- über 64 Jahre: 5% | - Durchschnitt: k.A.<br>- 0-35 Jahre: 27,1%<br>- 36-65 Jahre: 64,1 %<br>- über 65 Jahre: 8,7 % | - Durchschnitt:<br>46,4 Jahre<br>- 0-40 Jahre: 38%<br>- 41-60 Jahre: 43%<br>- über 61 Jahre: 19% |
| Religion | - keine: 71,8%<br>- katholisch: 3,8%<br>- protestantisch: 21,2%<br>- andere: 2,3% |  | - keine: 68,9%<br>- katholisch: 4,9%<br>- protestantisch: 21,8%<br>- andere: 4,2% |  |
| Herkunft | - Dresden: 39,9%<br>- Sachsen (ohne Dresden): 41,3% | - Dresden: 44,2%<br>- Umkreis (50km): 41,7% | - Dresden: 37,8%<br>- Sachsen (ohne Dresden): 49,0% |  |

**Abb. 6.2** Die PEGIDA-Demonstranten in Dresden: Soziodemographische Merkmale[95]

bezeichnete sich als religions- bzw. konfessionslos.[96] Nur etwas mehr als ein Drittel der befragten Demonstranten stammte dabei aus Dresden. Ein weiterer, sogar noch etwas größerer Teil reiste aus anderen Teilen Sachsens zur Dresdner PEGIDA-Demonstration – viele aus der näheren Umgebung der Landeshauptstadt. Nur etwa jeder Zehnte kam aus anderen ostdeutschen Bundesländern, etwa 6 Prozent aus den alten Bundesländern.[97]

---

95 Eigene Zusammenstellung der Angaben aus Vorländer, Herold und Schäller (2015, S. 43ff.), Rucht et al. (2015, S. 11ff.), Walter (19.01.2015) und Patzelt (2015a, S. 5f.). Bei Rucht et al. (2015) wurde die Konfessionszugehörigkeit nicht erhoben, bei Patzelt (2015a) wurde die Konfessionszugehörigkeit und die Herkunft der befragten Teilnehmer nicht erhoben. Patzelt und Eichardt (2015, S. 12) messen bei den beiden Erhebungen im April und Mai bei der Konfessionszugehörigkeit, dass 78 Prozent der Befragten konfessionslos, 17 Prozent evangelisch, 4 Prozent katholisch und etwa 1 Prozent einer sonstigen Religionsgemeinschaft angehörig sind.

96 Damit bilden die Ergebnisse der Befragung nahezu präzise die Verteilung der Konfessionszugehörigkeit in Sachsen ab. Nach den Daten des Statistischen Bundesamtes sind in Sachsen 21 Prozent Angehörige einer evangelischen Kirche oder Glaubensgemeinschaft, 4 Prozent gehören der katholischen Kirche an, und 75 Prozent der sächsischen Bevölkerung sind konfessionslos oder einer anderen Religion verbunden (Statistische Ämter des Bundes und der Länder 2014, S. 42).

97 In der Göttinger Studie (Walter 19.01.2015) kamen 11,8 Prozent aus anderen Bundesländern, in der Studie von Vorländer, Herold und Schäller (2015) waren es 15,8 Prozent der Befragten (davon: 9,4 aus den neuen und 6,4 Prozent aus den alten Bundesländern).

## 6.2 Soziodemographische Merkmale

In Bezug auf die Berufstätigkeit, das Einkommen und den Bildungsgrad der PEGIDA-Demonstranten förderten die Studien Befunde zutage, die so nicht zu vermuten waren. Bemerkenswert an den in Abb. 6.3 dargestellten Ergebnissen ist etwa die außerordentliche hohe Zahl an Personen, die einer geregelten Beschäftigung nachgehen. Nur zwei Prozent gaben an, dass sie ohne Tätigkeit bzw. arbeitssuchend sind. Im Vergleich zu den Arbeitsmarktstatistiken ist dies ein weit unterdurchschnittlicher Wert. So lag die Arbeitslosenquote für Sachsen im Dezember 2014 bei 8,4 Prozent, für Dresden betrug sie 7,9 Prozent.[98]

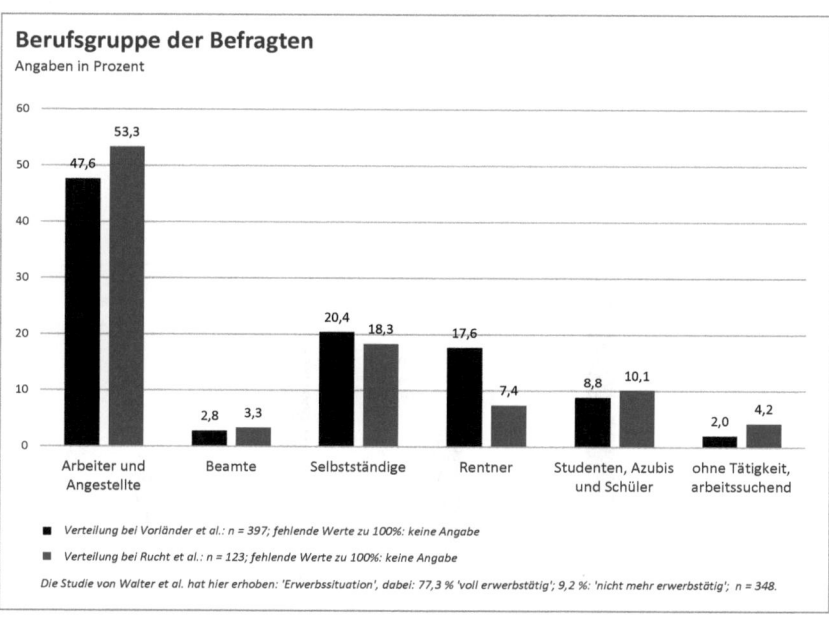

**Abb. 6.3** Befunde zur Berufsgruppe der Dresdner PEGIDA-Demonstranten[99]

---

98 Vgl. die Zahlen der Agentur für Arbeit unter https://statistik.arbeitsagentur.de/Navigation/Statistik/Statistik-nach-Regionen/BA-Gebietsstruktur/Sachsen-Nav.html (Zugriff am 08.06.2015).

99 Eigene Zusammenstellung der Angaben aus Vorländer, Herold und Schäller (2015, S. 46 f.), Rucht et al. (2015, S. 14) und Walter (19.01.2015).

Bemerkenswert ist auch, dass ein großer Teil der Befragten über einen hohen Bildungsabschluss verfügte. So war unter den PEGIDA-Demonstranten etwa die Quote der Akademiker mit rund einem Drittel rund doppelt so hoch wie der allgemeine Durchschnitt in der Gesamtbevölkerung. Dieser Befund mag zwar – insbesondere im Falle von Online-Umfragen – durch gewisse Verzerrungseffekte der jeweiligen Erhebungsinstrumente zusätzlich verstärkt worden sein, doch auch unter Berücksichtigung dieser Effekte kann immer noch davon ausgegangen werden, dass mit etwa einem Viertel der Akademikeranteil bei PEGIDA deutlich über dem Durchschnitt der Bevölkerung anzusiedeln ist.[100]

Der in Abb. 6.4 dargestellte Vergleich der Befunde macht außerdem deutlich, dass neben den Akademikern sehr viele PEGIDA-Demonstranten über ein Abitur

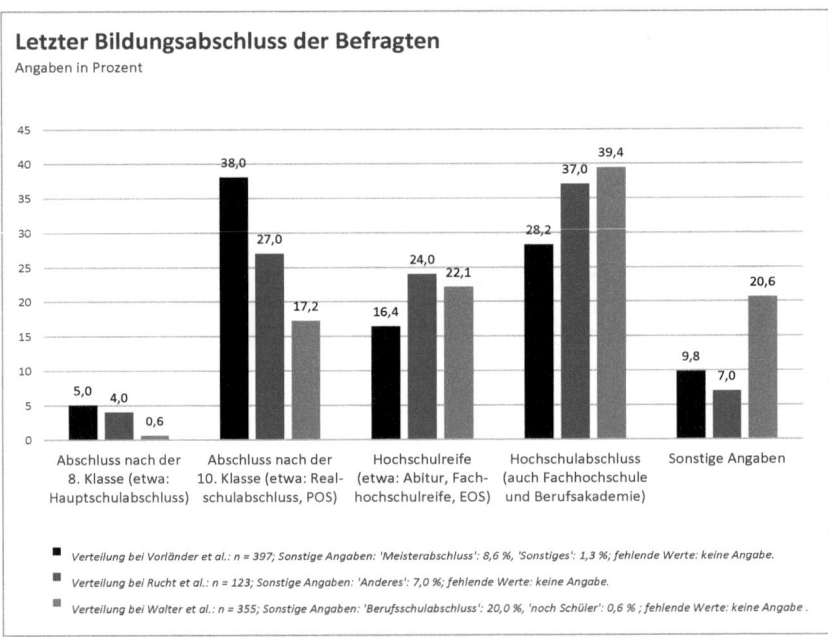

**Abb. 6.4** Befunde zum Bildungsgrad der Dresdner PEGIDA-Demonstranten[101]

---

100 Patzelt und Eichardt (2015, S. 13) weisen hier darauf hin, dass nicht wenige dieser Akademiker ihren Abschluss in der ehemaligen DDR sowie in berufsbezogenen Studiengängen erworben haben.

101 Eigene Zusammenstellung der Angaben aus Vorländer, Herold und Schäller (2015, S. 45f.), Rucht et al. (2015, S. 13), Walter (19.01.2015).

## 6.2 Soziodemographische Merkmale

oder zumindest einen mittleren Bildungsabschluss verfügten. Unter den erhaltenen Antworten waren dabei auch die Angaben ‚Polytechnische Oberschule' (POS) und ‚Erweiterte Oberschule' (EOS) häufig vertreten, denn schließlich hatten viele der Befragten die entsprechenden Abschlüsse im Bildungssystem der ehemaligen DDR erworben. In der Zusammenschau mit anderen Befunden liegen hier weitere Rückschlüsse nahe. So ist etwa zu vermuten, dass bei nicht wenigen der – im Schnitt um die 50 Jahre alten – Akademiker ein naturwissenschaftlicher oder technischer Studienabschluss vorliegt.

Beim Blick auf die Einkommenssituation der Befragten verstärkt sich der Befund, dass die Mehrheit der PEGIDA-Demonstranten nicht von den sozioökonomischen Rändern der Gesellschaft stammte (Abb. 6.5). Die bei PEGIDA ermittelte

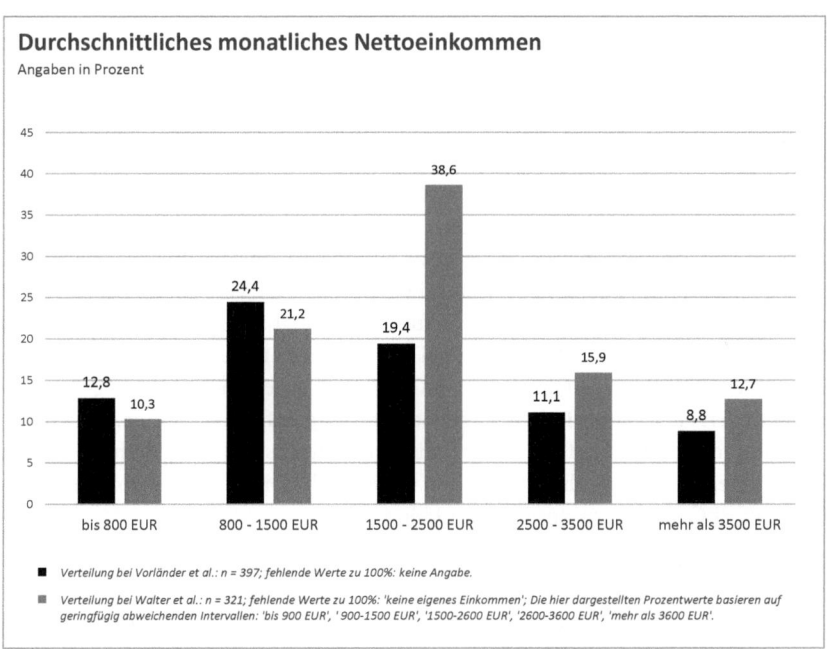

**Abb. 6.5** Befunde zum Einkommen der Dresdner PEGIDA-Demonstranten[102]

---

102 Eigene Zusammenstellung der Angaben aus Vorländer, Herold und Schäller (2015, S. 48ff.) und Walter (19.01.2015). In den Erhebungen von Rucht et al. (2015) und Patzelt (2015a) wurde keine Frage zum Einkommen gestellt. Patzelt und Eichardt (2015, S. 14) gaben in ihren Erhebungen im April und Mai den Befragten die Möglichkeit, sich selbst im Vergleich zum sächsischen Durchschnitt eines monatlichen Bruttoeinkommens von

durchschnittliche Einkommensverteilung liegt im Gegenteil deutlich über dem sächsischen Durchschnitt. So verfügten hier nach den Angaben des Statistischen Landesamtes Sachsen im Jahr 2013 lediglich 4,6 Prozent der Bevölkerung über ein monatliches Nettoeinkommen von mehr als 2.500 Euro.

## 6.3 Politische Einstellungen und Motive

Im Rahmen der Untersuchung ihrer politischen Einstellungen und Motive wurden die Teilnehmer der PEGIDA-Veranstaltungen zunächst nach ihrem Wahlverhalten befragt. Die Ergebnisse deuten dabei im Schnitt die tatsächlichen Stimmenverhältnisse bei vorausgegangenen Landtags- und Bundestagswahlen an: eine in Sachsen seit 1990 überragende Union sowie eine im Osten typischerweise starke Linkspartei werden konterkariert von den in Sachsen traditionell schwachen Sozialdemokraten und Grünen. Der Anteil der NPD-Wähler blieb (entgegen den öffentlich kommunizierten Erwartungen) deutlich unter fünf Prozent.[103] Dieses Bild wird lediglich gesprengt durch die herausragend häufig genannte *Alternative für Deutschland*.

Dass diese hohen Werte für die AfD zu einem nicht unerheblichen Teil als „Protestwahl" zu verstehen sind, darauf deutet das Antwortverhalten bei anderen Fragestellungen hin. So zeigt etwa eine deutliche Mehrheit der befragten PEGIDA-Teilnehmer keinerlei Sympathie, Affinität oder Verbundenheit mit einer politischen Partei (Abb. 6.6). Dieser Befund übersteigt selbst den ohnehin bereits hohen Prozentsatz an Nichtwählern bei der letzten Landtagswahl in Sachsen im September 2014.[104] Er zeigt, dass viele PEGIDA-Aktivisten nach eigenem Bekunden mit dem derzeitigen politischen Angebot nur wenig anfangen können. Eine Interpretation im Hinblick auf die in der politischen Diskussion oft bemühte ‚Politik-' oder ‚Parteienverdrossenheit' ist dabei naheliegend. Deren Ursachen bleiben beim Blick auf PEGIDA allerdings unklar (Abb. 6.7).

---

2.800 Euro einordnen. Dabei konnte auf einer dreistufigen Skala angegeben werden, ob das eigene Bruttoeinkommen „niedriger" (60 Prozent), „durchschnittlich" (13 Prozent) oder „höher" (26 Prozent) ausfiel.

103 Im späteren Verlauf der wöchentlichen PEGIDA-Proteste bei inzwischen stark gesunkenen Teilnehmerzahlen stieg der Anteil selbsterklärter NPD-Wähler jedoch merklich an. In den beiden Erhebungen im April und Mai 2015 von Patzelt und Eichardt (2015, S. 23) erreichte die NPD auf die Frage nach dem Wahlverhalten bei der Bundestagswahl 2013 schließlich Werte von 11,1 Prozent (27.04.2015) bzw. 12,2 Prozent (04.05.2015).

104 Die Wahlbeteiligung bei der Landtagswahl 2014 in Sachsen lag bei 49,1 Prozent (Statistisches Landesamt des Freistaates Sachsen 2014).

## 6.3 Politische Einstellungen und Motive

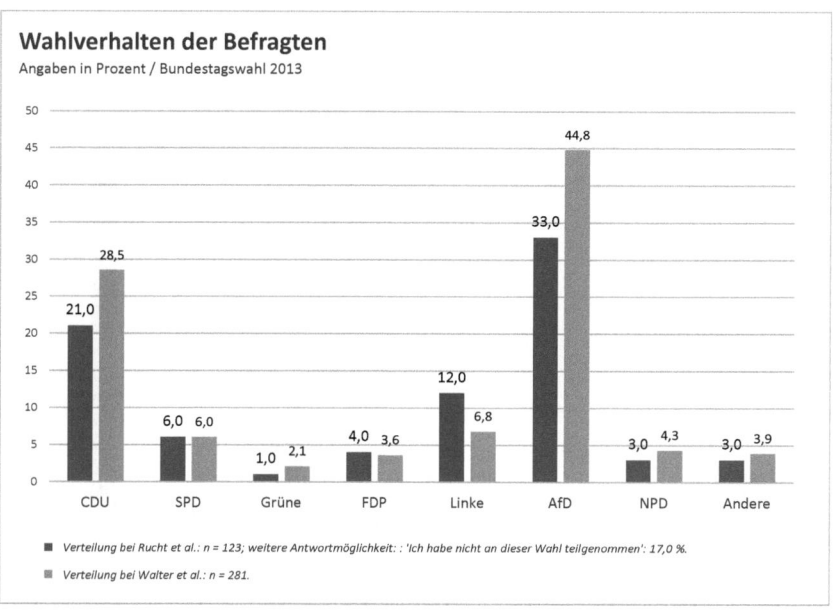

**Abb. 6.6** Befunde zum Wahlverhalten der Dresdner PEGIDA-Demonstranten[105]

---

105 Eigene Zusammenstellung der Angaben aus Rucht et al. (2015, S. 21ff.) und Walter (19.01.2015).

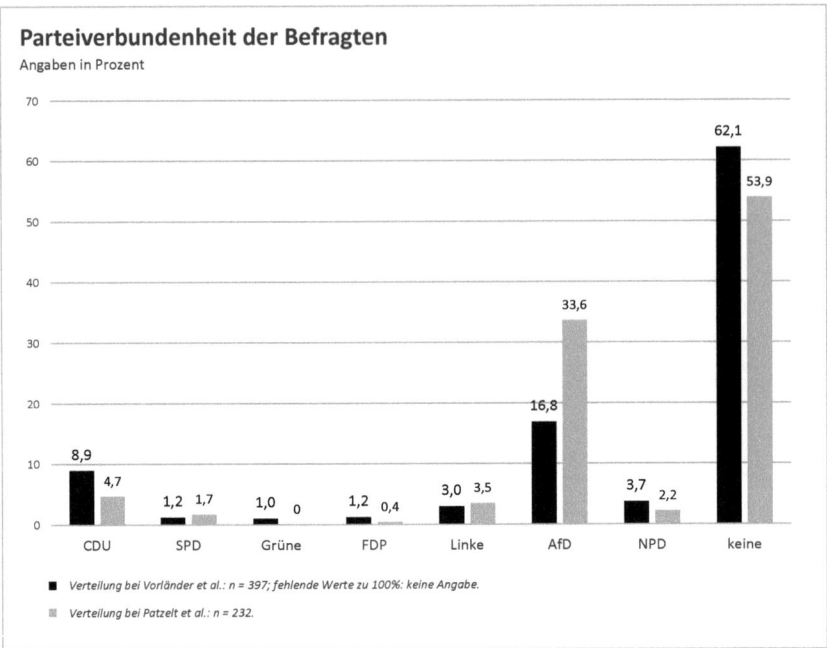

**Abb. 6.7** Befunde zur Parteiverbundenheit der Dresdner PEGIDA-Demonstranten[106]

In diesem Kontext ist auch die Frage nach der politischen Selbstverortung der PEGIDA-Teilnehmer aufschlussreich. Denn hier wird klar, dass sich eine überwiegende Mehrheit als Teil der politischen und gesellschaftlichen Mitte versteht – ganz im Sinne der auf den Veranstaltungen oft zu hörenden Sprechchöre „Wir sind das Volk". Dass dieses ‚Volk' aber scheinbar auch eine Vorliebe für politisch eher rechts

---

106 Eigene Zusammenstellung der Angaben aus Vorländer, Herold und Schäller (2015, S. 51 ff.) und Patzelt (2015a, S. 23). Die Frage nach der „Parteiverbundenheit" der Befragten wurde so nur von Vorländer, Herold und Schäller (2015) gestellt. Patzelt (2015a) ermittelte eine von ihm sogenannte „Parteineigung" der Befragten, indem er nach der vertrauenswürdigsten Partei („Welcher Partei trauen Sie zur Zeit am meisten?") fragte. Die Ergebnisse beider Fragestellungen werden gemeinsam in Abb. 6.7 dargestellt, weil sie ein ähnliches Erkenntnisinteresse verfolgten. Verbundenheit mit oder Vertrauen in eine/r Partei indizieren die Verwurzelung der Parteien in der Gesellschaft und geben bis zu einem gewissen Maß Auskunft über die politische Sozialisierung der Befragten. Geringe Werte der Verbundenheit und ein geringes Maß an Vertrauen deuten etwa auf eine politische „Heimatlosigkeit" bzw. „Entfremdung" hin.

## 6.3 Politische Einstellungen und Motive

stehende Positionen pflegt, macht die in Abb. 6.8 dargestellte Selbsteinschätzung der Demonstranten deutlich.[107]

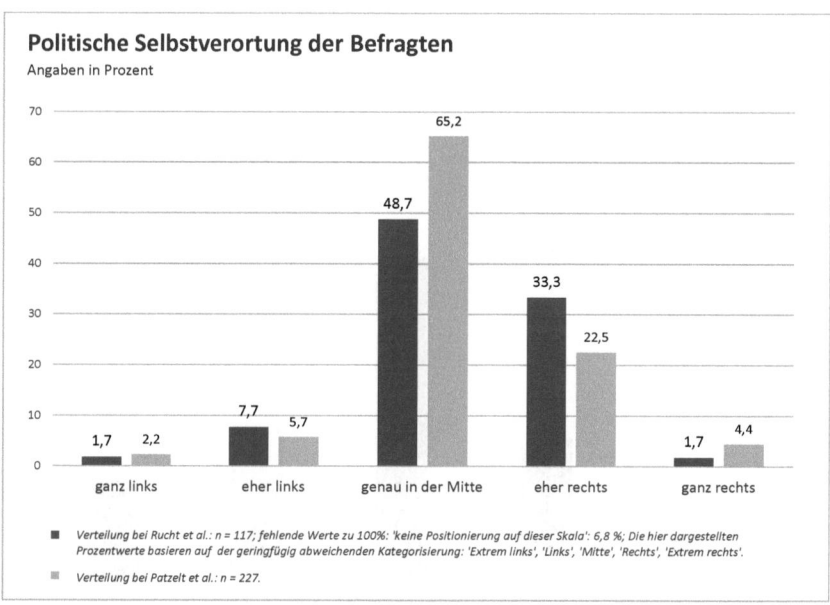

**Abb. 6.8** Befunde zur politischen Selbstverortung der Dresdner PEGIDA-Demonstranten[108]

---

107 Hier gilt es jedoch zu berücksichtigen, dass zwischen einer möglichen rechtsextremen Einstellung der Befragten und der selbst vorgenommenen Positionierung auf dem Links-Rechts-Spektrum kein direkter Zusammenhang besteht. So hat der sogenannte *Thüringen-Monitor* festgestellt, dass gerade Befragte mit „verfestigten rechtsextremen Einstellungen" sich mehrheitlich nicht dem rechten, sondern mehrheitlich sogar dem linken Feld des politischen Spektrums zuordnen. Vgl. Best et al. (2014, S. 82); Best und Salheiser (2012, S. 87 ff.). In ihren Erhebungen von April und Mai 2015 haben Patzelt und Eichardt (2015, S. 18) keine substantiellen Veränderungen bei dieser politischen Selbstverortung der Befragten ermitteln können.

108 Eigene Zusammenstellung der Angaben aus Rucht et al. (2015, S. 21f.) und Patzelt (2015a, S. 7). Die Skalen beider Studien unterscheiden sich leicht. So konnten die Befragten bei Rucht et al. (2015) eine Selbstverortung im Bereich von „Extrem links", „Links", „Mitte", „Rechts", „Extrem rechts" sowie „keine Position auf dieser Skala" vornehmen. Patzelt (2015a) wählte hier etwas andere Bezeichnungen („ganz links", „links", „genau in der Mitte", „rechts" sowie „ganz rechts") und verzichtete zudem auf eine residuale Antwortmöglichkeit.

Doch was ist der Grund für die Teilnahme bei PEGIDA? Als offene Frage formuliert, wurden damit die angesprochenen Demonstrationsteilnehmer in der Studie von Vorländer, Herold und Schäller konfrontiert und gaben in zum Teil ausführlichen Gesprächen bemerkenswerte Antworten (Abb. 6.9).

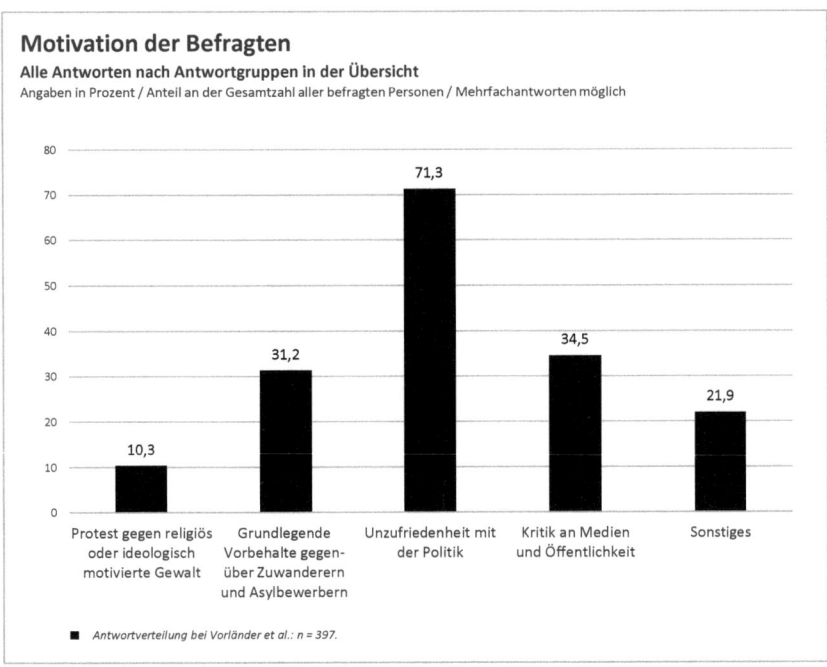

**Abb. 6.9** Befunde zur Motivation der Dresdner PEGIDA-Demonstranten[109]

Nicht der Islam oder eine mutmaßlich drohende ‚Islamisierung des Abendlandes' sondern eine in verschiedenartiger Weise artikulierte Unzufriedenheit mit der Politik wurde demnach als Hauptmotiv für die Teilnahme an PEGIDA-Demonstrationen genannt. An zweiter Stelle wurden Antworten aus dem Bereich ‚Kritik an Medien und Öffentlichkeit' gegeben; an dritter Stelle folgten Antworten, die

---

109 Quelle: eigene Erhebung, vgl. Vorländer, Herold und Schäller (2015, S. 57ff.). Grundlage der dargestellten Antwortgruppen sind die Antworten auf die offen gestellte Frage „Was ist der Grund für Ihre Teilnahme bei PEGIDA?"

### 6.3 Politische Einstellungen und Motive

als Artikulation von grundlegenden Ressentiments gegenüber Zuwanderern und Asylbewerbern zu klassifizieren sind. Nur 10,3 Prozent der Befragten gab an, gegen religiös oder ideologisch motivierte Gewalt zu protestieren. Nur rund ein Viertel der befragten PEGIDA-Demonstranten bezog sich in ihren, oft vielschichtig vorgetragenen Antworten überhaupt auf das Thema ‚Islam'. Dies erschien vor allem deshalb bemerkenswert, weil dieses namensgebende Motiv von PEGIDA als Slogan auf den offiziellen Spruchbändern der Demonstrationszüge prominent vertreten war.

Die in Abb. 6.9 dargestellten fünf Antwortgruppen fassen jeweils alle Antworten aus einer Reihe ähnlicher Antwortbereiche zusammen, so etwa die Antwortgruppe „Unzufriedenheit mit der Politik" alle Antworten aus den Bereichen „Unzufriedenheit mit der Asylpolitik", „der Außen- und Sicherheitspolitik", „der Wirtschafts- und Sozialpolitik", u. a. Auf der Ebene dieser Antwortbereiche sind die am häufigsten genannten Alternativen in Abb. 6.10 dargestellt.

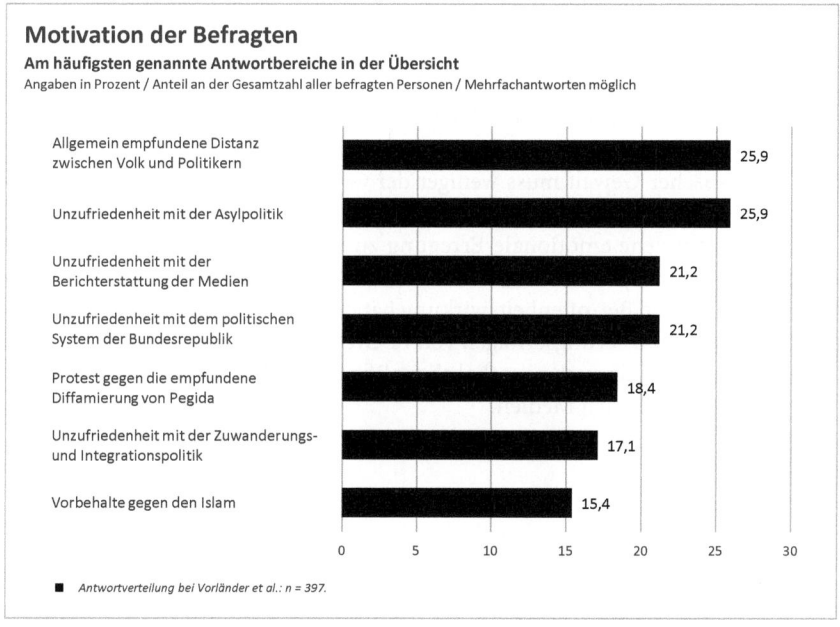

**Abb. 6.10** Befunde zur Motivation der Dresdner PEGIDA-Demonstranten[110]

---

110 Quelle: eigene Erhebung, vgl. auch Vorländer, Herold und Schäller (2015, S. 57ff.).

Hier wurde – zumeist im Zusammenhang mit anderen Beweggründen – am häufigsten eine so empfundene Distanz zwischen Bürgern und politischen Verantwortungsträgern zum Ausdruck gebracht. Ebenfalls rund jeder vierte Befragte kritisierte die aktuelle Asylpolitik. Etwa jeder Fünfte protestierte gegen die aus seiner Sicht einseitige und verzerrte Berichterstattung der Medien oder übte Kritik an bestimmten Regelungen oder Institutionen des Systems einer repräsentativen Parteiendemokratie in Deutschland, gefolgt von einem Protest gegen eine empfundene Diffamierung von PEGIDA in Medien und Öffentlichkeit (18,4 Prozent) sowie der Artikulation grundlegender Vorbehalte gegen den Islam als ‚gewaltorientierte Religion' und ‚bedrohliche Kultur' (15,4 Prozent) vor dem Hintergrund eigener Überfremdungs- und Entfremdungsängste.[111]

Insgesamt wurde in den Antworten auf diese Frage die Wahrnehmung einer tiefen Kluft zum Ausdruck gebracht: einer Kluft zwischen den Massenmedien, der veröffentlichten Meinung und der etablierten Politik auf der einen Seite und den alltäglichen „Problemen des Bürgers", dem „Willen des Volkes" auf der anderen Seite. Die PEGIDA-Kundgebungen schienen damit für eine Mehrheit der Teilnehmer vor allem eine Möglichkeit zu sein, tief empfundene Entfremdungsgefühle sowie bisher nicht öffentlich artikulierte Ressentiments gegen eine politische und meinungsbildende Elite zum Ausdruck zu bringen.

Die Frage der Zuwanderungs-, Flüchtlings- und Asylpolitik scheint hierfür eher eine katalytische Rolle gespielt zu haben. In ihr sowie in der Frage nach dem Umgang mit islamistischer Gewalt muss weniger der Grund als der tagesaktuelle Anlass für die Entstehung von PEGIDA gesehen werden. Gleichwohl hat die mit solchen Themen verbundene emotionale Erregung zu einer Reaktivierung bestehender Vorbehalte gegen Asylbewerber, „Wirtschaftsflüchtlinge" und Muslime geführt. Die hierdurch erzeugte Betroffenheitswirkung hat im Winter 2014/2015 wohl ähnlich stark zu den Mobilisierungserfolgen von PEGIDA beigetragen, wie eine kritische bis ablehnende, häufig auch pauschal abqualifizierende Berichterstattung über die Demonstrationen in den Medien.

---

111 Auf der Grundlage ihrer Online-Umfrage benennen auch Rucht et al. (2015, 48 ff.) drei dominierende Deutungsrahmen, an denen sich die Dresdner PEGIDA-Demonstranten orientierten: die „Kritik an der Asyl- und Einwanderungspolitik", die „Kritik an der aktuellen Regierungspolitik" und die „Unzufriedenheit mit den Medien und deren Berichterstattung". Diese und andere von den PEGIDA-Teilnehmern genannten Protestmotive werden in Kapitel 8 näher kontextualisiert.

## 6.4 Abweichungen und Veränderungen

Die wissenschaftlichen Untersuchungen von PEGIDA-Teilnehmern haben insgesamt bemerkenswerte Erkenntnisse von den montäglichen Demonstrationen zutage gefördert. Ihre Ergebnisse beziehen sich jedoch ausschließlich auf Dresden und können nur für die Hochphase bis Ende Januar eine hohe Aussagekraft entfalten.[112] Als wahrscheinlich gilt, dass sich die Zusammensetzung der Dresdner PEGIDA-Veranstaltungen zwischen den Anfängen im Oktober 2014, dem Höhepunkt im Januar 2015, dem deutlichen Rückgang der Teilnehmerzahlen nach der Spaltung des Organisationsteams und der Stabilisierung auf vergleichsweise niedrigem Niveau bis Sommer 2015 sukzessive verändert hat. Diese Hypothese konnte eine erneute Befragung von PEGIDA-Demonstranten am 27.04. sowie am 04.05.2015 durch W. J. Patzelt und C. Eichardt zum Teil bestätigen. Ein hier empirisch nachgewiesener „Rechtsruck" der PEGIDA-Demonstranten, so die Autoren, sei jedoch weniger Ausdruck einer Radikalisierung der Anhängerschaft, sondern gehe maßgeblich darauf zurück, dass „bis zum April und Mai vor allem jene Demonstranten Bachmann und seinem Team die Treue hielten, die ohnehin immer schon politisch weiter rechts standen". Während eher gemäßigt Eingestellte sich mehr und mehr resigniert zurückgezogen hätten, ständen nun die Radikalen stärker im Blickfeld. Daneben seien aber nach wie vor die deutlich geschrumpften PEGIDA-Veranstaltungen (mit wöchentlich nur noch ca. 1.000 bis 3.000 Teilnehmern) aus unterschiedlichen Gruppen zusammengesetzt, deren sozioökonomisches Profil sich nur geringfügig von den Befunden aus dem Januar 2015 unterscheide (Patzelt und Eichardt 2015, S. 10, 92, 95).

Auch die (meist nur wenig erfolgreichen) PEGIDA-Ableger in anderen deutschen Großstädten ließen bereits durch ihr öffentliches Erscheinungsbild eine deutlich radikalere politische Agenda und Teilnehmerschaft erkennen. Obwohl hierzu keine wissenschaftlichen Untersuchungen vorliegen, lassen vergleichende Demonstrationsbeobachtungen vermuten, dass in Bonn (BOGIDA), Berlin (BÄRGIDA), München (BAGIDA), Frankfurt a. M. (FRAGIDA) und anderswo die Zusammensetzung der Demonstranten nicht jenem eher bürgerlichen Klientel entsprach, das in Dresden von PEGIDA mobilisiert werden konnte. Daneben scheint festzustehen, dass viele Ableger von PEGIDA – sowohl in den alten als auch den neuen Bundesländern – von jeweils lokal bekannten Rechtspopulisten, Hooligans oder Neonazis initiiert bzw.

---

112 Eine Ausnahme bildet die Studie von Walter et al., die auch Veranstaltungen der PEGIDA-Ableger in Leipzig, Hannover, Duisburg und Braunschweig in den Blick nahm (Geiges et al. 2015).

unterwandert wurden.[113] Selbst im Hinblick auf die einigermaßen erfolgreichen Ableger in Leipzig (LEGIDA) und Chemnitz (PEGIDA Chemnitz/Erzgebirge) lassen mutmaßliche Verbindungen der Organisatoren in die Neonaziszene sowie die deutlich geringere Teilnehmerzahl darauf schließen, dass sich auch die Zusammensetzung der Demonstranten von der in Dresden unterschied (Frankfurter Allgemeine Zeitung 22.01.2015).

---

113 Vgl. die Nachweise in Kapitel 5.3.

# Einordnung und Deutung der empirischen Befunde 7

An Deutungsversuchen über die Hintergründe, Kontexte und tieferliegenden Ursachen der Entstehung von PEGIDA und ihrer verblüffenden Mobilisierungserfolge mangelt es nicht. Bald nachdem die Dresdner Demonstrationen begannen, die nationale Berichterstattung zu beherrschen, traten vor allem Medienvertreter auf den Plan, um ihre gewonnenen Eindrücke in umfangreichen Erklärungsversuchen zu verarbeiten. Einige dieser Deutungen mussten revidiert werden, als Mitte Januar erste wissenschaftliche Untersuchungen der bisherigen Wahrnehmung ein differenzierteres Bild entgegensetzten. Nachdem die öffentliche Empörung über PEGIDA inzwischen wieder abgeklungen ist und die Dresdner Demonstrationen im Frühsommer 2015 selbst kaum noch mehr als 2.000 Teilnehmer anzogen, können auf Basis der im sechsten Kapitel dargestellten empirischen Studien mittlerweile auch jenseits spekulativer, wenngleich zumeist nachvollziehbarer Bewertungen erste Einordnungs- und Erklärungsversuche unternommen werden.

Dabei gilt es insbesondere jene Hypothesen zu prüfen, die die Entstehung und den Erfolg von PEGIDA in Dresden mit Hilfe manifester politisch-kultureller Einstellungsmuster erklären: Islamfeindlichkeit, Rechtsextremismus und Ausländerfeindlichkeit, aber auch Ethnozentrismus, Demokratieunzufriedenheit und Entfremdung sind deshalb die Stichworte, nach denen sich das folgende Kapitel gliedert. Für dieses Anliegen sind Untersuchungen zur politischen Kultur in Deutschland, vor allem in Ostdeutschland, hinzuzuziehen. Eine Vergleichsperspektive bieten insbesondere die Befunde folgender Langzeitstudien:

- Auf der Basis einer repräsentativen Zufallsstichprobe fragten mit Hilfe von Face-to-face-Interviews die sogenannten Leipziger *Mitte-Studien* seit 2002 im Zweijahresrhythmus nach politischen Einstellungsmustern in Ost- und Westdeutschland. Neben Fragebögen zu Autoritarismus, Sexismus, Gewaltbereitschaft und zur sozialen Dominanzorientierung wurden dabei auch Einstellungen zur Demokratie und zu ausgewählten Institutionen ermittelt. Im Zentrum der Langzeituntersuchung steht ein Fragebogen, der in sechs Dimensionen mit jeweils drei (insgesamt 18) Fragen die Verbreitung rechtsextremer Einstellungen ermitteln sollte. Durchschnittlich nahmen zwischen 2.000 und 2.500 Befragte an den Erhebungen teil (Ausnahme: 2008, hier waren es knapp 5.000), die Ausschöpfungsquoten bewegten sich dabei im Bereich zwischen 50 und 62 Prozent, zuletzt lag die Quote bei 54,8 Prozent (vgl. zuletzt: Decker et al. 2015).

- Eine ähnliche Langzeituntersuchung stellt die Erhebungsreihe zum „Syndrom" der *Gruppenbezogenen Menschenfeindlichkeit* dar, bei der ein Forscherteam um Wilhelm Heitmeyer und Andreas Zick von 2002 bis 2011 jährliche Erhebungen in Form telefongestützter Interviews durchführte. „Gruppenbezogene Menschenfeindlichkeit" setzt sich aus zwölf Einstellungsmustern zusammen, darunter etwa Einstellungen zu Rassismus, Islamfeindlichkeit und Homophobie, aber auch die Abwertung von Obdachlosen, Behinderten und Asylbewerbern. Bei den ersten drei Erhebungen von 2002 bis 2004 wurden jeweils 3.000 Personen, bei den späteren je 2.000 Personen befragt. Diese wurden durch Zufallsauswahl aus einer haushaltsrepräsentativen Stichprobe ermittelt (vgl. zuletzt: Heitmeyer 2012a).
- Nach rechtsextremen Einstellungen in der Bevölkerung fragt auch der sogenannte *Thüringen-Monitor*. Auf der Grundlage einer Zufallsauswahl unter Thüringer Wahlberechtigten wurden bei der von der Erfurter Staatskanzlei in Auftrag gegebenen und von einem Forscherteam um den Jenaer Soziologen Heinrich Best durchgeführten Untersuchung seit 2000 jedes Jahr 1.000 Personen telefonisch interviewt und zu politischen und gesellschaftlichen Grundsatzproblemen befragt. Bis 2011 wurde die Erhebungsreihe vom Jenaer Politikwissenschaftler Karl Schmitt geleitet (vgl. zuletzt: Best et al. 2014).
- Die Studie *Deutschland 2014. 25 Jahre Friedliche Revolution und Deutsche Einheit* eines Forscherteams um Everhard Holtmann und Oscar W. Gabriel nahm 2014 im Auftrag der Bundesregierung eine Bestandsaufnahme der Entwicklung der politischen Kultur in Deutschland seit der Wiedervereinigung vor. Hier wurden neben den Ergebnissen einer eigenen Befragung die Befunde der wichtigsten empirischen Erhebungen zur politischen Kultur in Deutschland seit 1990 vergleichend zusammengestellt (vgl. Holtmann et al. 2015).

Insbesondere die jüngsten Ausgaben der *Mitte-Studien* und des *Thüringen-Monitors* versprechen im Hinblick auf PEGIDA zahlreiche Anregungen für Einschätzungen und Deutungen, da sie aktuelle Erkenntnisse zur politischen Kultur in Ostdeutschland bereithalten. Während die *Mitte-Studien* ihre Befragungsergebnisse zu den neuen Bundesländern explizit ausweisen, ist der *Thüringen-Monitor* eine Langzeituntersuchung in einem Bundesland, von dem gewisse historische und politisch-kulturelle Strukturähnlichkeiten zu Sachsen anzunehmen sind. Im Folgenden werden einige Befunde der genannten Untersuchungen aufgegriffen und zu den Erkenntnissen über die PEGIDA-Demonstranten ins Verhältnis gesetzt. Auch wenn sich die Erhebungsmethoden in den einzelnen Studien unterscheiden, liefert ein Vergleich mit ihren Daten doch wichtige Hinweise für die Deutung und begriffliche Einordnung von PEGIDA.

## 7.1   Islamfeindlichkeit

Die Demonstrationen in Dresden und andernorts vom Winter 2014/2015 fielen in eine Zeit, als der Begriff der „Islamfeindlichkeit" gerade in einer breiteren medialen Öffentlichkeit prominent wurde. Im vergangenen Jahrzehnt beinahe täglich mit Schlagzeilen und Nachrichtenbildern über mordende Attentäter, empörte Randalierer und Gotteskrieger muslimischen Glaubens aus den Krisengebieten in Syrien, Afghanistan, Somalia, Nigeria, dem Irak und anderswo konfrontiert und durch Berichte über islamisch geprägte „Parallelgesellschaften" in deutschen Großstädten mit Sonderregeln und eigener Rechtsprechung für Muslime verstärkt, scheint sich mittlerweile auch in Deutschland eine latente bis manifeste islam- bzw. islamismuskritische Haltung festzusetzen. Die in den letzten Jahren insgesamt eher rückläufige Verbreitung klassisch rechtsextremer Einstellungsmuster (Decker et al. 2015, S. 41 ff.) steht hier der These entgegen, dass mittlerweile vor allem die Islamfeindlichkeit zu einem zentralen Bestandteil rechtsextremer und rechtspopulistischer Orientierungen geworden ist (Zick et al. 2011, S. 30). Die Autoren der Leipziger *Mitte-Studien* konstatieren hier gar, dass die Islamfeindschaft das neue Gewand eines Rassismus sei: „Nun wird (vordergründig) nicht mehr biologisch argumentiert, sondern die vermeintliche Rückständigkeit der islamischen Kultur thematisiert" (Decker et al. 2015, S. 57; ähnlich zuvor bereits Zick et al. 2011, S. 46 ff.).

Insgesamt entspricht die hierzulande gemessene Islamfeindlichkeit jedoch in etwa dem europäischen Durchschnitt (Zick et al. 2011, S. 71 f.), auch wenn seit einigen Jahren empirische Studien eine stete Zunahme islamophober Überzeugungen in der deutschen Bevölkerung feststellen.[114] Decker et al. (2013) zogen dabei bereits in

---

114   Dies macht etwa eine Gegenüberstellung der gemessenen Zustimmungswerte zu wortgleich vorgelegten Aussagen aus der Umfragereihe *Gruppenbezogene Menschenfeindlichkeit* von 2011 und der Mitte-Studie von 2014 deutlich. Demnach stimmten 2011 22,6 Prozent, 2014 jedoch bereits 36,6 Prozent der Befragten mit der These „Muslimen sollte die Zuwanderung nach Deutschland untersagt werden" überein. Die Zustimmungswerte zu „Durch die vielen Muslime hier fühle ich mich manchmal wie ein Fremder im eigenen Land" stiegen im gleichen Zeitraum von 30,2 auf 43,0 Prozent an. Hier gilt es jedoch zu

ihrer Erhebung von 2012 eine klare Grenze zwischen „Islamkritik" auf der einen und der auf Ressentiments beruhenden „Islamfeindschaft" auf der anderen Seite. Ihre Befunde sprechen eine eindeutige Sprache: Demnach wurden von etwa 50 bis 60 Prozent der zufällig ausgewählten Bürgerinnen und Bürger *islamfeindliche* Aussagen zustimmend bewertet. Nur jeweils etwa 15 bis 25 Prozent standen derartigen Thesen ablehnend gegenüber. Eine *islamkritische* Haltung gaben je nach Frage sogar 60 bis 75 Prozent zu erkennen.[115]

|  | Deutschland-Ost (Mitte-Studie 2012) | Deutschland-West (Mitte-Studie 2012) | Deutschland gesamt (Mitte-Studie 2012) |
|---|---|---|---|
| Islamfeindschaft | 41,3 | 35,0 | 36,2 |
| Islamkritik | 69,6 | 58,6 | 60,8 |

**Abb. 7.1** Islamfeindliche und islamkritische Einstellungen im Ost/West-Vergleich[116]

---

berücksichtigen, dass die unterschiedlichen Werte mit unterschiedlichen Messmethoden (telefonische Interviews bei den Bielefelder, Face-to-face-Befragungen bei den Leipziger Studien) ermittelt wurden (Decker et al. 2015, S. 58; Heitmeyer 2012b, 38 ff.).

115 An der Zustimmung zu folgenden Aussagen bemaß sich dabei die Bewertung als „islamkritisch" bzw. „islamfeindlich": 1. islamkritisch: „Die strikte Trennung von Staat und Kirche ist eine westliche Errungenschaft, die auch in vielen islamisch geprägten Ländern ein Fortschritt wäre", „Obwohl einige Frauen freiwillig ein Kopftuch tragen, sollte man nicht übersehen, dass es für einige auch Zwang bedeutet", „Der vom Islam vorgeschriebenen rigiden Geschlechtertrennung sollte – ob im Gesundheitswesen oder Sportunterricht – nicht nachgegeben werden", „Unsere Unterstützung sollte denjenigen liberalen Moslems gelten, die sich von der fundamentalistischen Auslegung des Islams distanzieren", „Universelle Menschenrechte und gewisse Rechtsnormen sollten immer über religiösen Geboten stehen"; 2. islamfeindlich: „Die islamische Welt ist rückständig und verweigert sich den neuen Realitäten", „Der Islam ist eine archaische Religion, unfähig sich an die Gegenwart anzupassen", „Ich denke, dass die Nähe von Islam und Terrorismus schon im Islam selber und seinen aggressiven Seiten angelegt ist", „Jegliche Kritik von Vertretern des Islam an der westlichen Welt ist übertrieben und ungerechtfertigt", „Muslime und ihre Religion sind so verschieden von uns, dass es blauäugig wäre, einen gleichen Zugang zu allen gesellschaftlichen Positionen zu fordern" (Decker et al. 2012, S. 92).
116 Eigene Zusammenstellung der Daten aus Decker et al. (2012, S. 93). Die abgebildeten Prozentwerte geben den Anteil derjenigen Befragten wieder, die in der jeweiligen Einstellungskategorie *allen* Aussagen „durchschnittlich" zustimmten und damit – nach

## 7.1 Islamfeindlichkeit

Wie Abb. 7.1 zeigt, sind sowohl islamfeindliche als auch islamkritische Einstellungen in den neuen Bundesländern stärker verbreitet. Islamfeindlichkeit konnte dabei häufiger bei Männern als bei Frauen, häufiger bei älteren Befragten sowie bei Personen mit geringem Bildungsniveau festgestellt werden. Besonders bemerkenswert erschien aber auch, dass sowohl islamkritische als auch islamfeindliche Orientierungen mit höherem Einkommen anstiegen. Sie waren bei den obersten Einkommensgruppen mit Abstand am stärksten ausgeprägt (Decker et al. 2012, S. 93, 95).[117]

Auch bei der Bewertung und Erklärung von PEGIDA spielte zunächst das Thema der Islamkritik oder Islamfeindlichkeit eine zentrale Rolle, schließlich war die kritische Wendung gegen die vermeintliche „Islamisierung des Abendlandes" bereits im Namen der Dresdner Demonstrationsveranstaltungen angezeigt worden. Auf mitgeführten Spruchbändern und Plakaten waren allwöchentlich Sprüche zu lesen wie „Friedensvertrag & Verfassung statt Scharia & Dschihad" oder „Islam = Karzinom", ein anderes einprägsames Motiv zeigte ein Foto Angela Merkels, in das ein Kopftuch montiert war, um vor dem schleichenden Siegeszug muslimischer Kultur in Deutschland zu warnen.[118] Medienvertreter und Politiker wiederum bezeichneten die PEGIDA-Kundgebungen als „Anti-Islam-Demos", ihre Demonstranten als „Islam-Hasser" (Eichstädt 13.01.2015; Meier und Niewendick 09.12.2014). Die zahlreichen Versuche, das Geschehen in Dresden unter dem Stichwort der „Islamfeindlichkeit" einzuordnen, hatten allerdings mit einem offensichtlichen Widerspruch zu kämpfen: Wie konnte es sein, dass in einer Stadt, in der nach Schätzungen lediglich 0,4 Prozent der Bevölkerung muslimischen Glaubens seien, gegen eine drohende „Islamisierung" protestiert werde?[119]

Oft wurde in diesem Zusammenhang die sogenannte „Kontakthypothese" diskutiert: Demnach sind Vorurteile und Ablehnung gegenüber bestimmten, als ‚fremd' empfundenen Personengruppen umso größer, je seltener in täglichen

---

Einschätzung der Autoren der *Mitte-Studie* – als „islamkritisch" bzw. „islamfeindlich" zu bewerten sind (Decker et al. 2012, S. 92).

117 Zu einem anderen Ergebnis kam die Bielefelder Langzeituntersuchung zur „Gruppenbezogenen Menschenfeindlichkeit" bis 2011. Ihr zufolge tritt Islamfeindlichkeit in Gruppen mit niedrigen und geringen Einkommen verstärkt auf (Heitmeyer 2012b, S. 33).

118 Beides beobachtet am 12.01.2015.

119 Die Zahlen zum Anteil der Muslime in Dresden wurden von verschiedenen Seiten (etwa von Petra Köpping, Staatsministerin für Integration im Freistaat Sachsen) in die Diskussion eingestreut und dann in den Medien immer wieder aufgegriffen. Es handelt sich dabei jedoch lediglich um Schätzungen, belastbare Berechnungen sind nicht bekannt. Der Anteil der Muslime in ganz Sachsen wird von der Sächsischen Landeszentrale für politische Bildung mit 0,7 Prozent (Stand 2008) angegeben (Vgl. http://www.infoseiten.slpb.de/politik/sachsen/sachsen%E2%80%90allgemein/religion/. Abruf am 08.06.2015).

Lebenssituationen Kontakt zu den Mitgliedern dieser Gruppen besteht. Im Falle der Islamfeindlichkeit würde dies eine Ablehnung von Muslimen vor allem dort vermuten lassen, wo ihr Anteil an der Gesamtbevölkerung am geringsten ist. Diese Annahme konnte mit den Befunden der *Mitte-Studie* aus 2012 noch weitestgehend bestätigt werden. So stellten Decker et al. fest, dass lediglich 10,3 Prozent der islamfeindlich Eingestellten angeben, „am Arbeitsplatz, in der Familie oder im Freundeskreis Kontakt zu Ausländerinnen und Ausländern zu haben". (Decker et al. 2012, S. 98).[120] Gerade für Sachsen, mit seinen nur 0,7 Prozent Muslimen, ist deshalb eine ausgeprägte Islamfeindlichkeit zu erwarten. In ihrer Erhebung aus 2014 erhielten die Wissenschaftler jedoch zum Teil widersprechende Befunde. Demnach ergaben sich im Bereich „Islamfeindlichkeit" für Westdeutschland zum Teil höhere Zustimmungswerte als im Osten.[121]

Dass das Motiv der „Islamisierung" jedoch für eine Mehrheit der PEGIDA-Demonstranten nicht im Zentrum stand, dass also die *Patriotischen Europäer* in Dresden nicht in erster Linie gegen eine drohende „Islamisierung des Abendlandes" auf die Straße gingen, das konnte bereits in der ersten empirischen Untersuchung PEGIDAs durch Vorländer, Herold und Schäller festgestellt werden. Nach ihren Gründen für die Teilnahme an der PEGIDA-Demonstration befragt, gab dort nur etwa jeder zehnte Befragte (10,3 Prozent) an, gegen ‚religiös oder ideologisch motivierte Gewalt' zu protestieren. Daneben ließen 15,4 Prozent Vorbehalte und Ressentiments speziell gegen Muslime erkennen.[122] Für insgesamt nur jeden vierten

---

120 Bei jenen, die sich lediglich „islamkritisch" geäußert hatten, war dies hingegen in 89,7 Prozent der Fälle festzustellen (Decker et al. 2012, S. 99).

121 Vgl. Decker et al. (2015, S. 58 f.), dargestellt unten in Abb. 7.3. Als Sonderfall erschien außerdem Bayern, denn hier wurden trotz eines vergleichsweise hohen Ausländeranteils von knapp 10 Prozent starke ausländerfeindliche Einstellungen ermittelt (Decker et al. 2015, S. 75).

122 Die hier geäußerten Vorbehalte bezogen sich nicht nur auf muslimische Regeln der Lebensgestaltung, der Ernährung, der Kleidung und des öffentlichen Umgangs, sondern auch auf eine bestimmte „Mentalität", die eine echte Integration ihrer Anhänger in westlichen Gesellschaften nicht zulasse und stattdessen umgekehrt mehr oder weniger unverhohlen auf die schrittweise Anpassung des Lebens in Deutschland an ihre Vorstellungen setze. Die Angst vor einer drohenden Islamisierung basierte demnach vor allem auf der immer wieder geäußerten Befürchtung, die Regeln der muslimischen Kultur würden über kurz oder lang in Deutschland als generell verbindliche Normen durchgesetzt. Aus Angst, die religiösen Gefühle der Muslime zu verletzen, so der Vorwurf, seien Politik, Medien und Öffentlichkeit in einer Art „vorauseilendem Gehorsam" bereits in der Gegenwart immer wieder dazu bereit, den Muslimen eine ungerechtfertigte Vorzugsbehandlung zu gewähren. Mit Stichworten und Anekdoten, etwa von der Umbenennung Berliner Weihnachtsmärkte in „Winterfest", dem vermeintlichen Verbot von Schweinefleisch in Kindergärten, den Sonderregeln für Muslime im Schwimm- und Sportunterricht, der „Schariapolizei" oder

## 7.1 Islamfeindlichkeit

Befragten spielte der Themenbereich „Islam, Islamismus bzw. Islamisierung" in seinen Antworten überhaupt eine Rolle. (Abb. 7.2).

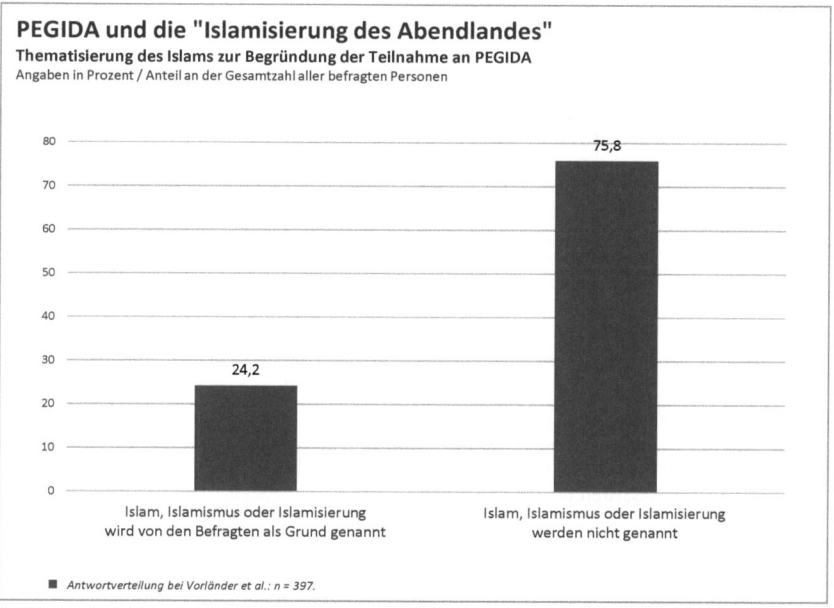

**Abb. 7.2** Thematisierung des Islams bei der Begründung der Teilnahme an PEGIDA[123]

Diese im Vergleich zu den Erwartungen relativ niedrigen Werte erscheinen bemerkenswert, zum einen weil die Angst vor einer „Islamisierung" bekanntlich namensgebend für PEGIDA war und sich dieses Motiv – ebenso wie der Protest gegen religiös motivierte Gewalt – als Slogan auf den offiziellen Spruchbändern der Demonstrationszüge prominent vertreten fand.[124] Zum anderen war die Veranstaltung vom 12.01.2015,

---

den sogenannten „Parallelgesellschaften" in deutschen Städten wurde versucht, diese Behauptung zu belegen (Vorländer, Herold und Schäller 2015, S. 70).
123 Quelle: Vorländer, Herold und Schäller (2015, S. 72). Zugrunde lag die offen gestellte Frage nach den Motiven zur Teilnahme an PEGIDA in Dresden.
124 Vgl. nur das große Spruchbanner, das auf jeder PEGIDA-Veranstaltung vor dem Demonstrationszug hergetragen wurde. Dort war (in zeitweise leicht abgewandelter Form) zu lesen: „Gewaltfrei und vereint gegen Glaubenskriege auf deutschem Boden". Gemeint war damit vor allem jene Gewalt, die von muslimischen Mitbürgern auszugehen drohte.

auf der die Befragungen zum Teil stattfanden, von den PEGIDA-Organisatoren explizit als „Trauermarsch" für die Opfer der islamistisch motivierten Attentate auf die französische Satire-Zeitschrift *Charlie Hebdo* und einen jüdischen Supermarkt in Paris vom 07.01.2015 ausgerufen worden (Vorländer, Herold und Schäller 2015, S. 60).

|  | PEGIDA-Dresden (Rucht et al. 2015) | Thüringen (Monitor 2014) | D-Ost (Mitte 2014) | D-West (Mitte 2014) | D-Gesamt (Mitte 2014) | D-Gesamt (Heitmeyer 2011) |
|---|---|---|---|---|---|---|
| **Islamfeindlichkeit** | | | | | | |
| Muslimen sollte die Zuwanderung nach Deutschland untersagt werden | 9,7 | – | – | – | 36,6 | 22,6 |
| Durch die vielen Muslime hier fühle ich mich manchmal wie ein Fremder im eigenen Land | 28,5 | – | 33,9 | 45,4 | 43,0 | 30,2 |
| Muslime in Deutschland stellen zu viele Forderungen | – | 55 | – | – | – | – |
| Muslime akzeptieren unsere Werte (Prozentsatz der Ablehnung dieser Aussage) | – | 44 | – | – | – | – |

**Abb. 7.3** Islamfeindlichkeit in Deutschland und unter Dresdner PEGIDA-Demonstranten im Vergleich[125]

Dieser Befund, nach dem das Thema „Islam" bzw. „Islamisierung" weder als zentrales Motiv der PEGIDA-Anhänger noch als Hauptgrund für deren starke Mobilisierung anzunehmen ist, wurde von anderen Erhebungen bestätigt. So deutet sich etwa in den (gewiss nur wenig validen) Daten von Rucht et al. (2015)[126] eine ähnliche

---

125 Eigene Zusammenstellung der Befunde aus Rucht et al. (2015, S. 31), Best et al. (2014, S. 202 f.), Decker et al. (2015, S. 58 f.), Heitmeyer (2012b, S. 38). Die Jahresangaben im Tabellenkopf beziehen sich auf den Zeitpunkt der Datenerhebung. Die dargestellten Prozentangaben fassen jeweils diejenigen Antwortanteile zusammen, welche auf einer vier- oder fünfstufigen Skalierung eine explizite Zustimmung zur entsprechenden These anzeigen. Im Einzelnen sind das bei Rucht et al. (2015) „stimme ganz zu" und „stimme überwiegend zu", bei Best et al. (2014) „stimme voll und ganz zu" und „stimme überwiegend zu", bei Decker et al. (2015) sowie bei Heitmeyer et al. (2012b) „stimme voll und ganz zu" und „stimme eher zu". Bei der Aussage „Muslime akzeptieren unsere Werte" ist die Summe aus „lehne überwiegend ab" und „lehne völlig ab" dargestellt. In den ausgestrichenen Feldern wurden jeweils keine Daten erhoben oder keine Angaben gemacht. Zur Aussagekraft der Zahlen von Rucht et al. (2015) vgl. Fußnote 126.

126 Bei den Angaben von Rucht et al. (2015) ist zu berücksichtigen, dass bei seiner Online-Umfrage lediglich eine Ausschöpfungsquote von 6,8 Prozent erreicht werden

## 7.1 Islamfeindlichkeit

Tendenz an. Auch hier war die Zustimmung zu den vorgelegten Indikatoraussagen für Islamfeindlichkeit eher unterdurchschnittlich ausgeprägt, selbst zum ostdeutschen Vergleichswert der *Mitte-Studie* (Abb. 7.3). Nicht nur die Zahlen der Leipziger *Mitte-Studie*, sondern auch ein Vergleich mit den Befunden der Bielefelder Untersuchung zur *Gruppenbezogenen Menschenfeindlichkeit* von 2011 unterstreicht diese Schlussfolgerung. Demnach scheint eine islamkritische Haltung auch dort ähnlich oder gar noch stärker verbreitet zu sein, wo Muslime einen größeren Anteil an der Gesamtbevölkerung stellen. Gerade „durch die vielen Muslime wie fremd im eigenen Land" fühlt man sich häufiger im Westen als im Osten.

Konkret danach befragt, ob der Islam zu Deutschland gehöre, zeigten die PEGIDA-Teilnehmer bei Patzelt und Eichardt (2015) wiederum ein durchaus zwiespältiges Antwortverhalten (Abb. 7.4). Einerseits wurde dieser in zwei Varianten vorgelegten These von über der Hälfte der Befragten Ablehnung entgegengebracht, andererseits bewegte sich der Umfang dieser Ablehnung etwa im Bereich der zuvor in mehreren Umfragen für Ostdeutschland ermittelten Werte. Außerdem zeigte sich, dass – selbst unter den nur noch etwa 3.000 Personen zählenden, nach rechts gerückten PEGIDA-Teilnehmern vom Mai 2015 – die Ablehnung von „Muslimen" deutlich geringer ausfällt als die Ablehnung „des Islam".

| | PEGIDA-Dresden (Patzelt, 25.01.2015) | PEGIDA-Dresden (Patzelt, 04.05.2015) | Deutschland-Ost (Spiegel 31.01.2015) | Deutschland-West (Spiegel 31.01.2015) | Deutschland-Gesamt (FGWahlen 16.01.2015) |
|---|---|---|---|---|---|
| **Gehört der Islam zu Deutschland?** | | | | | |
| Der Islam gehört zu Deutschland! (Prozentsatz der Ablehnung dieser Aussage) | – | – | 55 | 40 | 48 |
| Ein Islam, der so friedlich ist wie das heutige Christentum, gehört zu Deutschland! (Prozentsatz der Ablehnung dieser Aussage) | 52,7 | 65,6 | – | – | – |
| Muslime, die so friedlich sind wie die allermeisten Deutschen, gehören zu Deutschland! (Prozentsatz der Ablehnung dieser Aussage) | – | 33,8 | – | – | – |

**Abb. 7.4** Gehört der Islam zu Deutschland?[127]

konnte. Die in den Abbildungen 7.3, 7.7, 7.11, 7.19 und 7.21 verwendeten Werte verfügen entsprechend nur über eine vergleichsweise geringe Aussagekraft. Dennoch können auch sie gewisse Indizien liefern, welche Einstellungsmuster für die Motivation der PEGIDA-Demonstranten eine Rolle gespielt haben. Trotz aller Bedenken sind deshalb, wie auch Reuband (2015, S. 136) feststellt, die Befunde von Rucht et al. (2015) keinesfalls von vornherein „als wertlos zu betrachten und von der Diskussion auszuklammern".

[127] Eigene Zusammenstellung der Befunde aus Patzelt (2015a, S. 16) sowie Patzelt und Eichardt (2015, S. 51). Quellen der Umfragedaten: Heute.de (16.01.2015) sowie Fröhlingsdorf (31.01.2015, S. 14). Die Jahresangaben im Tabellenkopf beziehen sich auf

Auch wenn das Thema für die PEGIDA-Anhänger scheinbar nicht die zentrale Rolle spielte, wie zunächst vermutet wurde: Vorurteile, Ressentiments oder zumindest eine ausgeprägte Skepsis gegenüber dem Islam waren unter den Dresdner PEGIDA-Demonstranten weit verbreitet – eine Skepsis, die allerdings in der Gesamtbevölkerung, gerade in den alten Bundesländern mit ihrem wesentlich höheren Anteil muslimischer Mitbürger, zum Teil ebenso deutlich ausgeprägt ist. Während aber im Westen der Republik islamfeindliche Einstellungen meist an tatsächlichen Alltagserfahrungen gemessen werden und deshalb womöglich konkretere Vorstellungen über gesellschaftliche Konfliktlinien vorliegen, erscheint die in Sachsen verbreitete und bei PEGIDA in Dresden artikulierte Islamfeindlichkeit eher diffus und von abstrakten Vorstellungen einer drohenden „kulturellen Enteignung" geprägt. Die immer wieder von PEGIDA-Anhängern geäußerte Motivation, man wolle keine „Zustände" wie in Bremen, Duisburg oder Berlin-Neukölln und müsse deshalb frühzeitig „den Anfängen wehren", kann hierfür symptomatisch stehen. Diese Art abstrakter Vorbehalte, bei denen Muslime als Projektionsfläche stellvertretend für die Ablehnung des ‚Fremden' einstehen, dürfte vor dem Hintergrund der anhaltenden medialen Dominanz des Themenkomplexes „Islam und Gewalt" wohl weiter wachsen. Latente Islamfeindlichkeit muss deshalb auch in Zukunft als Teil eines wirkungsmächtigen, nicht nur in Ostdeutschland vorliegenden und politisch instrumentalisierbaren Einstellungsmusters angesehen werden.

## 7.2 Rechtsextremismus

Ein weiteres naheliegendes Konzept zur Deutung und Einordnung des Phänomens PEGIDA ist das des Rechtsextremismus. Insbesondere in der Medienberichterstattung wurden angesichts Tausender in der abendlichen Dunkelheit „marschierender", zum Teil ausländerfeindliche Sprüche skandierender Demonstranten schnell die gängigen Interpretationsmuster rechtsextremer Einstellungen aufgerufen.

---

den Zeitpunkt der Datenerhebung. Die dargestellten Prozentangaben fassen jeweils die Antwortanteile zusammen, welche auf einer drei- bzw. fünfstufigen Skalierung eine explizite Ablehnung zur entsprechenden These anzeigten. Im Einzelnen waren das bei Patzelt (Erhebung vom 25.01.2015) sowie bei Patzelt und Eichardt (Erhebung vom 04.05.2015) „stimme eher nicht zu" und „stimme überhaupt nicht zu!". In den ausgestrichenen Feldern wurden in den jeweiligen Studien keine Daten erhoben. Die Befunde vom 04.05.2015 sind zusätzlich vor dem Hintergrund zu bewerten, dass hier bei PEGIDA nur noch ca. 3.000 Personen demonstrierten, deren Zusammensetzung sich im Vergleich zum Winter 2014/2015 verändert hatte (Vgl. Kapitel 7.3).

## 7.2 Rechtsextremismus

Parallelen zu den alljährlich zum 13. Februar, dem Jahrestag der alliierten Bombardierung Dresdens, in der Stadt stattfindenden Neonazi-Aufmärschen sowie zu den ausländerfeindlichen Ausschreitungen in Ostdeutschland Anfang der 1990er Jahre wurden gezogen, Sachsen als „strukturkonservatives" Bundesland, als besonders empfänglich für rechte Strömungen dargestellt und auf die langjährige NPD-Repräsentanz im sächsischen Landtag verwiesen.[128] Vor dem Hintergrund der Befunde wissenschaftlicher Untersuchungen zu PEGIDA sollen hier mögliche Zusammenhänge geprüft werden.

In der politikwissenschaftlichen Diskussion wird „politischer Extremismus" als eine Sammelbezeichnung für „antidemokratische Bestrebungen" geführt. Die konkrete Einstufung bestimmter Orientierungen als „extrem" erfolgt dabei in der Regel am Maßstab der freiheitlich demokratischen Grundordnung des Grundgesetzes, ihren Werten und Verfahrensregeln. Im Unterschied zu anderen Extremismen ist der Rechtsextremismus zusätzlich durch weitere Einstellungsmerkmale gekennzeichnet. Nach der sogenannten „Konsensdefinition" handelt es sich dabei um ein politisches Orientierungsmuster, das auf der Überzeugung einer unterschiedlichen Wertigkeit von Menschen in Abhängigkeit von bestimmten Merkmalen – wie Nationalität, Hautfarbe oder ethnischer Herkunft – beruht. Die auf diesen Ungleichwertigkeitsvorstellungen aufbauenden Ordnungsvorstellungen im gesellschaftlichen und politischen Bereich sind wiederum gekennzeichnet durch antisemitische, fremdenfeindliche und sozialdarwinistische Überzeugungen, eine Verharmlosung des Nationalsozialismus, die Befürwortung diktatorischer Regierungsformen, ein übersteigertes Nationalgefühl sowie die Aufwertung des eigenen Landes über die Abwertung anderer Länder.[129]

Diese im Jahr 2001 entwickelte Definition stellte zugleich die Grundlage für mehrere empirische Untersuchungen zum Thema dar. Sie wurde sowohl in den Leipziger *Mitte-Studien* als auch im *Thüringen-Monitor* als Grundlage verwendet (Decker und Brähler 2006, S. 20; Best et al. 2014, S. 75).[130] Auf ihrer Basis wurden entlang von sechs Dimensionen (Diktaturaffinität, Nationalismus/Chauvinismus, Verharmlosung des Nationalsozialismus, Ausländerfeindlichkeit, Antisemitismus und Sozialdarwinismus) Indikatorfragen entwickelt, mit deren Hilfe ein typisch rechtsextremes Einstellungsmuster empirisch ermittelt werden konnte. Die Zustimmungswerte zu diesen einzelnen Dimensionen des Rechtsextremismus verteilen

---

128 Vgl. Kapitel 3.1.
129 Zu den Begriffen Extremismus und Rechtsextremismus vgl. Backes (2001, S. 24), Kailitz (2004), Salzborn (2014), Pfahl-Traughber (1999, S. 11 ff.). Zur „Konsensdefinition" von Rechtsextremismus vgl. Decker und Brähler (2006, S. 20).
130 Vgl. auch Stöss und Niedermayer (2008, S. 10).

sich dabei in etwa so, wie Abb. 7.5 auf der Basis aktueller Zahlen der *Mitte-Studie* darstellt.

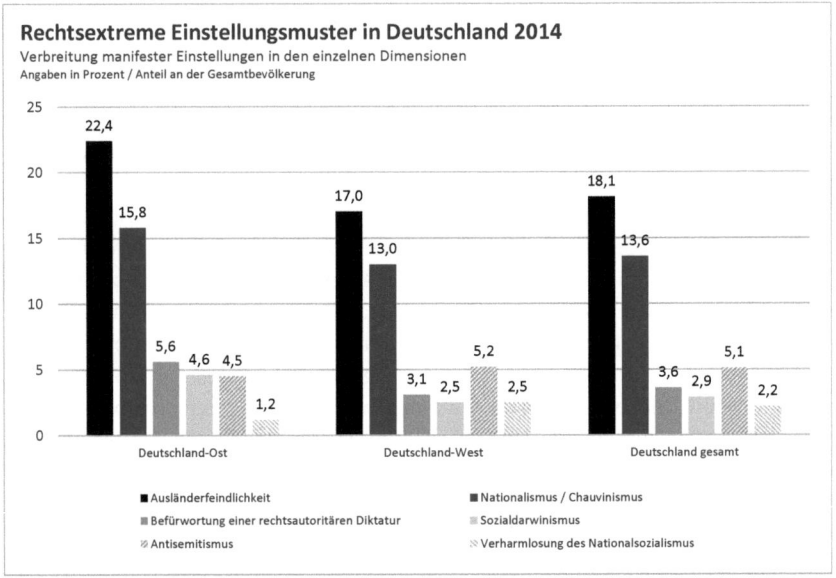

**Abb. 7.5**  Manifest rechtsextreme Einstellungsmuster in Deutschland 2014[131]

Dabei zeigt sich, dass vor allem ausländerfeindliche und nationalistische Einstellungen in der deutschen Bevölkerung verbreitet sind. Mit Zustimmungswerten zwischen 13 und 23 Prozent erreichen sie ein deutlich höheres Niveau als die anderen Dimensionen. Auf der anderen Seite wird auch deutlich, dass nicht in allen Bereichen der Osten stärker ausgeprägte Orientierungen aufweist. Im Hinblick auf „Antisemitismus" und „Verharmlosung des Nationalsozialismus" etwa konnten in den alten Bundesländern regelmäßig höhere Zustimmungsraten ermittelt werden.

---

131  Eigene Zusammenstellung der Befunde aus Decker et al. (2015, S. 51 ff.). Die Angaben beziehen sich dabei auf die Anteile „manifester" Ausprägungen in den jeweiligen Dimensionen rechtsextremer Einstellungsmuster, d. h. auf den Prozentsatz der Befragten, die „im Durchschnitt allen Aussagen einer Dimension zustimmten". Zur genauen Ermittlung vgl. Decker et al. (2015, S. 46).

## 7.2 Rechtsextremismus

Aus den aktuellen Befunden der *Mitte-Studien* geht außerdem hervor, dass „manifest rechtsextreme Orientierungen" gerade in Ostdeutschland in den vergangenen Jahren eher rückläufig sind und sich den Werten für Westdeutschland wieder angenähert haben (Abb. 7.6). Insgesamt ist neuerdings hier also eher ein Angleichungsprozess zwischen Ost und West zu beobachten.

**Abb. 7.6** Die manifest rechtsextreme Einstellung im Zeitverlauf 2002-2014[132]

Das methodische Instrumentarium für die Messung von „Rechtsextremismus" bleibt in der Forschung allerdings umstritten. Dies betrifft sowohl die Validität der mutmaßlichen Indikatorfragen für einzelne Einstellungsdimensionen als auch deren konzeptuelle Handhabung im Hinblick auf die empirische Definition

---

132 Eigene Zusammenstellung der Befunde aus Decker et al. (2015, S. 56). Die Angaben beziehen sich dabei auf „manifeste rechtsextreme Einstellungen", d. h. auf den Prozentsatz der Befragten, die „im Durchschnitt allen 18 Aussagen des Fragebogens zustimmten". Zur genauen Ermittlung vgl. ebd.

"rechtsextremer Einstellungen" (Jesse 2013). Insbesondere die Frage, ab welchem Antwortverhalten Jemandem eine "rechtsextreme" Einstellung bescheinigt werden kann, wird in verschiedenen Untersuchungen unterschiedlich beantwortet.

So galt bei den Erhebungen des *Thüringen-Monitors* etwa dann ein Befragter als "rechtsextrem", wenn er bei 10 gestellten Einstellungsfragen "durchschnittlich mehr Zustimmung als Ablehnung" zeigte. Dies wurde dann angenommen, wenn die Summe aller gegebenen Antworten – bei jeweils vier Antwortmöglichkeiten zwischen "lehne völlig ab" (Wert 1) und "stimme völlig zu" (Wert 4) – einen Skalenwert von mehr als 25 (Maximalwert = 40) aufwies. Lagen die Zustimmungswerte insgesamt bei über Dreiviertel des maximalen Skalenwertes, dann wurde dem Befragten ein "geschlossen rechtsextremes Weltbild" attestiert (Best und Salomo 2014, S. 11; Best et al. 2014, S. 75). Die *Mitte-Studien* wiederum sprechen dann von einem "manifesten rechtsextremen Weltbild", wenn ein Befragter "im Durchschnitt" allen 18 Items des hier vorgelegten Fragebogens zugestimmt hat, d. h. wenn sich bei der Addition aller Antworten zwischen "lehne völlig ab" (Wert 1) und "stimme völlig zu" (Wert 5) eine Gesamtsumme von mindestens 64 ergab (Maximalwert = 90).

Im Hinblick auf diese Uneinheitlichkeit und gewisse Beliebigkeit der Kennzeichnung des Begriffes "Rechtsextremismus" halten die Autoren des *Thüringen-Monitors* am Rande ihrer jüngsten Untersuchung fest, dass jede *empirische* Unterscheidung zwischen "rechtsextrem" und "nicht rechtsextrem" eingestellten Personen "einigermaßen willkürlich" ist, die untersuchten Einstellungsmuster vielmehr als Kontinuum zu betrachten seien (Best et al. 2014, S. 75). Auch die politische Selbstpositionierung der Befragten erlaubt hier keine größeren Schlussfolgerungen über etwa vorhandene rechtsextreme Einstellungsmuster, denn wie Best et al. (2014) anhand ihrer Zeitreihendaten nachgewiesen haben, scheint kein erwartungsgemäßer "Zusammenhang zwischen rechtsextremen Einstellungen und der von den Befragten selbst vorgenommenen Positionierung auf dem politischen Links-Rechts-Spektrum" zu bestehen.[133] Vor diesem Hintergrund steht zu vermuten, dass auch im Falle von PEGIDA nicht zweifelsfrei geklärt werden kann, inwiefern hier insgesamt von "Rechtsextremismus" gesprochen werden muss. Die Befunde der PEGIDA-Studien lassen aber einzelne Schlussfolgerungen zu.

So wurde von Rucht et al. (2015) der Versuch unternommen, die aus der Rechtsextremismusforschung bekannten Indikatorfragen auch für eine (Online-)Befra-

---

[133] Nach Best et al. (2014, S. 82) ordnet sich sogar eine relative Mehrheit der Personen mit "verfestigten rechtsextremen Einstellungen" dem linken Bereich des politischen Spektrums zu. Folglich dürften gerade auch viele der im Osten eher als "strukturkonservativ" geltenden Anhänger der Linkspartei politische Einstellungsmuster vertreten, die dann in der empirischen Einstellungsforschung als Indikatoren für Rechtsextremismus gelten. Zur Selbstpositionierung der PEGIDA-Teilnehmer vgl. Abb. 6.8 oben.

## 7.2 Rechtsextremismus

gung von PEGIDA-Anhängern zu nutzen. Wie bereits angedeutet, unterliegen die daraus hervorgegangenen Daten aufgrund der geringen Stichprobengröße von nur 123 Befragten und der äußerst schwachen Ausschöpfungsquote von lediglich 6,8 Prozent einer hohen Schwankungsbreite bzw. Fehlerwahrscheinlichkeit. Ihre Aussagekraft ist deshalb als gering einzuschätzen. Dennoch soll auf deren Darstellung nicht verzichtet werden, liefern sie doch mögliche Anhaltspunkte zur Deutung von PEGIDA. Ein Zusammenschnitt mit den jüngsten Befunden der *Mitte-Studien* und des *Thüringen-Monitors* ergibt das in Abb. 7.7 dargestellte Bild.

|  | PEGIDA-Dresden (Rucht et al. 2015) | Thüringen (Monitor 2014) | Deutschland-Ost (Mitte-Studie 2014) | Deutschland-West (Mitte-Studie 2014) | Deutschland gesamt (Mitte-Studie 2014) |
|---|---|---|---|---|---|
| **Befürwortung einer rechtsautoritären Diktatur** | | | | | |
| Im nationalen Interesse ist unter bestimmten Umständen eine Diktatur die bessere Staatsform | 7,8 | 13,0 | 11,6 | 5,4 | 6,7 |
| Wir sollten einen Führer haben, der Deutschland zum Wohle aller mit starker Hand regiert | 4,3 | – | 12,4 | 8,4 | 9,2 |
| **Nationalismus / Chauvinismus** | | | | | |
| Wir sollten endlich wieder Mut zu einem starken Nationalgefühl haben | 81,0 | – | 29,8 | 29,8 | 29,8 |
| Was unser Land heute braucht, ist ein hartes und energisches Durchsetzen deutscher Interessen gegenüber dem Ausland | 34,5 | 56,0 | 23,7 | 20,9 | 21,5 |
| **Verharmlosung des Nationalsozialismus** | | | | | |
| Die Verbrechen des Nationalsozialismus sind in der Geschichtsschreibung weit übertrieben worden | 11,4 | – | 6,5 | 7,1 | 6,9 |
| Der Nationalsozialismus hatte auch seine guten Seiten | 5,2 | 17,0 | 8,6 | 9,4 | 9,3 |
| **Ausländerfeindlichkeit** | | | | | |
| Die Ausländer kommen nur hier her, um unseren Sozialstaat auszunutzen | 34,2 | 36,0 | 33,8 | 25,5 | 27,2 |
| Die Bundesrepublik ist durch die vielen Ausländer in einem gefährlichen Maß überfremdet | 41,4 | 48,0 | 31,5 | 26,5 | 27,5 |
| **Antisemitismus** | | | | | |
| Auch heute noch ist der Einfluss der Juden zu groß | 14,8 | – | 10,1 | 12,0 | 11,6 |

**Abb. 7.7** Rechtsextreme Einstellungsmuster in Deutschland und unter Dresdner PEGIDA-Demonstranten im Vergleich[134]

---

134 Eigene Zusammenstellung der Befunde aus Rucht et al. (2015, S. 30), Best et al. (2014, S. 76 f.), Decker et al. (2015, S. 39 ff.). Die Jahresangaben im Tabellenkopf beziehen sich auf den Zeitpunkt der Datenerhebung. Die dargestellten Prozentangaben fassen jeweils diejenigen Antwortanteile zusammen, welche auf einer vier- oder fünfstufigen Skalierung eine explizite Zustimmung zur entsprechenden Aussage anzeigen. Im Einzelnen waren das bei Rucht et al. (2015) „stimme ganz zu" und „stimme überwiegend zu", bei Best et al. (2014) sowie bei Decker et al. (2015) „stimme voll und ganz zu" und „stimme überwiegend zu". In den ausgestrichenen Feldern wurden jeweils keine Daten erhoben.

Hiernach waren bei PEGIDA vor allem in den Bereichen „Nationalismus/Chauvinismus" sowie „Ausländerfeindlichkeit" hohe Zustimmungsraten zu verzeichnen, auch wenn diese Werte sich noch unterhalb der Befunde des *Thüringen-Monitors* bewegten und bezüglich der im ostdeutschen Kontext vorherrschenden Einstellungsmuster nicht als außergewöhnlich zu kennzeichnen sind.[135] Auffällig in Abb. 7.7 sind auch die für ostdeutsche Verhältnisse stark unterdurchschnittlichen Zustimmungswerte für eine rechtsautoritäre Diktatur. Unter den Dresdner PEGIDA-Demonstranten schien demnach eine deutliche Wertschätzung demokratischer Verfahrensweisen verbreitet – auch wenn dabei womöglich nicht die etablierten Funktionsmechanismen der repräsentativen Parteiendemokratie des Grundgesetzes, sondern stark vereinfachte Vorstellungen (direkt)demokratischer Mitbestimmung im Vordergrund standen.

Mit Blick auf dieses insgesamt uneinheitliche Bild scheint es sinnvoll, weitere Hinweise zu einzelnen Dimensionen rechtsextremer Einstellungsmuster für die Deutung hinzuzuziehen – insbesondere mit Blick auf die bei PEGIDA stark ausgeprägten Werte für Ausländerfeindlichkeit und Nationalismus/Chauvinismus.

### 7.2.1 Ausländerfeindlichkeit

Wie in Abb. 7.5 ersichtlich, ist Ausländerfeindlichkeit die in Deutschland mit Abstand am stärksten ausgeprägte Komponente rechtsextremer Einstellungsmuster. Nach den jüngsten Zahlen der *Mitte-Studie* 2014 konnte hier zwar für Gesamtdeutschland im Vergleich zu 2012 ein merklicher Rückgang von 25,1 auf 18,1 Prozent verzeichnet werden, dennoch aber bleiben die Zahlen auf hohem Niveau.[136] Auch die entsprechenden Items, welche im Rahmen der *Allgemeinen Bevölkerungsumfrage der Sozialwissenschaften* (Allbus) zur Messung ausländerfeindlicher Tendenzen regelmäßig abgefragt wurden, verzeichneten zuletzt eher leicht sinkende Zustimmungswerte (Abb. 7.8).

---

135 Der herausragend hohe Zustimmungswert zu „Wir sollten endlich wieder Mut zu einem starken Nationalgefühl haben" bei Rucht et al. (2015, S. 29-30) muss angesichts der unsicheren Datenbasis der Befragung mit größter Zurückhaltung bewertet werden.

136 Der Rückgang bezog sich auf „manifest ausländerfeindliche Einstellungen", also auf die Anzahl der Personen, die in den Befragungen „im Durchschnitt" jeweils allen Aussagen zum Bereich „Ausländerfeindlichkeit" zustimmten. Für Ostdeutschland wurde dabei ein besonders markanter Rückgang gemessen: von 38,7 auf 22,4 Prozent. Für die Zeit vor 2012 waren in Ost- wie in Westdeutschland hingegen stetige Zuwächse zu verzeichnen (Decker et al. 2015, S. 46, 53). Zu diesem Bild kamen auch andere Verlaufsanalysen, vgl. nur Holtmann et al. (2015, S. 163).

## 7.2 Rechtsextremismus

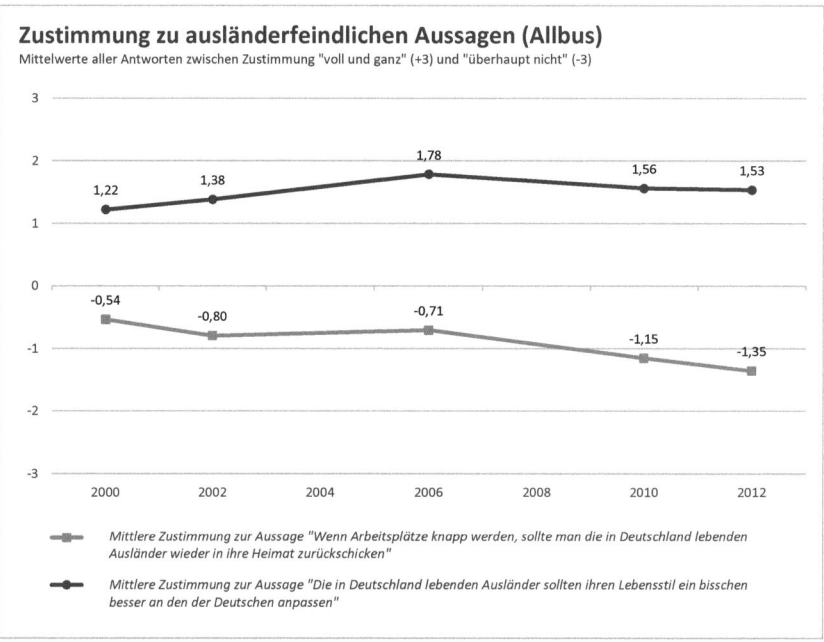

**Abb. 7.8** Mittlere Zustimmung zu ausländerfeindlichen Aussagen in Deutschland (Allbus 2000-2012)[137]

---

137 Eigene Berechnung auf Basis der Allbus-Daten aus den Jahren 2000 bis 2012. Die Zustimmung zu den entsprechenden Aussagen konnte hier auf einer siebenstufigen Skala angegeben werden. In Abb. 7.8 dargestellt sind die Mittelwerte aller gegebenen Antworten, berechnet und abgetragen auf einer rekodierten Skala von -3 („stimme überhaupt nicht zu") bis +3 („stimme voll und ganz zu"). Fragetext: „Bei dieser Frage geht es um die in Deutschland lebenden Ausländer. Auf dieser Liste stehen einige Sätze, die man schon irgendwann einmal gehört hat. Sagen Sie mir bitte zu jedem Satz, inwieweit Sie ihm zustimmen. Der Wert 1 heißt, dass Sie ‚überhaupt nicht zustimmen', der Wert 7 heißt, dass Sie ‚voll und ganz zustimmen'. Mit den Werten dazwischen können Sie Ihre Meinung abstufen." In den Jahren 2004 und 2008 wurden die entsprechenden Items nicht erhoben. In der aktuellen Erhebung des Allbus 2014 wurden zum Themenbereich „Zuwanderung" andere Aussagen vorgelegt, die einen direkten Vergleich mit den zuvor ermittelten Zustimmungswerten erschweren. Hier ergaben sich folgende Ergebnisse: „Zuwanderer nehmen Menschen, die in Deutschland geboren sind, Arbeitsplätze weg" = 23,0 Prozent Zustimmung; „Zuwanderer erhöhen die Kriminalitätsrate" = 50,5 Prozent Zustimmung; „Zuwanderer bereichern Deutschland durch neue Ideen und Kulturen" = 66,4 Prozent Zustimmung; „Die deutsche Kultur wird im Allgemeinen von Zuwanderern untergraben" = 29,5 Prozent Zustimmung.

Dessen ungeachtet haben ausländerfeindlich motivierte Gewalttaten gerade vor dem Hintergrund der PEGIDA-Proteste und der aktuellen Debatten um die Flüchtlings- und Asylpolitik stark zugenommen. So verzeichnet der aktuelle Verfassungsschutzbericht vom 30.06.2015 für das Jahr 2014 eine stark gestiegene Zahl von Angriffen auf Flüchtlingsunterkünfte.[138]

In ihrer aktuellen Ausgabe haben die Autoren der *Mitte-Studien* außerdem einen langjährigen Mittelwert der Zustimmung zu ausländerfeindlichen Aussagen ermittelt. Dazu wurden die Daten aller seit 2002 befragten, zufällig ausgewählten Personen nach Herkunft gruppiert und zu einer sogenannten kumulativen Stichprobe (N = 19.080) zusammengefasst. Mit Blick auf die regionale Verbreitung entsprechender Einstellungsmuster ergibt sich hier folgendes Bild (Abb. 7.9).

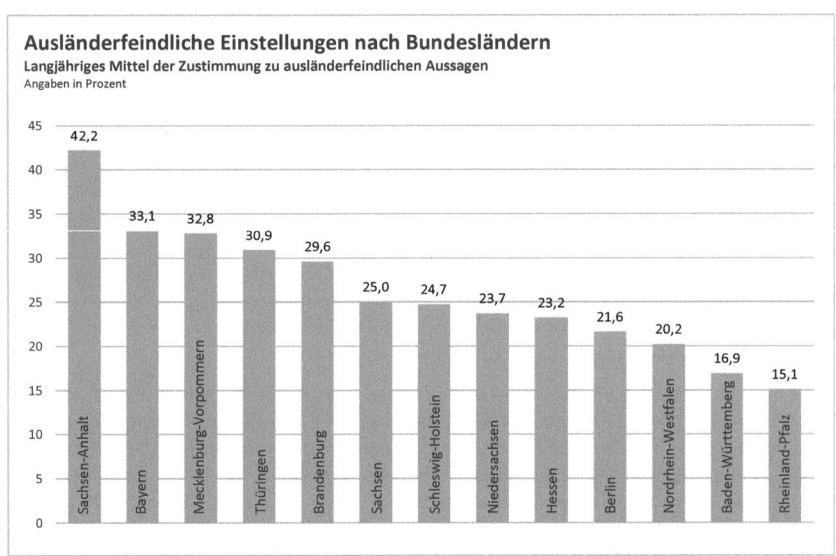

**Abb. 7.9** Zustimmungswerte zu ausländerfeindlichen Aussagen nach Bundesland[139]

---

138 Vgl. den Verfassungsschutzbericht unter http://www.verfassungsschutz.de/download/vsbericht-2014.pdf. (Zugriff am 30.06.2015).

139 Eigene Darstellung der Befunde aus Decker et al. (2015, S. 75). Abgebildet ist, bezogen auf die Gesamtbevölkerung der entsprechenden Bundesländer, jeweils der prozentuale Anteil derjenigen, die auf alle vorgelegten ausländerfeindlichen Aussagen „durchschnittlich zustimmend" geantwortet haben. Grundlage: kumulierte Stichprobe 2002-2014, N = 18.317. Wegen zu geringer Fallzahlen von unter 500 wurden die Ergebnisse der Bundesländer Bremen, Hamburg und des Saarlandes in der Auswertung bei Decker

## 7.2 Rechtsextremismus

Bemerkenswert ist dabei nicht nur das Abschneiden Bayerns, sondern auch die Position des PEGIDA-Stammlandes Sachsen, das eher im Mittelfeld liegt, bei Verbreitungswerten ausländerfeindlicher Einstellungen, die dem Niveau Schleswig-Holsteins oder Niedersachsens entsprechen.

Dass hier möglichen, vielfach angenommenen Besonderheiten der politischen Kultur Sachsens wahrscheinlich nicht die erwartete Hauptrolle bei der Erklärung von PEGIDA zukommt, machen auch aktuelle Befunde einer vergleichenden Befragung der Bevölkerung von Dresden und Düsseldorf deutlich. Die gemessene Ausländerfeindlichkeit ist demnach in beiden Städten etwa gleich stark ausgeprägt (Abb. 7.10).[140]

|  | Dresden (Reuband 2014) | Düsseldorf (Reuband 2014) | Hamburg (Reuband 2011) |
|---|---|---|---|
| **Ausländerfeindlichkeit** | | | |
| In Deutschland leben zu viele Ausländer | 45 | 46 | 52 |
| Wenn es weniger Ausländer in Deutschland gäbe, würde es weniger Kriminalität geben | 48 | 43 | 52 |
| Die meisten Asylbewerber missbrauchen das deutsche Asylrecht | 43 | 39 | 46 |
| Ich lebe gerne in einer Stadt, in der Menschen aus verschiedenen Ländern leben | 69 | 83 | 74 |

**Abb. 7.10** Ausländerfeindliche Einstellungen in Dresden, Düsseldorf und Hamburg im Vergleich (Zustimmungsraten in Prozent)[141]

---

et al. (2015) nicht mit berücksichtigt und fehlen folglich auch in Abb. 7.9. Mit ihnen käme man auf N = 19.080. Vgl. Decker et al. (2015, S. 72 f.).

140 Karl-Heinz Reuband hat 2014 mit Hilfe eines postalisch versendeten, standardisierten Fragebogens in Dresden und Düsseldorf die Einschätzungen zur Lebenssituation der Bevölkerung ab 18 Jahren mit deutscher Staatsbürgerschaft erhoben. Die Ausschöpfungsquote der Befragung lag nach Angaben Reubands bei etwa 50 Prozent (Reuband 2015, S. 137).

141 Eigene Zusammenstellung der Daten aus Reuband (2015, S. 137). Die Jahresangaben im Tabellenkopf beziehen sich auf den Zeitpunkt der Datenerhebung. Die dargestellten Prozentangaben fassen jeweils diejenigen Antwortanteile zusammen, welche auf einer vierstufigen Skalierung mit den Aussagen „stimme voll und ganz zu"/„stimme eher zu" eine explizite Zustimmung zur entsprechenden Aussage anzeigten. Zur Verbreitung rechtsextremer Einstellungsmuster in Dresden vgl. auch die Studie von Grau et al. (2013).

Auf Basis dieser Befunde muss auch der durchaus naheliegenden Annahme widersprochen werden, die sächsische Landeshauptstadt und ihr Umland hätten mit einer überdurchschnittlichen Konzentration ausländerfeindlicher Orientierungen in der Bevölkerung eine besonders ideale Grundlage für die Entstehung von PEGIDA geboten.

Bereits die Untersuchung von Rucht et al. vom Januar 2015 ließ ähnliche Tendenzen erkennen. Demnach waren die Zustimmungswerte für ausländerfeindliche Aussagen mit 30 bis 40 Prozent unter den Dresdner Demonstranten zwar relativ hoch, entsprachen damit jedoch insgesamt dem typischen Niveau für Ostdeutschland (Abb. 7.7 oben). Gleiches zeigte sich für eine kritische, zum Teil pauschal abwertende Einstellung zu Asylbewerbern (Abb. 7.11).

| | PEGIDA-Dresden (Rucht et al. 2015) | Thüringen (Monitor 2014) | D-Ost (Mitte 2014) | D-Gesamt (Mitte 2014) | D-Gesamt (GMF 2011) |
|---|---|---|---|---|---|
| **Abwertung von Asylbewerbern** | | | | | |
| Die meisten Asylbewerber befürchten nicht wirklich in ihrem Heimatland verfolgt zu werden (Prozentsatz der Zustimmung zu dieser Aussage) | 48,7 | – | – | 55,3 | 46,7 |
| Bei der Prüfung von Asylanträgen sollte der Staat großzügig sein (Prozentsatz der Ablehnung dieser Aussage) | 80,5 | 69 | 84,7 | 75,4 | 74,2 |

**Abb. 7.11** Abwertung von Asylbewerbern in Deutschland und unter Dresdner PEGIDA-Demonstranten im Vergleich[142]

---

142 Eigene Zusammenstellung der Befunde aus: Rucht et al. (2015, S. 31), Best et al. (2014, S. 205), Decker et al. (2015, S. 58), Zick et al. (2012, S. 67). Die Jahresangaben im Tabellenkopf beziehen sich auf den Zeitpunkt der Datenerhebung. Die Bezeichnung „GMF" bezieht sich auf die Erhebungsreihe zur *Gruppenbezogenen Menschenfeindlichkeit*, hier: Zick et al. (2012). Die dargestellten Prozentangaben fassen jeweils diejenigen Antwortanteile zusammen, welche auf einer vier- oder fünfstufigen Skalierung eine explizite Zustimmung (obere Zeile) bzw. Ablehnung (untere Zeile) zur entsprechenden These anzeigten. Im Einzelnen waren das bei Rucht et al. (2015) „stimme ganz zu"/„stimme überwiegend zu" bzw. „stimme überhaupt nicht zu"/„stimme überwiegend zu", bei Best et al. (2014) sowie bei Decker et al. (2015) „stimme voll und ganz zu"/„stimme überwiegend zu" bzw. „lehne völlig ab"/„lehne überwiegend ab", bei Zick et al. (2012) „stimme voll und ganz zu"/„stimme eher zu" bzw. „stimme überhaupt nicht zu"/„stimme eher nicht zu". In den ausgestrichenen Feldern wurden jeweils keine Daten erhoben.

## 7.2 Rechtsextremismus

Auch ein Vergleich mit den Ergebnissen der letzten Erhebung zur *Gruppenbezogenen Menschenfeindlichkeit* aus dem Jahr 2011 liefert Werte, die in etwa den bei PEGIDA gemessenen entsprechen. Dies ist bemerkenswert, zumal vor dem Hintergrund, dass angesichts eskalierender Gewalt in den weltpolitischen Krisenherden (insbesondere in Syrien) in den vergangenen Jahren die Zahl der Asylanträge in Deutschland stark gestiegen ist – sich zwischen 2011 und 2014 nahezu vervierfacht hat.[143] Die Autoren der Studie von Rucht et al. (2015, S. 53) schlussfolgern aus den bei PEGIDA ermittelten Zustimmungswerten sowie aus ihren am 12.01.2015 vor Ort durch Demonstrationsbeobachtungen gesammelten Eindrücken, dass es bei PEGIDA „im Kern um die Artikulation von ‚gruppenbezogener Menschenfeindlichkeit' und zugespitzter, um einen kaum verhüllten Rassismus" gehe. Gleichwohl kann eine solche Feststellung nur am Anfang einer Einordnung und Erklärung von PEGIDA stehen, denn es darf nicht übersehen werden, dass auch die in Abb. 7.11 dargestellten Befunde kein Alleinstellungsmerkmal von PEGIDA-Teilnehmern sind, sondern in etwa dem (hohen) Niveau entsprechen, das regelmäßig auch anderswo in Deutschland (vor allem in den neuen Bundesländern) gemessen wird. In der Zusammenschau aller vorliegenden Studien muss denn auch mittlerweile ein etwas differenzierteres Bild gezeichnet werden. Insbesondere hinsichtlich des quantitativen Umfangs eines mutmaßlich radikalen „Kerns" der PEGIDA-Teilnehmer können nunmehr genauere Erkenntnisse konstatiert werden.

So haben die knapp 400 Interviews mit PEGIDA-Demonstranten hinsichtlich ihrer Motivation bei Vorländer, Herold und Schäller ergeben, dass rund ein Drittel (31,2 Prozent) grundlegende Ressentiments gegenüber Zuwanderern und Asylbewerbern pflegte.[144] Wie Abb. 7.12 zeigt, richteten sich diese Vorbehalte insbesondere gegen muslimische Zuwanderer und Asylsuchende.

---

143 Vgl. die Angaben auf der Seite des Bundesamtes für Migration und Flüchtlinge (BAMF) unter http://www.bamf.de/DE/Infothek/Statistiken/Asylzahlen/asylzahlen-node.html. (Zugriff am 01.07.2015).

144 Die Artikulation derartiger Ressentiments wurde bei Vorländer, Herold und Schäller (2015) unabhängig von anderen möglichen Antworten auf die gestellte offene Frage nach der Motivation der PEGIDA-Teilnehmer erfasst, also auch unabhängig von einer evtl. gleichzeitig geäußerten Kritik an der Asyl- und Zuwanderungspolitik.

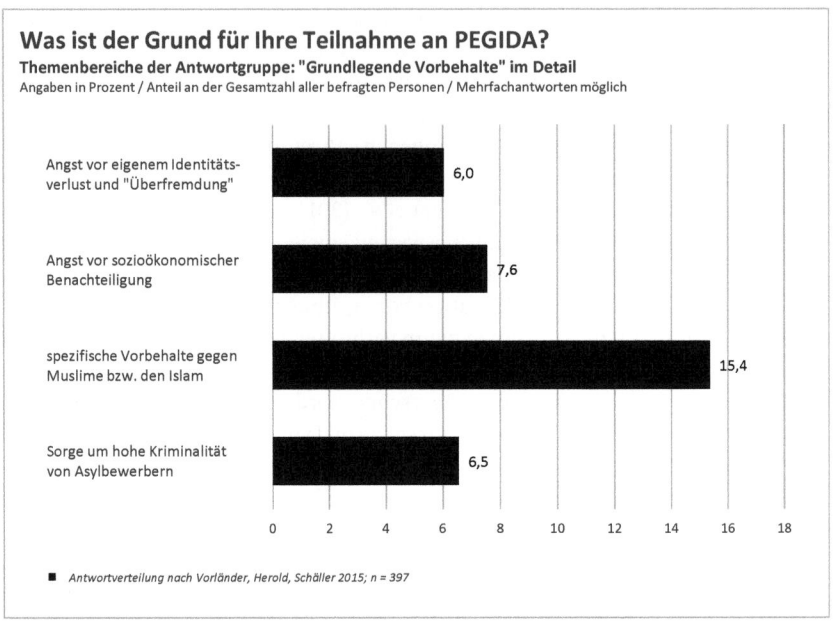

**Abb. 7.12** Ausländerfeindliche Ressentiments unter Dresdner PEGIDA-Demonstranten[145]

Mit Hilfe einer Faktoranalyse hat Patzelt (2015a, S. 26-27) wiederum ermittelt, dass unter den von ihm am 25.01.2015 befragten 242 PEGIDA-Demonstranten ebenfalls etwa ein Drittel als „rechtsnationale Xenophobe" zu bezeichnen seien – also als Personen, „die sich besonders weit rechts sehen, sich sehr stark als deutsche Patrioten fühlen" und dabei nicht nur die Aufnahme von Asylbewerbern und Flüchtlingen ablehnen, sondern auch „selbst einen friedlichen Islam nicht für zu Deutschland passend halten". Daneben konnten sowohl Patzelt (2015a) als auch Patzelt und

---

145 Quelle: Vorländer, Herold und Schäller (2015, S. 69). Die in Abb. 7.12 dargestellten Prozentwerte stellen die jeweiligen Anteile aller 397 befragten Personen dar, welche eine entsprechende Antwort gaben. Sie beziehen sich dabei auf die Antwortgruppe „Grundlegende Vorbehalte gegenüber Zuwanderern und Asylbewerbern", wie sie in Abb. 7.9 angegeben sind, und zeigen die entsprechende Antwortkategorie im Detail. Die Werte in Abb. 7.12 ergänzen sich folglich zu dem in Abb. 7.9 dargestellten Wert der Antwortgruppe „Grundlegende Vorbehalte", auch wenn ihre genaue Summe aufgrund der möglichen Mehrfachnennungen nicht mit 31,2 Prozent identisch ist.

## 7.2 Rechtsextremismus

Eichardt (2015) in ihren Erhebungen die Positionen der befragten PEGIDA-Teilnehmer zum Themenbereich „Zuwanderungs-, Flüchtlings- und Asylpolitik" mit Hilfe selbst zusammengestellter Einstellungsfragen erfassen (Abb. 7.13).

|  | PEGIDA-Dresden (Patzelt 25.01.2015) | PEGIDA-Dresden (Patzelt 27.04.2015) | PEGIDA-Dresden (Patzelt 04.05.2015) | D-Gesamt (Heitmeyer 2011) |
|---|---|---|---|---|
| **Einstellungen zum Thema "Zuwanderung und Asyl"** | | | | |
| Deutschland soll weiterhin politisch verfolgte Asylbewerber und Bürgerkriegsflüchtlinge aufnehmen | 72,8 | 63,7 | 65,5 | – |
| Deutschland nimmt zu viele Bürgerkriegsflüchtlinge auf | 30,3 | 36,7 | 33,1 | – |
| Deutschland nimmt zu viele Asylbewerber auf | 67,1 | 81,5 | 82,5 | – |
| Ganz abgesehen von Aslybewerbern und Bürgerkriegsflüchtlingen: Es sollte einfach überhaupt weniger Ausländer in Deutschland geben | – | 42,6 | 42,2 | 47,1 |

**Abb. 7.13** Zustimmungsraten unter Dresdner PEGIDA-Demonstranten zu Aussagen zum Thema „Zuwanderung und Asyl"[146]

Hier wird erkennbar, dass sich Skepsis und Ressentiments der Demonstranten vor allem gegen die Gruppe der „Asylbewerber", weniger jedoch gegen die der „Bürgerkriegsflüchtlinge" richteten. Patzelt und Eichardt schlussfolgern daraus, dass „das Hauptproblem, das PEGIDA-Demonstranten mit Ausländern habe[n]", auf den Verdacht des „Wirtschaftsflüchtlings" bezogen sei: Insbesondere „den Aslybewerbern", so die Autoren, würde vielfach nicht abgenommen, „wirklich aus Gründen politischer Verfolgung nach Deutschland geflohen zu sein". Stattdessen, so vermuteten viele, gehe es ihnen vor allem um ein materiell besseres Leben – mit möglichen Folgekosten für deutsche Sozialkassen und Steuerzahler (Patzelt und

---

146 Eigene Darstellung der Befunde aus Patzelt (2015a, S. 19), Patzelt und Eichardt (2015, S. 58) sowie Heitmeyer (2012b, S. 38). Die Angaben im Tabellenkopf beziehen sich dabei auf die Zeitpunkte der Datenerhebung. Bei Patzelt (2015a) sowie Patzelt und Eichardt (2015) wurde die Zustimmung mit Hilfe einer fünfstufigen Skala ermittelt. Die in Abb. 7.13 dargestellten Prozentwerte sind jeweils die Summen aus den Antwortanteilen zu „stimme sehr zu" und „stimme eher zu". Der angegebene Zustimmungswert aus der Studie von Heitmeyer (2012b) bezieht sich auf die dort vorgelegte Aussage „Es leben zu viele Ausländer in Deutschland". Die Zustimmung wurde hier mit Hilfe einer vierstufigen Skala ermittelt. In Abb. 7.13 dargestellt ist die Summe aus den Antwortanteilen für „stimme voll und ganz zu" und „stimme eher zu". In den ausgestrichenen Feldern wurden zu den Erhebungszeitpunkten jeweils keine Daten ermittelt.

Eichardt 2015, S. 58). Als unmittelbar ausschlaggebendes Motiv für die Teilnahme bei PEGIDA wurden Artikulationsformen eines solchen „Sozialneids" allerdings nur von vergleichsweise wenigen Demonstranten offen angesprochen (Abb. 7.12, Vorländer, Herold und Schäller 2015, S. 70).

Obwohl bei Patzelt und Eichardt auf den stark zusammengeschrumpften PEGIDA-Veranstaltungen von April und Mai 2015 ein Anteil von fast 43 Prozent der Demonstrationsteilnehmer der These von „generell zu vielen Ausländern in Deutschland" zustimmte, betonen die Autoren dennoch, dass „eine allgemeine und grundsätzliche *Ausländerfeindlichkeit* nicht wirklich festzustellen" sei. Zwar ließen sich unter den Demonstranten sehr wohl starke fremdenfeindliche Ressentiments beobachten, doch gebe es deshalb keinen Grund „gleich *allen* Pegidianern eine konkret *anlasslose*, einfach *gruppenbezogene* und darin *rassistische* Form von Xenophobie im Sinn ‚gruppenbezogener Menschenfeindlichkeit' zuzuschreiben" (Patzelt und Eichardt 2015, S. 59, Hervorhebung im Original). Klar scheint jedenfalls zu sein, dass selbst die unter den PEGIDA-Anhängern gemessenen hohen Zustimmungswerte für Aussagen, die „generell zu viele Ausländer" in Deutschland konstatieren, in etwa dem Wert entsprechen, den die Studienreihe zur *Gruppenbezogenen Menschenfeindlichkeit* 2011 für ganz Deutschland ermittelt hat.

## 7.2.2 Nationalismus

Die in Abb. 7.7 dargestellten Befunde deuten auch darauf hin, dass die Dresdner PEGIDA-Demonstranten sich durch ein ausgeprägtes Nationalgefühl auszeichneten. Anhand der auf allen Demonstrationen zahlreich mitgeführten Deutschlandflaggen konnte dieser Eindruck bereits auf den ersten Blick gewonnen werden. Er wurde zusätzlich unterstrichen durch mitgeführte Plakate mit Slogans wie „Heimat und Identität bewahren, Asylbetrug stoppen" (08.12.2014), „Unser Land, unsere Werte" (05.01.2015), „Stoppt maßlose Zuwanderung! Wir wollen eine sichere, soziale, deutsche Heimat" (12.01.2015). Daneben verwiesen zahlreiche Schilder der PEGIDA-Teilnehmer mit regionalpatriotischen Grußbotschaften wie „Blankenstein grüßt die Pegida" (01.12.2014), „Das Vogtland grüßt" (15.12.2014) oder „Zschopau Erzgebirge: Deitsch on frei wolln mr sei!" (12.01.2015) darauf, dass das vermeintlich schutzbedürftige „Abendland" sich in den Vorstellungen der Demonstranten in erster Linie auf Sachsen und die eigene Heimatregion erstreckte.[147]

---

147 Zu den Schildern, Transparenten und Slogans auf den PEGIDA-Demonstrationen vgl. ausführlicher Kapitel 5.

## 7.2 Rechtsextremismus

In eine ähnliche Richtung deuten auch Befunde, die Patzelt und Eichhardt (2015) gewinnen konnten. So wurden im Rahmen ihrer Erhebungen die PEGIDA-Teilnehmer danach gefragt, ob man sich als „deutscher" bzw. „europäischer Patriot" fühle (Abb. 7.14).

|  | PEGIDA-Dresden (Patzelt 25.01.2015) | PEGIDA-Dresden (Patzelt 27.04.2015) | PEGIDA-Dresden (Patzelt 04.05.2015) | Deutschland gesamt (Allbus 2014) |
|---|---|---|---|---|
| Einstellungen zum Thema "Patriotismus" | | | | |
| Ich fühle mich als deutscher Patriot! | 76,2 | 82,1 | 82,8 | 87,3 |
| Ich fühle mich als europäischer Patriot! | 73,2 | 49,5 | 50,3 | 65,6 |

**Abb. 7.14** Zustimmung unter Dresdner PEGIDA-Demonstranten zu Aussagen zum Thema „Patriotismus"[148]

Hier nahmen mehr als drei Viertel der Befragten die Bezeichnung „deutscher Patriot" für sich in Anspruch. Hinsichtlich der Frage, ob sich die *Patriotischen Europäer* auch als „Europäer" fühlten, deuten Veränderungen der Zustimmungswerte zwischen Januar und Mai 2015 auf mögliche Veränderungen in der Teilnehmerstruktur. Scheinbar blieben nach der Spaltung des Organisationsteams von PEGIDA und dem Rückgang der Teilnehmerzahlen im Frühjahr 2015 immer mehr „Patriotische Europäer" zu Hause und ließen solche „Patrioten" stärker in den Vordergrund treten, die sich hauptsächlich als „patriotische Deutsche" fühlten. Ein Vergleich mit dem Antwortverhalten auf ähnliche Fragen, die im Rahmen der *Allgemeinen Bevölkerungsumfrage der Sozialwissenschaften* (Allbus) 2014 gestellt wurden, zeigt jedoch auch hier, dass selbst die Anfang Mai 2015 bei PEGIDA-Dresden ermittelten Werte durchaus einem bundesdeutschen Durchschnitt entsprechen.

---

148 Eigene Darstellung der Befunde aus Patzelt (2015a, S. 21), Patzelt und Eichardt (2015, S. 70) sowie aus dem Allbus (GESIS 2014). Die Angaben im Tabellenkopf beziehen sich dabei auf die Zeitpunkte der Datenerhebung. Bei Patzelt (2015a) sowie Patzelt und Eichardt (2015) wurde die Zustimmung mit Hilfe einer fünfstufigen Skala ermittelt. Die in Abb. 7.14 dargestellten Prozentwerte sind jeweils die Summen aus den Antwortanteilen zu „stimme sehr zu" und „stimme eher zu". Der angegebene Zustimmungswert im Allbus 2014 wurde mit Hilfe einer vierstufigen Skala ermittelt und bezieht sich auf die vorgelegte Aussage „Inwieweit fühlen Sie sich verbunden mit … Deutschland / Europa?" (V642/V643). Die dargestellten Prozentwerte fassen die beiden Antwortteile „sehr eng verbunden" und „eng verbunden" zusammen.

### 7.2.3 Ethnozentrismus

Hohe Zustimmungswerte in den Bereichen „Ausländerfeindlichkeit" und „Nationalismus/Chauvinismus", die gleichwohl den Durchschnitt in der Gesamtbevölkerung widerspiegeln, eher unterdurchschnittliche oder unklare Werte bei „Antisemitismus", „Diktaturaffinität" und „Verharmlosung des Nationalsozialismus": angesichts dieser insgesamt uneinheitlichen und zum Teil widersprüchlichen Befunde zum Thema „Rechtsextremismus" scheint es notwendig zu sein, auf der Grundlage der eingangs in Abb. 7.7 dargestellten Dimensionen bei der Einordnung und Deutung von PEGIDA auch gegenüber alternativen Begriffskategorien offen zu sein. Insbesondere die jüngsten Überlegungen der Autoren des *Thüringen-Monitors* scheinen hier eine aussichtsreiche Interpretationsmöglichkeit zu eröffnen. Best et al. (2014) stellen darin die allgemein übliche Messmethode zur Erfassung rechtsextremer Einstellungen teilweise infrage. Nach entsprechenden Analysen umfangreicher Zeitreihendaten kommen die Autoren zu dem Schluss, dass die bisher angenommene sechsdimensionale Struktur (Fremdenfeindlichkeit, Chauvinismus, NS-Verharmlosung, Diktaturaffinität, Antisemitismus und Sozialdarwinismus) zur Ermittlung rechtsextremer Einstellungen empirisch nicht als valide gelten könne, weil die einzelnen Items in den Daten keinen direkten Zusammenhang erkennen und daher nicht auf ein einheitliches identifizierbares Einstellungsmuster schließen ließen.

So habe sich etwa gezeigt, dass Befragte, die einer Aussage zum Thema „Sozialdarwinismus" zustimmen, deshalb nicht mit höherer Wahrscheinlichkeit auch andere Indikatoren rechtsextremer Gesinnung bejahen (Best et al. 2014, S. 77 ff.). Außerdem, so die Forscher, hätten sich Probleme mit dem Fragenbereich „Diktaturaffinität" gezeigt. Validitätsprüfungen seien hier zum Ergebnis gelangt, dass die bisher verwendeten Fragen nicht als Indikator für die Affinität mit einer rechtsgerichteten Diktatur, sondern auch als Indikator für die Zustimmung zu linksautoritären Diktaturen aufzufassen seien. Selbst die Frage nach einer „Diktatur im nationalen Interesse" werde von rechts ebenso wie von links eingestellten Befragten gleichermaßen häufig mit Zustimmung versehen (Best et al. 2014, S. 81).

Statt eines einheitlichen rechtsextremen Einstellungsmusters ließen sich auf Grundlage der gewonnenen Erkenntnisse vielmehr „zwei Gruppen von Einstellungsfragen differenzieren, deren zugehörige Fragen untereinander stärker assoziiert sind als mit den Fragen der anderen Gruppen". Im Grunde, so schlussfolgern Best et al. (2014, S. 78), seien zwei Dimensionen rechter bzw. rechtsextremer Ungleichheitsvorstellungen identifizierbar: „Ethnozentrismus" vereine dabei diejenigen Items, die vormals als Indikatoren für „Ausländerfeindlichkeit" und „Nationalismus/

## 7.2 Rechtsextremismus

Chauvinismus" galten, die restlichen Fragen bildeten eine Art „neo-nationalsozialistische Ideologie" ab.[149]

Hinsichtlich dieser beiden, empirisch voneinander unterscheidbaren Einstellungsmuster ergibt sich in den Daten für Thüringen ein Bild, nach dem ein großer Teil der Bevölkerung (im Zeitverlauf stets zwischen 30 und 50 Prozent) ethnozentrische, ein sehr viel geringer Anteil aber (ca. 7-11 Prozent) neo-nationalsozialistische Einstellungen aufweist (Abb. 7.15).

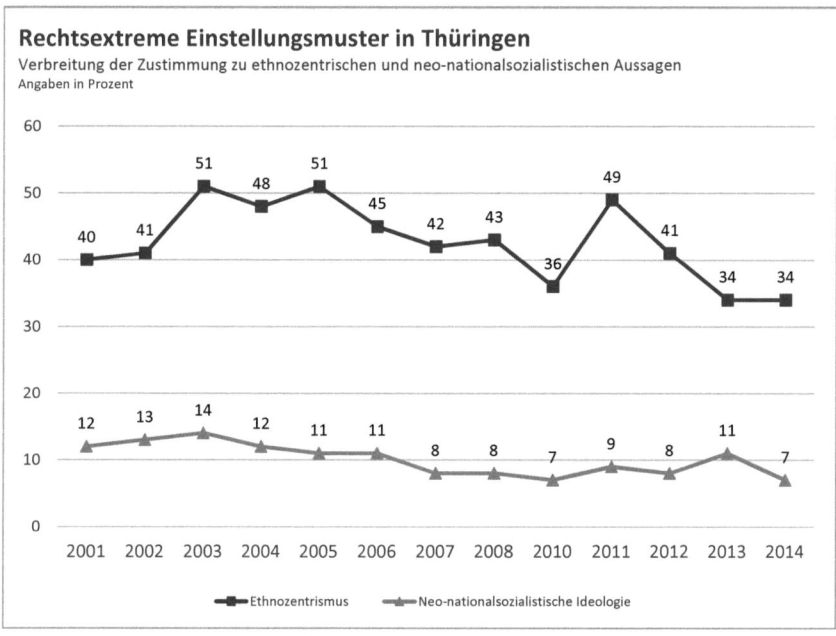

**Abb. 7.15** Zustimmung zu Ethnozentrismus und NS-Ideologie in der Thüringer Bevölkerung 2001-2014 in Prozent[150]

---

149 Diese Neuausrichtung der Messmethodik führte alles in allem dazu, dass der Anteil „rechtsextrem Eingestellter" an der Thüringer Gesamtbevölkerung z. T. deutlich nach oben korrigiert werden musste auf zuletzt 17 % für 2014 (Best et al. 2014, S. 81).

150 Quelle: Best et al. (2014, S. 77), eigene Darstellung. In der Zusammenstellung bei Best et al. (2014) fehlt der Wert für das Jahr 2009.

Dieser empirisch gewonnenen Definition von „Ethnozentrismus" steht ein theoretisches Konzept gegenüber, das bereits seit mehr als einem Jahrhundert in Kulturanthropologie und Sozialpsychologie gebräuchlich ist. So definierte William Graham Sumner bereits 1906 Ethnozentrismus als „technische Bezeichnung" für eine Sichtweise „in which one's own group is the center of everything, and all others are scaled and rated with reference to it" (Sumner 2007, S. 13). Im zeitgenössischen wissenschaftlichen Diskurs ist der Begriff wiederum in mindestens zwei verschiedenen Konnotationen gebräuchlich: Einerseits gilt „Ethnozentrismus" als besonders ausgeprägte Form der Orientierung an den Werten, Bräuchen, Interessen und Eigenheiten des eignen, oft regional bzw. „landsmannschaftlich" definierten Gruppen- bzw. Gemeinschaftskontextes – eine Orientierung, die in der Regel mit verstärkten Zugehörigkeits- und Solidaritätsgefühlen zu diesem kollektiven Rahmen sowie einer daraus unmittelbar hervorgehenden geringeren Wertschätzung alles „Fremden" verbunden ist. Andererseits wird ein solches Einstellungsmuster eher mit Blick auf eine nach innen gerichtete Zwangsdimension und ein nach außen wirksames Konfliktpotential beschrieben und als Vorstufe oder Unterform rechtsextremer Einstellungen gedeutet. Als Ethnozentrismus gilt dabei ein besonders ausgeprägtes Denken in den Kategorien eines „Wir" (Eigengruppe) versus „die Anderen" (Fremdgruppen), „wobei die Maßstäbe der eigenen Gruppe bestimmen, wie Personen die Welt wahrnehmen und bewerten. Eigengruppen werden hierbei im Vergleich zu Fremdgruppen in der Regel positiver betrachtet, was das Verhältnis zwischen Gruppen belasten und möglicherweise zu offenem Konflikt oder zu sozialer Diskriminierung von Fremdgruppenmitgliedern führen kann" (Fritsche et al. 2013, S. 162 f.; Kessler und Fritsche 2011).

In empirischer Hinsicht kann die allgemeine Verbreitung ethnozentrischer Orientierungen auch auf der Grundlage jüngster Daten der Leipziger *Mitte-Studie* abgeschätzt werden. Auf der Basis ihrer kumulativen Stichprobe der Jahre 2002 bis 2014 wurde die Verbreitung einzelner Orientierungen nach Bundesland gruppiert und zeigte zum Teil bemerkenswerte Ergebnisse (Abb. 7.16 und 7.17).

## 7.2 Rechtsextremismus

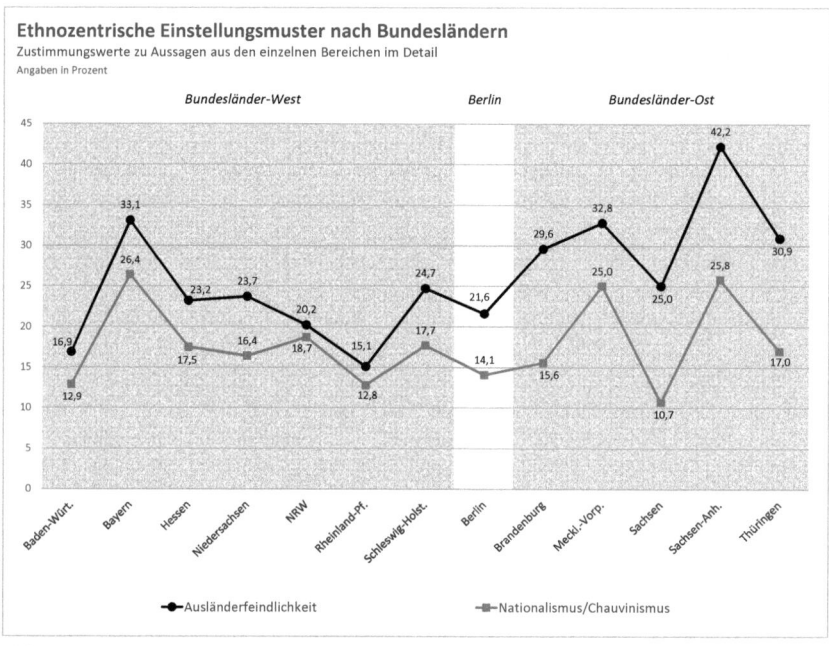

**Abb. 7.16** Zustimmung zu Aussagen in den Bereichen „Ausländerfeindlichkeit" und „Nationalismus/Chauvinismus" nach Bundesland[151]

So fallen mit Blick auf das ethnozentrische Einstellungsmuster vor allem zwei Dinge auf: Zum einen untermauern die Befunde der *Mitte-Studien* die These von Best et al. (2014), dass derartige Einstellungen in der deutschen Bevölkerung weit verbreitet sind, insbesondere in den neuen Bundesländern. Thüringen stellt insofern keinen Sonderfall dar. Zum anderen aber wurde deutlich, dass dies auch für die alten Bundesländer gilt. Insbesondere Bayern, aber auch Schleswig-Holstein erreichen hier sogar das insgesamt höhere Niveau der neuen Bundesländer. In Bayern sind die gemessenen Werte für „Ausländerfeindlichkeit" und „Nationalismus/Chauvinismus" sogar noch höher als in fast allen ostdeutschen Bundesländern (Decker et al. 2015, S. 73).

---

151 Eigene Darstellung der Befunde aus Decker et al. (2015, S. 71 ff.). Grundlage: kumulierte Stichprobe 2002-2014, N = 18.317. Wegen zu geringer Fallzahlen von unter 500 wurden die Ergebnisse der Bundesländer Bremen, Hamburg und des Saarlandes in der Auswertung bei Decker et al. (2015) nicht mit berücksichtigt und fehlen folglich auch in Abb. 7.16 (Decker et al. 2015, S. 72 f.). Mit ihnen käme man auf N = 19.080.

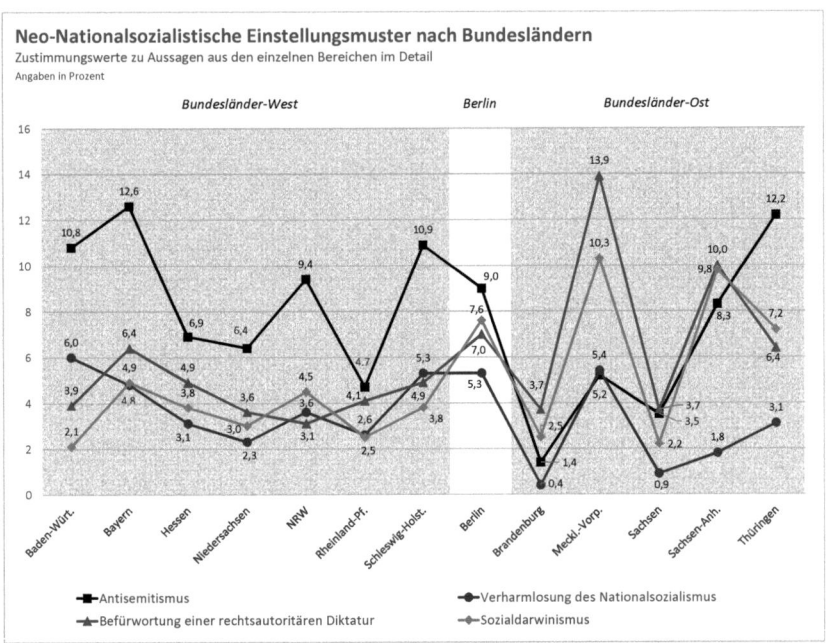

**Abb. 7.17** Zustimmung zu Aussagen aus den Bereichen „Antisemitismus", „Verharmlosung des Nationalsozialismus", „Befürwortung einer rechtsautoritären Diktatur" und „Sozialdarwinismus" nach Bundesland[152]

Hinsichtlich neo-nationalsozialistischer Einstellungsmuster ergibt sich wiederum (ähnlich wie bei den Werten des *Thüringen-Monitors* in Abb. 7.17) ein insgesamt deutlich niedrigeres Niveau der Zustimmungsraten. Dabei stießen die abgefragten Thesen zur „Befürwortung einer rechtsautoritären Diktatur" und zum „Sozialdarwinismus" im Durchschnitt eher im Osten, Aussagen zum „Antisemitismus" und zur „Verharmlosung des Nationalsozialismus" eher im Westen auf Einvernehmen (Decker et al. 2015, S. 46, 52ff.). Dies illustriert den bereits in den Vorjahren ermittelten Trend, dass die Werte für bestimmte Dimensionen rechtsextremer Einstellungen in den alten Bundesländern deutlich über dem Niveau der neuen Bundesländer liegen.

Gerade vor dem Hintergrund von PEGIDA erscheinen allerdings die in den Abbildungen 7.16 und 7.17 erkennbaren, im Vergleich mit anderen neuen Bundes-

---

152 Eigene Darstellung der Befunde aus Decker et al. (2015, S. 71 ff.), wie Fußnote 151.

ländern stark unterdurchschnittlichen Zustimmungswerte in Sachsen einigermaßen überraschend. Dies gilt für fast alle Einstellungsdimensionen. Im Hinblick auf „Ausländerfeindlichkeit" bewegt sich Sachsen etwa auf dem Niveau von Schleswig-Holstein, Hessen und Niedersachsen, bei „Befürwortung einer rechtsautoritären Diktatur" unterhalb des westdeutschen Durchschnitts, bei „Antisemitismus", „Sozialdarwinismus" und „Verharmlosung des Nationalsozialismus" sogar deutlich unter dem Niveau der westdeutschen Bundesländer. In der Kategorie Nationalismus/Chauvinismus wurden in Sachsen sogar die niedrigsten Zustimmungswerte in ganz Deutschland registriert.

Im Hinblick auf Sachsen kann der auch hier verbreitete Ethnozentrismus wiederum mit den Befunden des *Thüringen-Monitors* verglichen und in empirischer Hinsicht abgeschätzt werden. Ethnozentrische Einstellungen, so die Bewertung von Best et al., sind dabei unter den Thüringern so weit verbreitet, dass sie geradezu als „normal" angesehen werden müssten. Ihre Verteilung in der Bevölkerung konzentriere sich (neben den sogenannten „abgehängten Antidemokraten") insbesondere auf zwei Milieus. Zum einen sind dies Personen, die von Best et al. als „prototypische Wendeverlierer" bezeichnet werden. Diese Bevölkerungsgruppe sei zwar durch zum Teil heftige wirtschaftliche Deprivationserfahrungen geprägt, stehe aber dennoch fest zur Idee der Demokratie und sei auch gewillt, am politischen Leben zu partizipieren. Auf der anderen Seite gehörten ethnozentrische Einstellungsmuster zum festen Bestand eines klassisch (ostdeutschen) konservativen Milieus. Dessen Mitglieder hätten weder in ökonomischer noch in sozialer Hinsicht größere Benachteiligungen oder Misserfolge hinnehmen müssen, weisen vielmehr eine „positive Einheitsbilanz" auf. Dennoch seien sie gleichzeitig stärker autoritär eingestellt als andere Bevölkerungsgruppen und neigen in ihrem Wahlverhalten überwiegend der CDU zu.[153]

Beim Blick auf PEGIDA steht zunächst zu vermuten, dass dieses Bild für Sachsen ähnlich ausfallen dürfte – und zwar sowohl hinsichtlich der Verbreitung ethnozentrischer Einstellungsmuster, aber auch mit Blick auf deren Verteilung in einzelnen Bevölkerungsgruppen. Sowohl im Dresdner Organisationsteam als auch unter den Dresdner Demonstranten fanden sich die im *Thüringen-Monitor* beschriebenen Gruppen der „typischen Wendeverlierer" und der „ostdeutschen Konservativen" in großer Zahl wieder. Gerade mit Blick auf die vorliegenden Befunde der PEGIDA-Studien scheint *Ethnozentrismus* deshalb einen durchaus

---

153 Einen „Extremismus der Mitte" sehen die Thüringer Forscher jedoch nicht, denn extremistische, d. h. antidemokratische und neo-nationalsozialistische Einstellungen, werden von ihnen hauptsächlich in wirtschaftlich prekären Lebenszusammenhängen, also eher „an den sozialen Rändern" der Gesellschaft, beobachtet (Best und Salomo 2014, S. 77 ff.).

vielversprechenden Deutungsrahmen darzustellen, denn damit wird die nachgewiesene Verbreitung ausländerfeindlicher und nationalistischer Orientierungen unter den Dresdner-Demonstranten auf den Begriff gebracht, ohne unmittelbar auf das umfassendere, voraussetzungsreichere und empirisch oft unscharf verwendete Konzept des Rechtsextremismus angewiesen zu sein.[154]

### 7.2.4 Zusammenfassung und Bewertung

Wie gezeigt wurde, fällt die Verortung von PEGIDA hinsichtlich „Rechtsextremismus" insgesamt stark uneinheitlich aus. Auf der einen Seite konnten unter den Dresdner Demonstranten ausgeprägte nationalistische und ausländerfeindliche Orientierungen festgestellt werden, auf der anderen Seite liegen in Bezug auf neo-nationalsozialistische Einstellungsmuster keine konkreten Hinweise vor. Dieser erste Eindruck deckt sich in Teilen mit den Ergebnissen der Leipziger *Mitte-Studien*. Demnach sind ostdeutsche Befragte im Schnitt häufiger chauvinistisch und ausländerfeindlich eingestellt, während Westdeutsche sich häufiger antisemitisch äußern und auch in der Dimension „Verharmlosung des Nationalsozialismus" regelmäßig einen höheren Wert erreichen (Decker et al. 2015, S. 37). In dieser Hinsicht entsprachen die PEGIDA-Demonstranten einem Bild, das typisch für Ostdeutschland ist.

Im Hinblick auf die Quantität der Verbreitung und Rolle *ausländerfeindlicher Ressentiments* unter PEGIDA-Teilnehmer gibt es weitestgehend übereinstimmende Befunde. Demnach wird der Anteil offen ausländerfeindlich eingestellter Personen unter den Dresdner Demonstranten auf etwa 30 bis 40 Prozent geschätzt.[155] Dieser Wert galt für die Hochphase von PEGIDA von Dezember 2014 bis Januar 2015, er fiel jedoch deutlich höher aus für jenen Kernbestand an PEGIDA-Anhängern, die bis in den Frühsommer 2015 den montäglichen Demonstrationsveranstaltungen die Treue

---

154 Ein verstärktes Auftreten neo-nationalsozialistischer Überzeugungen konnte in den empirischen Studien zu PEGIDA hingegen nicht nachgewiesen werden. Vgl. hierzu auch die eher unterdurchschnittlichen bzw. stark uneinheitlichen Ausprägungen in Abb. 7.7. Ob dies auch noch für jenen „harten Kern" der bis zu 2.000 PEGIDA-Anhänger galt, die zwischen Frühjahr und Sommer 2015 regelmäßig in Dresden auf die Straße gingen, ist allerdings unklar. So stimmten bei Patzelt und Eichardt (2015, S. 81) 65,6 Prozent (Erhebung vom 27.04.2015) bzw. 54,7 Prozent (Erhebung vom 04.05.2015) der befragten Demonstrationsteilnehmer der Aussage zu „Der Nationalsozialismus war eine Diktatur wie jede andere".

155 Insbesondere Vorländer, Herold und Schäller (2015, S. 57 ff.) sowie Patzelt und Eichardt (2015, S. 93-94), aber auch Rucht et al. (2015, S. 30) haben gezeigt, dass die Verbreitung ausländerfeindliche Orientierungen in etwa in dieser Größenordnung anzunehmen ist.

hielten. Dass die entsprechenden Ressentiments dabei insbesondere auf Personen aus dem islamisch-arabischen Kulturkreis zugeschnitten waren, verweist auf eine starke Verknüpfung mit der in Kapitel 7.1 beschriebenen diffusen Islamfeindlichkeit bzw. Islamisierungsangst. Die vorliegenden Befunde deuten außerdem darauf hin, dass bei PEGIDA hauptsächlich eine spezifische Form der Fremdenfeindlichkeit artikuliert wurde – eine Form, die sich die begriffliche Unterscheidung zwischen politisch verfolgten „Bürgerkriegsflüchtlingen" und konventionellen „Asylbewerbern" zu eigen machte und sich dabei vorrangig gegen Letztere richten wollte, zumal ein zentraler Anlass und Katalysator für die Entstehung der PEGIDA-Proteste in den kommunalen Plänen zu deren Unterbringung zu sehen ist. Hinter dem Begriff „Asylbewerber" verbarg sich dabei im Wesentlichen das Bild sogenannter „Wirtschaftsflüchtlinge", also Personen, denen zusätzlich unterstellt wurde, aus individuellen Vorteilserwägungen am Wohlstand Deutschlands profitieren zu wollen, obwohl sie zu dessen Erwirtschaftung nichts beizutragen hätten. Viel mehr noch als diese Semantik, die mit dem Begriff „Sozialneid" zusammengefasst werden kann, spielte jedoch die damit einhergehende Angst vor dem Verlust der eigenen, kulturell definierten Identität – zumeist als sogenannte „Überfremdungsangst" aufgegriffen – eine wichtige Rolle.

Auch patriotische, nationalistische oder gar chauvinistische Einstellungsmuster waren bei PEGIDA stark ausgeprägt. Sie bildeten insofern den „Nährboden" der Bewegung und ihres Vermögens zur politischen Mobilisierung bis weit in die bürgerliche Mitte hinein, obgleich diese Überzeugungen in Sachsen noch vergleichsweise unterdurchschnittlich verbreitet vorliegen. Gemeinsame national- und lokalpatriotische Überzeugungen bildeten eine Art „Bindeglied", das in Dresden junge und alte, gut ausgebildete und sozial schwache, radikale und bürgerliche Demonstranten mit- und nebeneinander demonstrieren ließ. Auch waren die bei PEGIDA artikulierten Ängste vor einer „Islamisierung", einer „Überfremdung" und einer Bevormundung durch fremde bzw. entfremdete politische und mediale Eliten nur vor dem Hintergrund ausgeprägter nationalpatriotischer Orientierungen denkbar, die mit emotionalen Bindungen (zur „Heimat") und der Betonung von „Etabliertenvorrechten" (Heitmeyer 2012b) operierten.

Dabei unterstreichen die in Kapitel 6 dargestellten Befunde zu PEGIDA – zur soziographischen Zusammensetzung der Demonstrationen sowie zu den politischen Einstellungen und Motiven ihrer Teilnehmer – auch die These der Leipziger *Mitte-Studien*, dass derartige Einstellungsmuster selbst in Teilen einer gesellschaftlichen Mittelschicht breite Zustimmung genießen.[156] Mit dieser Feststellung bleibt jedoch

---

156 Die Autoren der *Mitte-Studien* um Oliver Decker stellten auf der Basis vorangegangener empirischer Erhebungen bereits im Jahre 2006 fest, dass der Begriff „Rechtsextremismus"

die Frage weiter offen, ob es sinnvoll ist, bei den hier wirksamen Einstellungsdimensionen von „Rechtsextremismus" oder gar von „geschlossen rechtsextremen Weltbildern" zu sprechen.[157] Gerade die Untersuchungen zu PEGIDA legen vielmehr nahe, die hier relevanten, bis in die bürgerliche Mitte verbreiteten nationalistischen und ausländerfeindlichen Orientierungen eher mit dem Begriff des *Ethnozentrismus* zu beschreiben. Unter Verweis auf Best et al. (2014) könnte hier argumentiert werden, dass der Begriff des Rechtsextremismus bei PEGIDA in die Irre führt, weil im Rahmen der Dresdner Demonstrationen ein politisches Orientierungsmuster identifiziert wurde, das zwar mit starken nationalistischen Parolen und fremdenfeindlichen Ressentiments operiert, auf der anderen Seite aber nicht als „antidemokratisch", „diktaturaffin" oder gar „neo-nationalsozialistisch" charakterisiert werden kann. Zwar waren die bei PEGIDA artikulierten Forderungen, Thesen und Slogans weitestgehend im rechten Bereich des politischen Spektrums zu verorten, doch scheint der Extremismusbegriff insgesamt eher unpräzise für eine Protestbewegung, bei der sich in den Wintermonaten 2014/2015 (neben einschlägigen Personen aus dem Hooligan- und Neonazimilieu) mehrheitlich gut ausgebildete, im Beruf stehende, von „der Politik" enttäuschte Bürgerinnen und Bürger versammelten.

Offen erscheint dann vor allem die Frage, ob bei PEGIDA ein ‚Sonderfall' oder doch eher die ‚Normalität' eines ‚typisch ostdeutschen' oder gar ‚typisch deutschen' Ethnozentrismus auf den Straßen Dresdens sichtbar wurde. Hier scheinen aktuelle Befunde der politischen Kulturforschung in Deutschland deutlich die These zu widerlegen, dass PEGIDA durch eine Besonderheit Sachsens hinsichtlich der Verbreitung entsprechender Orientierungen in der Bevölkerung erklärt werden könne. Im Gegenteil: Ausgerechnet für Sachsen ermitteln aktuelle Untersuchungen (Decker et al. 2015) in nahezu allen Einstellungsdimensionen von Rechtsextremismus ein eher durchschnittliches, im ostdeutschen Vergleich sogar unterdurchschnittliches Niveau (vgl. nur die Abb. 7.16 und 7.17). Selbst Fremdenfeindlichkeit und Nationalismus scheinen in Sachsen weit weniger akut als in anderen ostdeutschen, gelegentlich sogar westdeutschen Bundesländern. Wenn gar, wie Karl-Heinz Reubands (2015, S. 137) vergleichende Untersuchung aus dem Jahr 2014 festgestellt hat (Abb. 7.10),

---

in die Irre führe, „weil er das Problem ausschließlich als ein Randphänomen beschreibt". Rechtsextreme Einstellungen seien aber ebenso typisch für die Mitte der Gesellschaft. Dies, so die Forscher, zeige sich an den insgesamt hohen Zustimmungswerten, die einzelne Items zur Messung rechtsextremen Gedankengutes in allen gesellschaftlichen Gruppen gezeigt hätten (Decker und Brähler 2008, S. 6; Decker und Brähler 2006, S. 55).

157 Dies wurde vielfach verneint. Angesichts ihrer Thesen von einem „Rechtsextremismus der Mitte" wurde am methodischen Vorgehen, der politischen Ausrichtung sowie insbesondere den Schlussfolgerungen der Mitte-Studien zum Teil harte Kritik geäußert (Backes 2013; Jesse 2013; Schroeder 21.10.2010).

die Verbreitung ausländerfeindlicher Ressentiments in westdeutschen Großstädten wie Düsseldorf oder Hamburg sich kaum von der in Dresden unterscheidet, warum konnte dieses Potential dann ausgerechnet in Dresden politisch mobilisiert werden? Wie gelang es, die in der Bevölkerung tief verwurzelten ethnozentrischen Einstellungen gerade hier für eine politische Empörungsbewegung zu mobilisieren?

Ein möglicher Erklärungsansatz könnte auf die außerordentliche Dynamik einer aktuellen politischen Problemlage, die Zuwanderungs-, Asyl- und Flüchtlingspolitik, verweisen, die als ein auslösendes Moment für die PEGIDA-Protestbewegung gilt. Erklärt wäre damit gewiss nicht, warum es bisher nicht auch in anderen Regionen Deutschlands zu ähnlichen Reaktionen gekommen ist – warum also PEGIDA nur in Dresden im vier- und fünfstelligen Bereich Menschen mobilisieren konnte, obwohl Umfragen nahelegten, dass die Anliegen der *Patriotischen Europäer* anfangs auch bundesweit auf große Unterstützung stießen.[158] Die Mobilisierungserfolge in Dresden und Sachsen könnten indes auch mit einer anders gelagerten öffentlichen Debatten- und Artikulationskultur zusammenhängen. In den alten Bundesländern hat vor allem die Aufarbeitung der nationalsozialistischen Vergangenheit seit den 1960er Jahren ganz bestimmte Formen öffentlicher Tabuisierung hervorgebracht. Vorbehalte und Ressentiments gegen Fremde bzw. Ausländer sind zwar im Westen ebenso verbreitet, werden hier aber deutlich seltener kommuniziert. Diese „politisch-kulturellen Benimmregeln" scheinen im Osten wesentlich anders zu verlaufen, die Hemmschwellen insbesondere zur Artikulation ethnozentrischer Einstellungen scheinen deutlich niedriger zu liegen. PEGIDA könnte insofern zur lokalen Sichtbarmachung eines in der gesamtdeutschen Bevölkerung verbreiteten ethnozentrischen Einstellungsmusters geführt, sowie im Westen zur Offenlegung eines durch Tabuisierung und Beschweigen belegten Diskursraums beigetragen haben.

## 7.3   Einstellungen zu Politik, Medien und Demokratie

Einen Anhaltspunkt für die Einordnung und Deutung von PEGIDA bietet auch die von den Dresdner Demonstranten immer wieder geäußerte Kritik an „der Politik", „den Medien" und dem politischen System der Bundesrepublik. In den Augen der Organisatoren ist diese Kritik gar als zentrale Stoßrichtung der Protest-

---

158   Vgl. nur die oben in Fußnote 20 genannten Umfragen.

bewegung aufzufassen.[159] Dass die *Patriotischen Europäer gegen die Islamisierung des Abendlandes* im Winter 2014/2015 tatsächlich maßgeblich durch grundlegende Ressentiments gegenüber einer politischen und meinungsbildenden Elite motiviert waren, konnte in allen Untersuchungen übereinstimmend festgestellt werden. Bereits bei Vorländer, Herold und Schäller (2015, S. 59) gaben unter den befragten Demonstranten 71,2 Prozent eine „Unzufriedenheit mit der Politik", 34,5 Prozent eine „Kritik an Medien und Öffentlichkeit" als Protestmotiv an. Damit stellten diese beiden Antwortkategorien die am häufigsten genannten Beweggründe dar.

### 7.3.1 Demokratiekritik

Das Motiv der Unzufriedenheit mit der Politik kann in einen breiteren demokratietheoretischen Kontext gestellt werden. Es wurde bei Vorländer, Herold und Schäller (2015, S. 62 f.) am häufigsten als ‚allgemein empfundene Distanz zwischen Volk und Politikern' (25,9 Prozent), als Grundsatzkritik an der repräsentativen Demokratie der Bundesrepublik – insbesondere hinsichtlich der Rolle der Parteien sowie mit Blick auf das Fehlen direktdemokratischer Mitbestimmung auf Bundesebene (21,2 Prozent) – zum Ausdruck gebracht. Ging es um konkrete Politikfelder, bekundeten die Befragten am häufigsten ihren Unmut über die Asylpolitik (25,9 Prozent) sowie die Zuwanderungs- und Integrationspolitik (17,1 Prozent). Außen-, sicherheits-, wirtschafts- oder sozialpolitische Themen spielten eher eine untergeordnete Rolle.

Diese bei PEGIDA in vielfacher Weise zum Ausdruck gebrachte Unzufriedenheit mit dem politischen System, seinen Verfahrensregeln und Institutionen steht in gewissem Gegensatz zu den Befunden anderer Untersuchungen zur politischen Kultur, die sich – zum Teil in langen Erhebungsreihen – mit der Demokratieentwicklung in Deutschland beschäftigt haben. So konnten Hans Vorländer und Gary Schaal 2009 im Rahmen einer repräsentativen Umfrage feststellen, dass die Identifikation mit dem Grundgesetz, insbesondere im Hinblick auf die in ihm verbürgten Werte von Freiheit und Rechtstaatlichkeit, mittlerweile auch in Ostdeutschland stark

---

159 Lutz Bachmann etwa machte zuletzt am 27.07.2015 deutlich, dass sich aus Sicht der Organisatoren PEGIDA vor allem gegen die versagenden politischen und medialen Eliten richte. Ein unmittelbar gegen Flüchtlinge und Asylbewerber gerichteter Protest sei deshalb nicht zielführend. Hintergrund dieser Äußerungen war eine gewaltsam verlaufende NPD-Demonstration vor einer Erstaufnahmeeinrichtung für Asylbewerber in Dresden am 24.07.2015. Bachmann forderte die PEGIDA-Anhänger auf, sich an diesen Protesten nicht zu beteiligen, weil sie nicht gegen jene Politiker gerichtet seien, deren Handeln die entsprechenden Probleme erst verursacht habe (vgl. hierzu auch Kapitel 4.5).

## 7.3 Einstellungen zu Politik, Medien und Demokratie

ausgeprägt ist (Vorländer 2009, S. 15).[160] Eine neuerliche Zusammenstellung von Holtmann et al. (2015, S. 191) zeigte außerdem, dass die Zufriedenheit mit der Demokratie in den letzten Jahren eher angestiegen ist, und zwar sowohl hinsichtlich der Demokratie als abstrakter Idee, als auch mit Blick auf deren konkrete Umsetzung in der Bundesrepublik (Abb. 7.18).

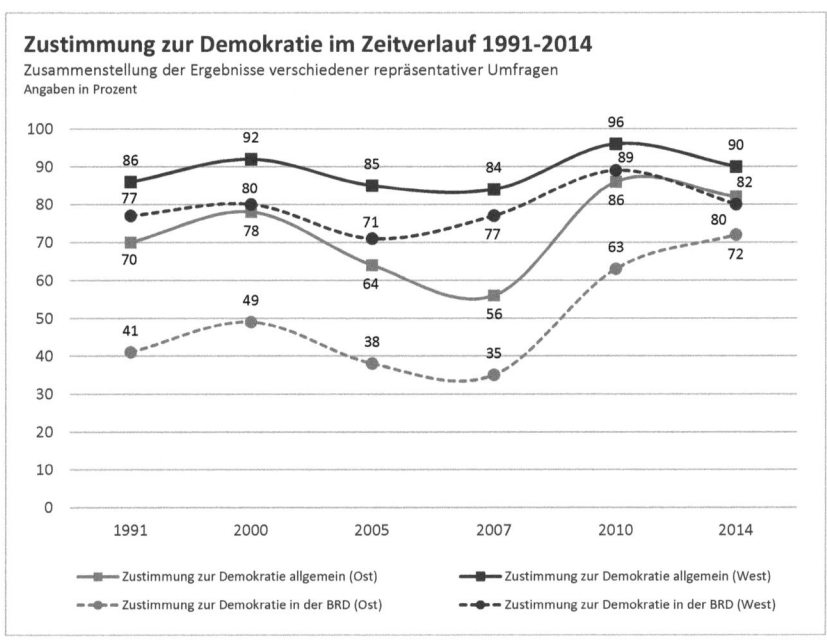

**Abb. 7.18** Unterstützung der Demokratie Ost/West[161]

---

160 Im Rahmen einer repräsentativen Umfrage im Auftrag des Zentrums für Verfassungs- und Demokratieforschung an der TU Dresden (Hans Vorländer) und des Lehrstuhls für Politikwissenschaft an der Helmut-Schmidt-Universität Hamburg (Gary S. Schaal) erklärten hier rund zwei Drittel der Befragten in Ostdeutschland und sogar drei Viertel in Westdeutschland, das sie „stolz" auf das Grundgesetz seien.

161 Eigene Darstellung der Zusammenstellung bei Holtmann et al. (2015, S. 191). Die Zustimmung wurde mit Hilfe einer dreistufigen Skala ermittelt. Die in Abb. 7.18 dargestellten Prozentwerte beziehen sich auf die Antwort „Die Demokratie ist die beste Staatsform" zu der Frage „Glauben Sie, dass die Demokratie die beste Staatsform ist, oder gibt es Ihrer Meinung nach eine andere Staatsform, die besser ist?" sowie auf die Antwort „Die Demokratie, die wir in der Bundesrepublik haben, ist die beste Staatsform" zu

Was die Einschätzung von Parteien und Politikern betrifft, verweisen Untersuchungen jedoch immer wieder auf eine als mangelhaft empfundene ‚Bürgernähe', eine gering eingeschätzte Rückkopplung mit den tatsächlichen Wünschen und Meinungen der Bürger (Responsivität) sowie ein relativ geringes Maß an Vertrauen, das Parteien und Politikern entgegengebracht wird. Insbesondere die Ostdeutschen, so konstatieren Holtmann et al. (2015, S. 148 ff.), seien hier „durchgängig skeptischer, kritischer und distanzierter" als der Durchschnitt der Bevölkerung.

Auch den Dresdner PEGIDA-Teilnehmern wurden entsprechende Fragen zur Demokratiezufriedenheit vorgelegt. Dabei zeigten sich zwar ebenfalls hohe Zustimmungswerte zur Idee der Demokratie, ganz anders urteilten die Befragten allerdings hinsichtlich jener konkreten Ausprägung einer demokratischen Ordnung, wie sie im parlamentarisch-repräsentativ geprägten politischen System der Bundesrepublik tatsächlich praktiziert wird. Hier trat eine Unzufriedenheit der PEGIDA-Teilnehmer hervor, die sich auch von den typischerweise für Ostdeutschland ermittelten, niedrigeren Werten in eklatanter Weise unterschied (Abb. 7.19).

| | PEGIDA-Dresden (Rucht et al. 2015) | PEGIDA-Dresden (Walter et al. 2015) | PEGIDA-Dresden (Patzelt et al. 2015) | D-Ost (Mitte 2014) | D-Ost (Holtmann et al. 2014) | D-West (Mitte 2014) | D-West (Holtmann et al. 2014) | D-Gesamt (Mitte 2014) |
|---|---|---|---|---|---|---|---|---|
| **Demokratiezufriedenheit** | | | | | | | | |
| Zustimmung zur Demokratie als Idee | 90,4 | 78,1 | 71,5 | 92,9 | 82 | 90,9 | 90 | 91,3 |
| Zustimmung zur Demokratie wie sie in der Bundesrepublik Deutschland tatsächlich funktioniert | 6,1 | 5,5 | 3,0 | 46,8 | 32 | 57,0 | 42 | 54,9 |

**Abb. 7.19** Zufriedenheit mit der Demokratie unter Dresdner PEGIDA-Demonstranten[162]

---

der Frage „Und Glauben Sie, dass die Demokratie, wie wir sie in der Bundesrepublik haben, die beste Staatsform ist oder gibt es eine andere Staatsform, die besser ist?".

162 Eigene Zusammenstellung der Befunde aus Rucht et al. (2015, S. 25, 27), Walter (19.01.2015), Patzelt und Eichardt (2015, S. 74, 76), Decker et al. (2015, S. 60-62) und Holtmann et al. (2015, S. 189, 195), dargestellt sind Zustimmungswerte in Prozent. Die Angaben im Tabellenkopf beziehen sich auf die Zeitpunkte der Datenerhebung. Die Fragen nach der Demokratiezufriedenheit wurden in den verschiedenen Studien im Wortlaut z. T. unterschiedlich gestellt und mit einer vier- oder fünfstufigen Skalierung erhoben. Die in Abb. 7.19 dargestellten Werte fassen jeweils die Antwortmöglichkeiten, welche eine explizite Zustimmung anzeigen zusammen. Im Einzelnen sind das bei Rucht et al. (2015): Zustimmung zur Demokratie als Idee: „Was würden Sie, im Vergleich zu anderen Staatsideen, zur Idee der Demokratie sagen?", erhoben mit einer sechsstufigen Antwortskala, dargestellt ist die Summe der Antwortmöglichkeiten „sehr dafür", „ziemlich dafür" und „etwas dafür"; Zustimmung zur Demokratie in der Bundesrepu-

## 7.3 Einstellungen zu Politik, Medien und Demokratie

Dieses Ergebnis hatte sich bereits bei Vorländer, Herold und Schäller (2015, S. 62 ff.) abgezeichnet, denn auf die Frage nach ihren Protestmotiven zeigten sich hier fast drei Viertel aller befragten Demonstranten unzufrieden mit der Politik, mehr als jeder Fünfte (21,2 Prozent aller Befragten) nannte gar die Unzufriedenheit mit dem politischen System der Bundesrepublik als Grund für die Teilnahme bei PEGIDA. Diese Position wurde in einem ersten Schritt oft pauschalisierend auf „die Politik", „die Politiker" oder „das System" bezogen, benannte dann aber auch ganz konkrete Aspekte – wie das Parteiensystem, den Fraktionszwang sowie insbesondere das Fehlen sachunmittelbarer politischer Einflussmöglichkeiten durch „direktdemokratische" Partizipationsinstrumente auf Bundesebene.

Das dabei zutage tretende Phänomen der oft schematisch und generalisierend artikulierten Bevorzugung „direkter" gegenüber repräsentativer Demokratiemodelle ist in der deutschen Bevölkerung eine seit Jahrzehnten stabile Einstellungskomponente, mit ungefähr gleichbleibend hohen Präferenzunterschieden sowohl in Ost- als auch in Westdeutschland (Abb. 7.20).

---

blik Deutschland wie sie tatsächlich funktioniert: „Unser politisches System, also die Demokratie in der Bundesrepublik Deutschland funktioniert gut", dargestellt ist die Summe der Antwortmöglichkeiten „stimme ganz zu" und „stimme überwiegend zu". Bei Walter et al. (Geiges et al. 2015): Zustimmung zur Demokratie als Idee: „Wie zufrieden sind Sie mit der Demokratie … als Idee im Allgemeinen?", dargestellt ist die Summe der Antwortmöglichkeiten „sehr zufrieden" und „eher zufrieden"; Zustimmung zur Demokratie in der Bundesrepublik Deutschland wie sie tatsächlich funktioniert: „Wie zufrieden sind Sie mit der Demokratie … wie sie in der BRD funktioniert?", dargestellt ist die Summe der Antwortmöglichkeiten „sehr zufrieden" und „eher zufrieden". Bei Patzelt und Eichardt (2015) stammen die Daten aus der Erhebung vom 04. Mai 2015. Hier wurde eine „allgemeine Einstellung zur Demokratie" abgefragt. Von den beiden Antwortmöglichkeiten sind in Abb. 7.19 die Werte für „Demokratie ist eher etwas Vorteilhaftes" dargestellt. Im Hinblick auf die „Zufriedenheit mit der Demokratie wie sie in Deutschland funktioniert" ist unter drei möglichen Antworten der Wert für „zufrieden" relevant. Bei der Mitte-Studie von Decker et al. (2015, S. 60-62) wurden die „Zufriedenheit mit der Demokratie als Idee" und „mit der Demokratie wie sie in der BRD funktioniert" abgefragt, dargestellt ist jeweils die Summe der Antwortmöglichkeiten „stimme voll und ganz zu" und „stimme überwiegend zu". Bei Holtmann et al. (2015, S. 189, 195, 383) wurde den Befragten im Bereich „Demokratie als Idee" zwei Positionen vorgelegt, von denen man sich für eine entscheiden konnte. Der in Abb. 7.19 dargestellte Wert bezieht sich auf den Zustimmungswert für die Antwort „Die Demokratie ist die beste Staatsform". Mit Blick auf die „Art und Weise, wie die Demokratie in der Bundesrepublik Deutschland funktioniert" ist die Summe der Werte für „sehr zufrieden" und „ziemlich zufrieden" angegeben.

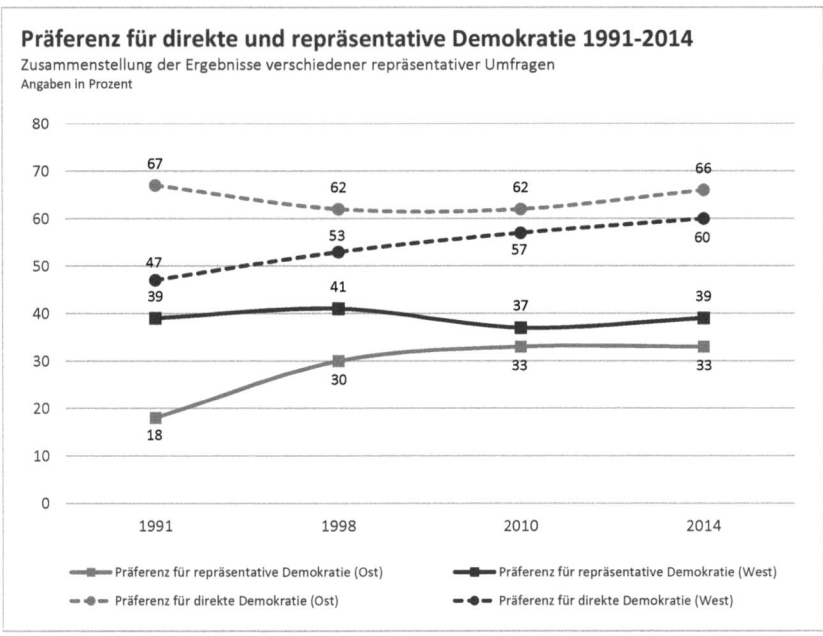

**Abb. 7.20** Präferenzen für direkte und repräsentative Demokratiemodelle in Ost- und Westdeutschland[163]

In den bei PEGIDA vorgetragenen Meinungen, Motiven und Forderungen kam in diesem Zusammenhang ein stark vereinfachtes, zugleich unterkomplexes wie technokratisches Demokratieverständnis zum Ausdruck. Es war verbunden mit einem Anforderungsprofil an die politischen Verantwortungsträger, das nach dem simplen Schema des „wir fragen und bestellen – ihr antwortet und liefert" funktionierte. Ein Bewusstsein für die Komplexität, Zeitintensität und Kompromissbedürftigkeit demokratischer Meinungsbildungs- und Entscheidungsprozesse schien dabei oft

---

163 Eigene Darstellung der Zusammenstellung bei Holtmann et al. (2015, S. 192). Die Zustimmung wurde durch das Vorlegen von drei Antwortalternativen ermittelt. Die Befragten konnten zwischen der Antwort „Ich bin für eine repräsentative Demokratie, also dafür, dass das Volk das Parlament wählt und dann das Parlament die politischen Entscheidungen trifft und dafür auch die Verantwortung übernimmt", der Antwort „Ich bin für eine direkte Demokratie, also dafür dass möglichst viele Entscheidungen von den Bürgern direkt und für alle verbindlich in Volksabstimmungen getroffen werden" sowie der Antwort „weiß nicht" (nicht dargestellt) wählen.

## 7.3 Einstellungen zu Politik, Medien und Demokratie

nur wenig ausgeprägt zu sein. Stattdessen zeigten sich einerseits Vorstellungen von Demokratie, die durch eigene Lebenserfahrungen in unterschiedlichen politischen Systemen geprägt waren und möglicherweise Anleihen in den vereinfachenden Schemata marxistisch-leninistischer Ideologeme sowie dem aus DDR-Zeiten bekannten „Eingabewesen" genommen hatten.[164] Auf der anderen Seite waren die bei PEGIDA geäußerten Vorstellungen aber auch geprägt durch die technische Intelligenz natur- und ingenieurwissenschaftlich gebildeter Akademiker, die – oft ebenfalls in der ehemaligen DDR sozialisiert – politische Prozesse vor allem nach den stringenten Dualismen von „richtig oder falsch", „Ursache und Wirkung" oder „Problem und Lösung" bewerteten.

### 7.3.2 Medienkritik

Die bei PEGIDA-Demonstrationen zum Teil in aggressiver Form artikulierte Kritik an den repräsentativen Entscheidungsprozeduren der verfassten Demokratie richtete sich nicht nur gegen „die Politik", sondern auch gegen die Institutionen, Verfahren und Akteure der öffentlichen Meinungsbildung. Viele vor Ort anwesende Journalisten bekamen dies unmittelbar zu spüren.[165] Die Kritik an „den Medien" und an der Struktur des öffentlichen Diskurses artikulierte man sowohl allgemein als auch bezogen auf konkrete Politikfelder – bei Vorländer, Herold und Schäller (2015) tat dies über ein Drittel (34,5 Prozent) der Befragten (vgl. Abb. 6.9 oben). Dabei wurde – ganz im Sinne der Schmähparole „Lügenpresse" – oft massiv und pauschalisierend mit der Arbeit von Journalisten abgerechnet. Die Verantwortlichen in den Nachrichtenredaktionen, so die Schilderungen vieler Befragter, seien „eingebildet, selbstbezogen und arrogant, hätten jeglichen Kontakt ‚zur Realität in Deutschland' verloren und verfolgten stattdessen eine eigene politische Agenda." Häufig wurde vor diesem Hintergrund eine enge Verflechtung zwischen politischen und medialen Eliten behauptet, ein unabhängiger Journalismus infrage gestellt und im Begriff der „Systemmedien" verdichtet. Die hieraus entstehende Verzerrung

---

164 Mit „Eingabewesen" ist hier die aus der DDR bekannte Praxis gemeint, bei Problemen dem vermeintlich zuständigen Staats- oder Parteisekretär einen Bittbrief zu schreiben und auf außerordentliche Entscheidungen oder willkürliche Gnadenakte zu hoffen. Diese Vorstellung setzte natürlich eine gewisse Unterhöhlung rechtsstaatlicher Strukturen voraus, damit die üblichen Verfahrensweisen im konkreten Einzelfall von den entsprechend mit Macht ausgestatteten Personen auch umgangen werden konnten.
165 Vgl. nur die Störversuche durch den zeitweiligen PEGIDA-Redner Stéphane Simon während der Live-Berichterstattung eines ZDF-Nachrichtenteams in Dresden am 12.01.2015 (Thurau 12.01.2015).

der Berichterstattung, so die Meinung vieler befragter PEGIDA-Teilnehmer, rücke politisches Regierungshandeln (wie aktuell in Fragen der Asylpolitik, der Integration muslimischer Zuwanderer oder des Krieges in der Ukraine) in ein geschöntes Licht, fülle die mediale Agenda stattdessen mit Scheinproblemen und sorge dafür, dass die tatsächlichen Sorgen des ‚einfachen Bürgers' im politischen Diskurs nicht mehr stattfänden (Vorländer, Herold und Schäller 2015, S. 65 ff.).

Eine Aufschlüsselung der Befunde von Vorländer, Herold und Schäller (2015) nach Einkommensgruppen und Bildungsgrad legt nahe, dass diese Medienkritik gerade bei den gebildeteren und wohlhabenderen PEGIDA-Teilnehmern verbreitet war (Abb. 7.21 und 7.22). Allem Anschein nach beklagten sich also nicht etwa die „unterprivilegierten" und „bildungsfernen" Demonstranten, sondern auch gut situierte und gut informierte ‚Tagesthemen-' bzw. ‚Heute-Journal-Zuschauer' über eine mangelnde Repräsentanz ihrer politischen Meinungen und politisch-kulturellen Einstellungen in den Massenmedien.

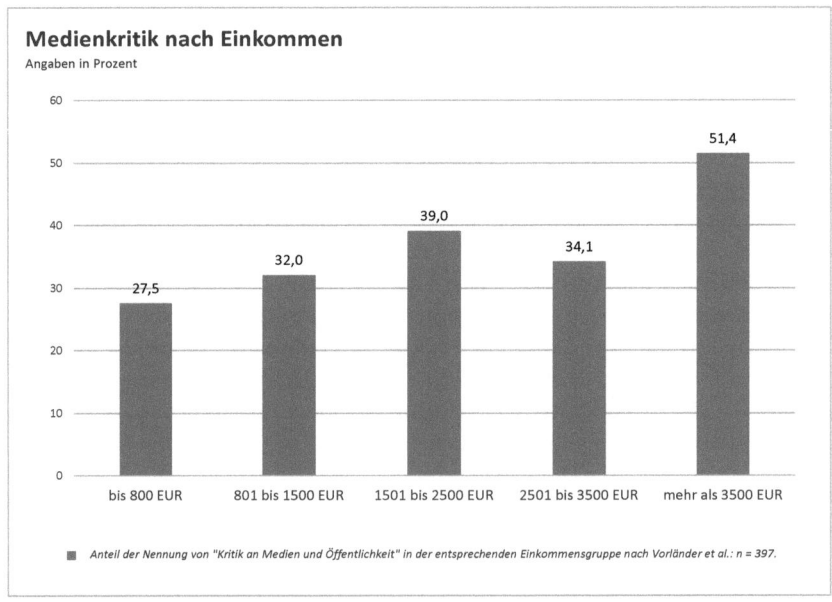

**Abb. 7.21** Kritik an Medien und öffentlichem Diskurs unter Dresdner PEGIDA-Demonstranten nach Einkommensgruppe[166]

---

166 Quelle: eigene Erhebung (Vorländer, Herold und Schäller 2015). Dargestellt ist für jede Einkommensgruppe jeweils der prozentuale Anteil jener Personen, die sich in der offen

## 7.3 Einstellungen zu Politik, Medien und Demokratie

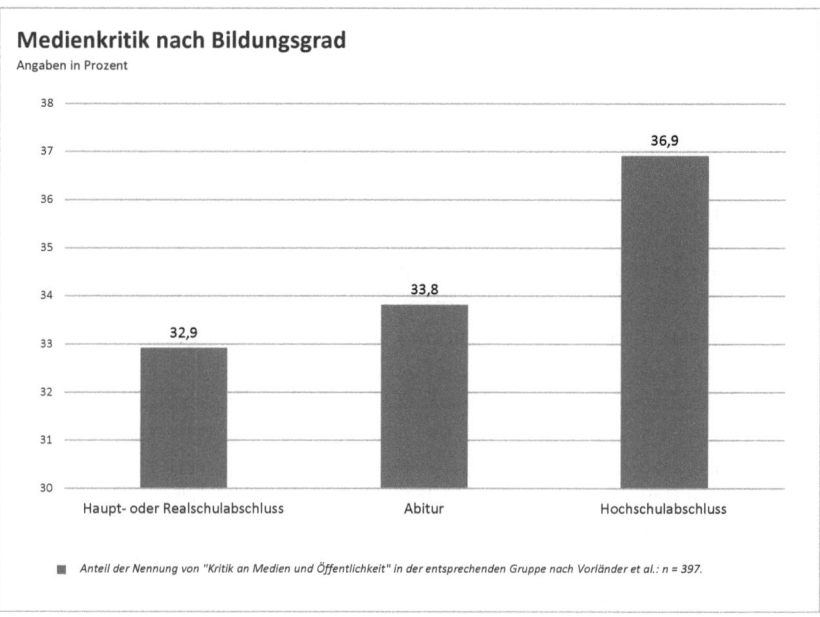

**Abb. 7.22** Kritik an Medien und öffentlichem Diskurs unter Dresdner PEGIDA-Demonstranten nach Bildungsabschluss[167]

Hinzu kam die mediale Berichterstattung über PEGIDA selbst. Bei Patzelt und Eichardt (2015, S. 40) waren nur 5,0 Prozent der Befragten der Meinung, diese sei ausgewogen, bei Vorländer, Herold und Schäller (2015, S. 66) nannte sogar fast jeder fünfte Befragte (18,4 Prozent) eine so empfundene „Diffamierung" der Dresdner Demonstranten in den Medien als unmittelbaren Grund für die eigene Teilnahme bei PEGIDA.

---

gestellten Frage nach den Motiven zur Teilnahme an einer PEGIDA-Demonstration medienkritisch äußerten. Vgl. dazu die Antwortgruppe „Medien" in Abb. 6.9. Auf Basis der zugrunde liegenden Daten lassen sich hieraus allerdings keine signifikanten Zusammenhänge ableiten. Dies gilt auch für die folgenden Abb. 7.22 bis 7.27.

167 Quelle: eigene Erhebung (Vorländer, Herold und Schäller 2015). Dargestellt ist für den entsprechenden letzten Bildungsabschluss jeweils der prozentuale Anteil jener Personen, die sich in der offen gestellten Frage nach den Motiven zur Teilnahme an einer PEGIDA-Demonstration medienkritisch äußerten. Vgl. dazu die Antwortgruppe „Medien" in Abb. 6.9.

Der Befund einer zum Teil aggressiv geäußerten Medienkritik ist nicht neu und kann durchaus als Teil einer allgemeinen Entwicklung gesehen werden. Es scheint, als gelte im Zeitalter von Facebook, Twitter und Co. nicht mehr, „was lange als ausgemacht galt, dass die Medien so etwas wie eine Schutzmacht für die Bürger sind und für die Demokratie als Ganzes" (Hamann 25.06.2015, S. 8). Stattdessen erscheinen Medienvertreter und Journalisten längst als „fester Bestandteil jener Elite, die unter Generalverdacht steht", gehören „Leser in Lynchstimmung", „Cybermobbing", „Shitstorms", „Empörungsorgien" und sogar Morddrohungen für Journalisten zur Tagesordnung – in der Regel von Personen initiiert, die sich im Internet hinter der Deckung von Tarnnamen verschanzen. Als „fünfte Gewalt" hat insbesondere das Internet eine so nicht vorhergesehene Wirkung entfaltet, denn hier „verbreiten sich seriöse Recherchen und Verschwörungstheorien im selben Tempo und mit demselben Anspruch auf Wahrheit" (ebd., S. 9). Dementsprechend zeigte eine repräsentative Umfrage der Wochenzeitung *Die Zeit*, dass deutschlandweit 60 Prozent der Befragten „wenig" oder „gar kein Vertrauen" in die Berichterstattung der Medien hatten. Zu den häufigsten Vorwürfen zählten dabei der Verdacht auf Fehlinformation und Manipulation (27 Prozent), der Vorwurf der Einseitigkeit (20 Prozent), schlechte Recherchen (15 Prozent) sowie die Vermutung fehlender Unabhängigkeit (10 Prozent) – alles Vorwürfe, die man in dieser Form auch bei PEGIDA hören konnte (vgl. ebd.).

### 7.3.3 Politische Deprivation und Entfremdung

Die bei PEGIDA geäußerte Kritik an den politischen Prozeduren, Entscheidungen und Verantwortungsträgern sowie an den Akteuren und Mechanismen der veröffentlichten Meinung vollzog sich zumeist in einem Rahmen, der weder auf konkrete Vorstellungen über notwendige Veränderungen noch auf alternative Politikmodelle zielte, sondern vielmehr eine diffuse kollektive Gefühlslage zum Ausdruck brachte. Diese Gefühlslage kann als ein allgemeines Empfinden politischer Machtlosigkeit, eines Gefühls des „Nicht-Gehört-" oder „Nicht-Ernst-Genommen-Werdens", also als Form politischer Entfremdung, charakterisiert werden. Niedrige Wahlbeteiligungen bei den jüngsten Landtagswahlen im Osten – in Sachsen lag sie im September 2014 bei lediglich 49,1 Prozent – unterstreichen diesen Trend eines zunehmenden Entfremdungsempfindens der Bürger.

Derartige Tendenzen wurden bereits 2011 im Abschlussbericht zur Langzeituntersuchung *Gruppenbezogene Menschenfeindlichkeit* festgestellt. Demnach sei in der politischen Sphäre zunehmend die Wahrnehmung einer „Demokratieentleerung", also eines Vertrauensverlusts gegenüber der Politik bei gleichzeitigem Anwachsen

## 7.3 Einstellungen zu Politik, Medien und Demokratie

gefühlter Machtlosigkeit festzustellen.[168] Dies, so prophezeiten die Autoren um Wilhelm Heitmeyer Ende 2011, seien erste Warnsignale, denn hier könnte sich eine Anfälligkeit für populistische Mobilisierungsversuche ergeben (Heitmeyer 2011, S. 17). Insbesondere bei rechtspopulistisch orientierten Personen sei die politische Entfremdung seit 2007 stark gewachsen, erkennbar an Zustimmungsraten von bis zu 92,2 Prozent zur Aussage „Leute wie ich haben sowieso keinen Einfluss darauf, was die Regierung tut" (Heitmeyer 2011, S. 12). Hinzu kommt die ebenfalls von den Bielefelder Forschern 2011 gemachte Beobachtung, dass die Bereitschaft dieser Personen, an Protestveranstaltungen wie Demonstrationen teilzunehmen, im Untersuchungszeitraum sprunghaft angestiegen war: von 29,7 Prozent im Jahre 2009 auf 41,9 für 2011 (Heitmeyer 2011, S. 13).

In den Befragungen von PEGIDA-Demonstranten trat diese Wahrnehmung einer großen Distanz zwischen „Volk" und „Politikern" ebenfalls hervor. Hier trafen sich Eindrücke der „Realitätsferne" und „Abgehobenheit" politischer Verantwortungsträger mit diffusen Vorstellungen über einen „wahren" Bürger- bzw. Volkswillen, der im repräsentativen System der aktuellen Demokratie nicht zur Geltung kommen könne und stattdessen von Sonderinteressen und Lobbygruppen verdrängt werde (Vorländer, Herold und Schäller 2015, S. 63). Ein Gefühl politischer Entfremdung wurde dabei in unterschiedlicher Weise artikuliert (Abb. 7.23).

| Entfremdungsempfinden | PEGIDA-Dresden (Rucht et al. 2015) | PEGIDA-Dresden (Patzelt 2015) | D-Ost (Holtmann 2014) | D-Ost (Mitte 2010) | D-West (Holtmann 2014) | D-West (Mitte 2010) |
|---|---|---|---|---|---|---|
| Allgemeine Zufriedenheit mit dem Leben | – | – | 76,0 | – | 83,0 | – |
| In der Bundesrepublik Deutschland fühle ich mich politisch zu Hause | – | – | 47,0 | – | 73,0 | – |
| Ich fühle mich durch unsere Politiker und Parteien vertreten | – | 2,1 | – | – | – | – |
| Leute wie ich haben keinen Einfluss darauf, was die Regierung tut | 68,9 | – | – | 94,4 | – | 93,9 |

**Abb. 7.23** Politisches Entfremdungsempfinden unter Dresdner PEGIDA-Demonstranten[169]

---

168 Zum Begriff der Demokratieentleerung vgl. Heitmeyer und Mansel (2003).
169 Eigene Zusammenstellung der Befunde aus Rucht et al. (2015, S. 27), Patzelt (2015a, S. 23), Holtmann et al. (2015, S. 179-180, 223), Decker et al. (2010, S. 98). Die Angaben im Tabellenkopf beziehen sich auf das Jahr der Datenerhebung. Die dargestellten Prozentangaben fassen jeweils die Antwortanteile zusammen, welche auf einer vier-

In der Erhebung von Patzelt vom 25.01.2015 etwa wollten der Aussage, dass man sich durch „unsere Politiker und Parteien" vertreten fühle, nur 2,1 Prozent der Befragten zustimmen, 90,4 Prozent bestritten dies deutlich (Patzelt und Eichardt 2015, S. 79). Bei Rucht et al. (2015, S. 27) wiederum gaben fast 70 Prozent der befragten PEGIDA-Teilnehmer an, keinerlei Einfluss auf die Regierungspolitik zu besitzen. Diese hohe, aber im Vergleich mit den Werten der *Mitte-Studie* dennoch eher unterdurchschnittliche Zustimmung ist bemerkenswert. In ihrer Erhebung aus 2010 hatte die Forschergruppe um Wilhelm Heitmeyer (2011, S. 27) ermittelt, dass die Aussage „Leute wie ich haben sowieso keinen Einfluss darauf, was die Regierung tut" insbesondere jene Personen bejahen, die sich von einer Krise bedroht sehen. Bei ihnen lag die Zustimmungsquote bei 73,5 Prozent, bei anderen lediglich bei 54,6 Prozent. In dem hierin zum Ausdruck kommenden demokratischen Fatalismus sahen die Autoren der Bielefelder Studien Hinweise für die Entstehung neuer Spielräume rechtspopulistischer Agitation.[170]

Bemerkenswert an den in Abb. 7.23 dargestellten Vergleichswerten sind auch die unterschiedlichen Reaktionen in Ost- und Westdeutschland auf die Aussage, man fühle sich in der Bundesrepublik Deutschland politisch zu Hause. Im Gegensatz zu den alten Bundesländern, in denen fast drei Viertel der Befragten dieser Aussage zustimmen, erklärten nicht einmal die Hälfte aller befragten Ostdeutschen, im politischen System des Grundgesetzes angekommen zu sein.

Eine Aufschlüsselung des bei PEGIDA gemessenen Entfremdungsempfindens nach Altersgruppe ergibt dabei – nach den bei Vorländer, Herold und Schäller (2015) ermittelten Protestmotiven der PEGIDA-Teilnehmer – folgendes Bild (Abb. 7.24).

---

oder fünfstufigen Skalierung eine explizite Zustimmung zur entsprechenden These anzeigten. Im Einzelnen sind das bei Rucht et al. (2015) „stimme ganz zu" und „stimme überwiegend zu", bei Patzelt (Erhebung vom 25.01.2015) „stimme sehr zu" und „stimme eher zu", bei Holtmann et al. (2015) „stimme voll und ganz zu" und „stimme eher zu", schließlich bei Decker et al. (2010) „trifft völlig zu" und „trifft eher zu".

170 Bereits seit 2007 haben die Erhebungen zur „Gruppenbezogenen Menschenfeindlichkeit" vor allem bei rechtspopulistisch orientierten Personen ein starkes Ansteigen der Zustimmungswerte zu dieser Aussage auf Werte von mittlerweile 92,2 Prozent im Jahr 2011 festgestellt (Heitmeyer 2011, S. 12). In empirischer Hinsicht wurde eine rechtspopulistische Orientierung dabei durch eine Kombination der Zustimmungswerte zu verschiedenen Aussagen aus den Bereichen „Antisemitismus", „Fremdenfeindlichkeit", „Islamfeindlichkeit" sowie „Autoritarismus" ermittelt. Zu dieser empirischen Definition eines „rechtspopulistischen Potentials" vgl. Klein und Heitmeyer (2012, S. 91 ff.) sowie Schäfer et al. (2002, S. 103). Zum Zusammenhang von Rechtspopulismus, Benachteiligungsgefühlen und Demokratiekritik vgl. Klein et al. (2009, S. 93-112).

## 7.3 Einstellungen zu Politik, Medien und Demokratie

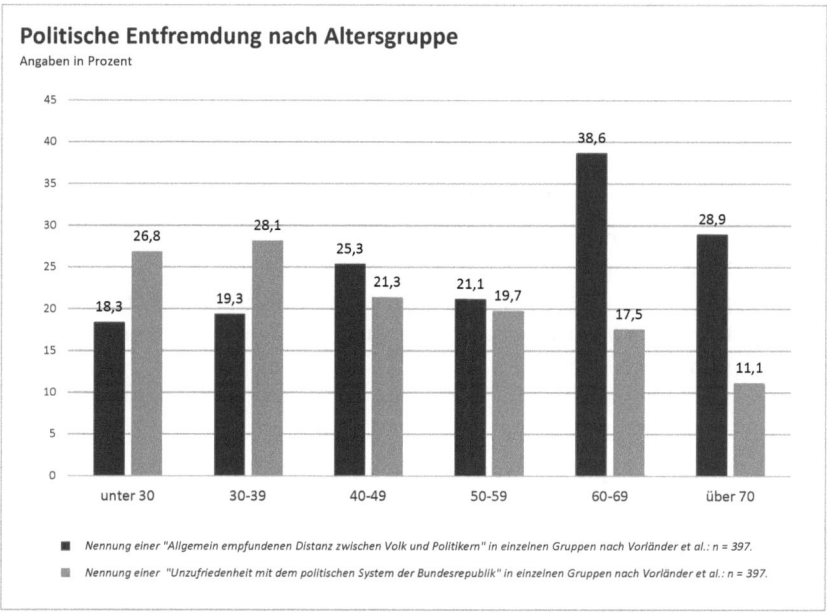

**Abb. 7.24** Politisches Entfremdungsempfinden unter Dresdner PEGIDA-Demonstranten nach Altersgruppe[171]

Den Eindruck einer großen Distanz zwischen Bürgern und Politikern artikulierten vor allem die über 60-jährigen Befragten. Vermutlich ist genau dieser Generation, die zur „Wendezeit" mit 35 bis 45 Jahren bereits fest im Leben stand und bereits eigene biographische Erfolge vorzuweisen hatte, eine berufliche, politische und gesellschaftliche Neuorientierung nach 1989 am schwersten gefallen. Es handelt sich dabei außerdem genau um jene Generation, die – verglichen mit ihren westdeutschen Altersgenossen – in der Gegenwart eigentlich auf eine lange und erfolgreiche Erwerbsbiographie zurückblicken sowie – in entsprechend einflussreiche Positionen gelangt – den öffentlichen Diskurs in ihren Heimatregionen bestimmen müsste.

---

171 Quelle: eigene Erhebung (Vorländer, Herold und Schäller 2015). Dargestellt ist für jede Altersgruppe jeweils der prozentuale Anteil jener Personen, die sich in der offen gestellten Frage nach den Motiven zur Teilnahme an einer PEGIDA-Demonstration eine „allgemein empfundene Distanz zwischen Volk und Politikern" oder eine „Unzufriedenheit mit dem politischen System" zum Ausdruck brachten. Vgl. dazu die Antwortkategorien zur Politikunzufriedenheit in Abb. 6.10.

Dass dies sehr vielen der heute 55- bis 70-jährigen Ostdeutschen wegen vielfacher biographischer Brüche nicht gelingen konnte, macht eine innere Haltung erklärbar, die der politischen Kultur der neuen ‚BRD', ihren diskursiven Selbstverständlichkeiten und medialen Spielregeln noch immer sehr distanziert gegenübersteht. Bei der Kritik am politischen System der Bundesrepublik zeigt sich jedoch, dass diese in den oberen Altersgruppen eher weniger stark ausgeprägt ist. Stattdessen scheint diese ‚Systemkritik' ausgerechnet bei jenen jüngeren PEGIDA-Demonstranten am größten, die nicht mehr in der DDR sozialisiert wurden.

Ähnlich Bemerkenswertes fördert auch eine Aufschlüsselung nach Einkommensgruppen zutage. Hier wird deutlich, dass Systemkritik und Entfremdungsgefühl insbesondere bei den befragten Personen mit höheren Einkommen stark ausgeprägt sind (Abb. 7.25).

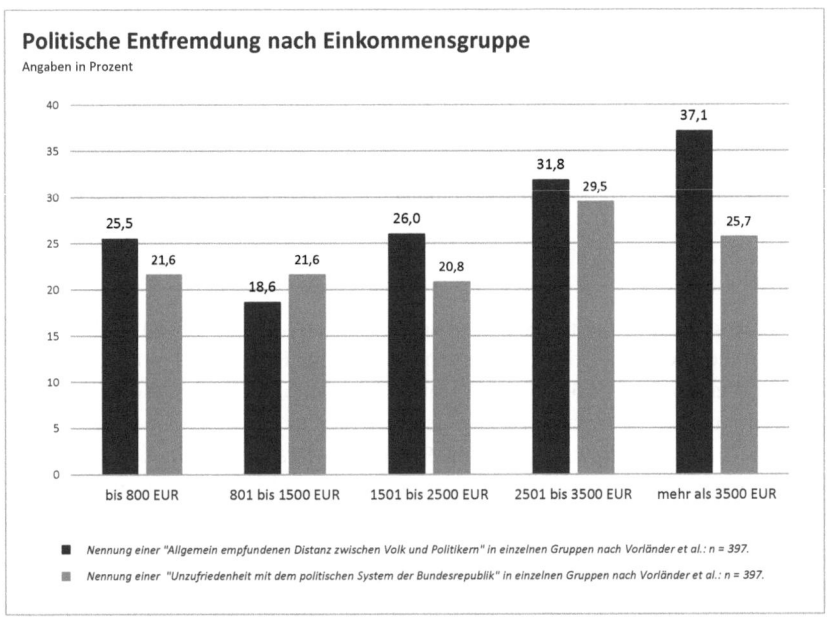

**Abb. 7.25** Politisches Entfremdungsempfinden unter Dresdner PEGIDA-Demonstranten nach Einkommensgruppe[172]

---

172 Quelle: eigene Erhebung (Vorländer, Herold und Schäller 2015). Dargestellt ist für jede Einkommensgruppe jeweils der prozentuale Anteil jener Personen, die sich in der offen gestellten Frage nach den Motiven zur Teilnahme an einer PEGIDA-Demonst-

## 7.3 Einstellungen zu Politik, Medien und Demokratie

Dies deutet darauf hin, dass sich in zunehmendem Maße gerade eine Gruppe gutausgebildeter und gutverdienender Leistungsträger als politisch machtlos und von wichtigen Entscheidungen abgekoppelt sieht. Eine Ähnlichkeit zu den Befunden der Bielefelder Studienreihe ist hier markant, nach denen vor allem in den höheren Einkommensgruppen seit 2009 ein signifikanter Anstieg rechtspopulistischer Einstellungen zu beobachten ist (Heitmeyer 2010, S. 29).

Das bei den PEGIDA-Demonstranten konkret artikulierte Empfinden politischer Entfremdung war wiederum insbesondere durch jüngste Erfahrungen mit der Zuwanderungs-, Flüchtlings- und Asylpolitik geprägt. Beklagt wurden dabei unklare Entscheidungs-, Finanzierungs- und Zuständigkeitsfragen, kurzfristig durchgesetzte, als „alternativlos" dargestellte Entscheidungen sowie eine mangelnde Kommunikation und unzureichende Einbeziehung der Bürger vor Ort (Vorländer, Herold und Schäller 2015, S. 64). Auch waren in diesem Zusammenhang regelrechte „Berührungsängste" zuständiger Landes- und Kommunalpolitiker festgestellt worden, die sich Gesprächen über den aus ihrer Sicht wenig einträglichen, weil stark konfliktträchtigen, mit Emotionen behafteten und oft unbeherrschbare Dynamiken entfaltenden Themenkomplex „Asyl und Flüchtlinge" verweigert hätten. Eine notwendige breitere öffentliche Debatte war auf diese Weise womöglich zu lange ausgebremst worden, was das Protestbedürfnis umso mehr befeuert hatte. Auch im Hinblick auf derartige, bei Vorländer, Herold und Schäller von insgesamt 33,8 Prozent der Befragten vorgetragene Kritikpunkte scheint eine Aufschlüsselung nach Altersgruppen sinnvoll. In Abb. 7.26 wird sie zugleich der ermittelten Häufigkeit vorliegender ausländerfeindlicher Ressentiments gegenübergestellt.

---

ration eine „allgemein empfundene Distanz zwischen Volk und Politikern" oder eine „Unzufriedenheit mit dem politischen System" zum Ausdruck brachten. Vgl. dazu die Antwortkategorien zur Politikunzufriedenheit in Abb. 6.10.

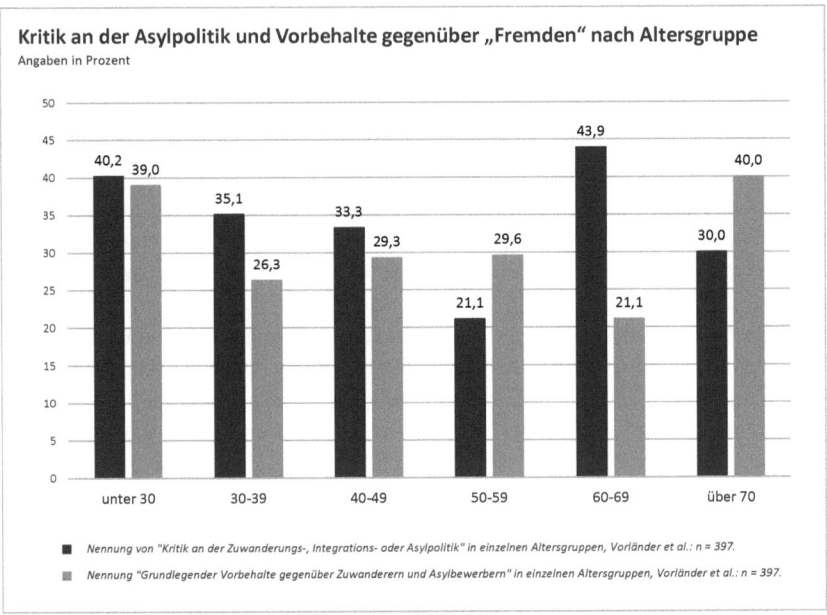

**Abb. 7.26** Politikkritik und Ressentiments im Bereich Zuwanderungs-, Integrations- und Asylpolitik unter Dresdner PEGIDA-Demonstranten nach Altersgruppe[173]

Dabei zeigt sich, dass die Kritik an der aktuellen Zuwanderungs-, Integrations- und Asylpolitik in die Gruppe der 60- bis 69-Jährigen sowie bei den unter 30-Jährigen am stärksten vertreten war. Im Hinblick auf womöglich gleichzeitig in Anschlag gebrachte Vorbehalte gegenüber Flüchtlingen, Zuwanderern oder Asylbewerbern findet sich jedoch ausgerechnet in der zuerst genannten Altersgruppe die geringste Häufung. Derartige Ressentiments wurden stattdessen von den beiden äußeren

---

173 Quelle: eigene Erhebung (Vorländer, Herold und Schäller 2015). Dargestellt ist jeweils der prozentuale Anteil aller Personen in einer Altersgruppe, die in der offen gestellten Frage nach den Motiven zur Teilnahme an einer PEGIDA-Demonstration eine „Kritik an der Zuwanderungs-, Integrations- oder Asylpolitik" oder „Grundlegende Vorbehalte gegenüber Zuwanderern und Asylbewerbern" zum Ausdruck brachten. Vgl. dazu die Antwortgruppe „Grundlegender Vorbehalte" in Abb. 6.9. Die in Abb. 7.26 abgetragene Antwortgruppe „Kritik an der Zuwanderungs-, Integrations- oder Asylpolitik" fasst alle geäußerten Formen der Kritik an der Zuwanderungspolitik, der Integrationspolitik, der Flüchtlingspolitik und der Asylpolitik zusammen.

## 7.3 Einstellungen zu Politik, Medien und Demokratie

Altersgruppen (d. h. bei den unter 30-Jährigen und den über 70-Jährigen) verstärkt zum Ausdruck gebracht.

Eine Aufschlüsselung nach dem durchschnittlichen monatlichen Nettoeinkommen der Befragten ergibt hingegen das in Abb. 7.27 dargestellte Bild.

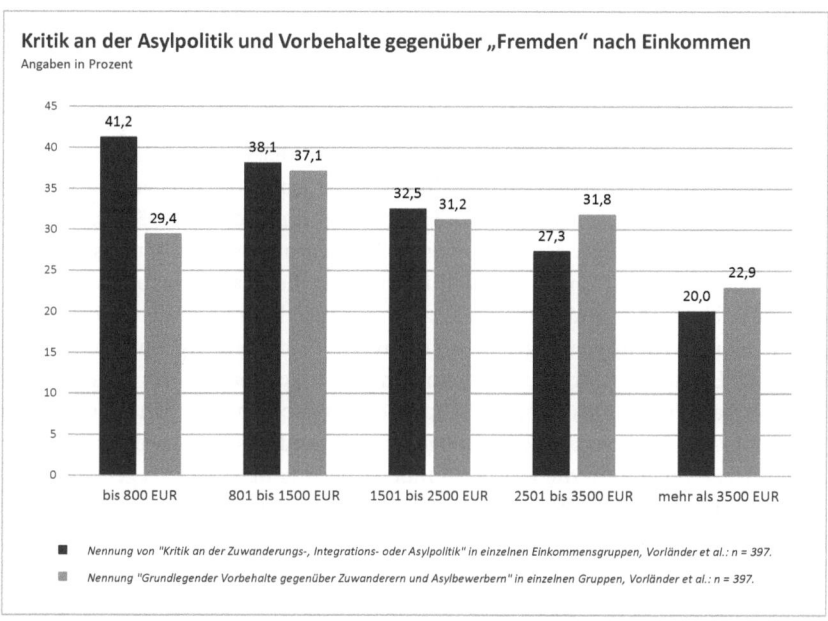

**Abb. 7.27** Politikkritik und Ressentiments im Bereich Zuwanderungs-, Integrations- und Asylpolitik unter Dresdner PEGIDA-Demonstranten nach Einkommensgruppe[174]

Demnach scheint sich im Hinblick auf die Asylpolitik der Eindruck eigener Machtlosigkeit gerade in den unteren Einkommensgruppen als Protestgrund bemerkbar

---

174 Quelle: eigene Erhebung (Vorländer, Herold und Schäller 2015). Dargestellt ist jeweils der prozentuale Anteil aller Personen in einer Einkommensgruppe, die in der offen gestellten Frage nach den Motiven zur Teilnahme an einer PEGIDA-Demonstration eine „Kritik an der Zuwanderungs-, Integrations- oder Asylpolitik" oder „Grundlegende Vorbehalte gegenüber Zuwanderern und Asylbewerbern" zum Ausdruck brachten. Vgl. zu den einzelnen Antwortgruppen Fußnote 173.

zu machen, was darauf hindeuten könnte, dass hier auch Ängste vor eigener sozialer Benachteiligung gegenüber den ‚Fremden' eine Rolle gespielt haben.

### 7.3.4 Autoritarismus

Vor dem Hintergrund der bei PEGIDA artikulierten Vorstellungen über die fehlerhafte Ausrichtung und mangelhafte „Effektivität" demokratischer Entscheidungen scheint die Annahme nicht unplausibel, dass PEGIDA-Anhänger auch gegenüber stärker autoritär orientierten Politikmodellen aufgeschlossen waren. Vielfach wird diese in der politischen Kulturforschung zu Ostdeutschland nicht unbekannte These mit den Erziehungs- und Sozialisationsformen in der ehemaligen DDR in Verbindung gebracht.[175] Mit Hilfe von Horkheimer und Adorno (1952) haben etwa die Autoren der Leipziger *Mitte-Studien* das Bild eines „postautoritär-destruktiven Charaktertypus" gezeichnet und damit versucht, die Prävalenz rechtsextremer, ausländerfeindlicher und antidemokratischer Einstellungen in der ostdeutschen Bevölkerung sozialpsychologisch zu erklären.[176] Nach den Ergebnissen der empirischen Einstellungsforschung scheint ein derartiges „autoritäres Erbe" aus der DDR-Vergangenheit – als „Überhang" kritischer bis ablehnender Einstellungen zur repräsentativen Demokratie des Grundgesetzes – allerdings mittlerweile kaum noch nachweisbar. So kommt die von der Bundesregierung in Auftrag gegebene Studie *Deutschland 2014* zu dem Schluss, „dass die nach der Wiedervereinigung zunächst auftretenden Ost-West-Unterschiede in den Einstellungen zur Demokratie […] sich deutlich abgeschwächt haben" (Holtmann et al. 2015, S. 200). Dies, so die Autoren um Everhard Holtmann und Oscar W. Gabriel, gelte nicht nur für den zahlenmäßig stetig wachsenden Bevölkerungsanteil, der nach 1990 aufgewachsen ist, sondern inzwischen auch für die älteren Generationen, die noch im DDR-System sozialisiert wurden.

Als sozialpsychologisches Modell zur Erklärung von Ressentiments gegenüber Minderheiten wurde von Decker et al. (2014, S. 24; 2015, S. 29 ff.) auch die These eines „sekundären Autoritarismus" entwickelt. Demnach sei mittlerweile das kapitalistische Wirtschaftssystem mit seinen direkt auf das Individuum durchgreifenden Regeln ökonomischer Rationalitäts- und Effektivitätsbindung an die Stelle der

---

175 Die Leipziger *Mitte-Studien* konnten zwischen 2006 und 2014 hier einen Rückgang autoritärer Orientierungsmuster verzeichnen (Decker et al. 2015, S. 59).

176 Dabei werden körperliche Gewalterfahrungen im Elternhaus für spätere antidemokratische Einstellungen im Erwachsenenalter verantwortlich gemacht. Das Argument lautet, dass sich Erfahrungen einer willkürlich ausgeübten Gewalt im Kindesalter später als Gewalt gegenüber Schwächeren und Randgruppen zum Ausdruck bringen (Decker et al. 2014, S. 9-10).

elterlichen Gewalterziehung getreten. Auch diese „Herrschaft der Marktlogik" setze eine autoritäre Dynamik in Gang, bei der Unterwerfung eingefordert wird, dadurch Aggressionen aufgebaut und schließlich gegenüber Minderheiten als Ressentiments freigesetzt werden. Dass eine derartige „sekundäre autoritäre Aggression" auch bei den PEGIDA-Demonstranten eine Rolle gespielt haben könnte, scheint denkbar – allerdings nur als abstrakter sozialpsychologischer Erklärungsversuch generell vorhandener ausländer- bzw. islamfeindlicher Ressentiments in Deutschland. Die Konstruktion eines ursächlichen Zusammenhangs zu den Dresdner Demonstranten gestaltet sich indes schwierig. Sie entfaltet nur dann eine gewisse Erklärungskraft, wenn bei der Beschreibung des PEGIDA-Phänomens gewissermaßen ein Teil (nämlich die bei etwa einem Drittel der Demonstranten festgestellten fremdenfeindlichen Ressentiments) für das Ganze gesetzt, die Proteste also ausschließlich als affektive Form der Artikulation von Ausländerfeindlichkeit interpretiert werden. Dass es sich dabei aber um eine starke Verkürzung handelt, scheint vor dem Hintergrund der insgesamt vorliegenden Befunde zu PEGIDA selbstredend. Auch die Theorie eines „sekundären Autoritarismus" scheint daher für die Einordnung von PEGIDA schnell an ihre Grenzen zu stoßen und läuft jenem komplexen Bild zuwider, das mittlerweile von den Dresdner Protesten gezeichnet werden kann.

Ähnlichen kapitalismuskritisch ummantelten Annahmen einer vor allem sozioökonomisch induzierten Protestbewegung steht außerdem die Erkenntnis entgegen, dass bei PEGIDA weniger die sozial Benachteiligten, sondern Teile einer durchschnittlich bis gut situierten Mittelschicht ihre Empörung über die etablierte Politik artikulierte. Der Verweis auf mögliche ökonomische Abstiegsängste dieser Mittelschicht kann als Erklärung dabei ebenfalls nur eingeschränkt überzeugen. Sowohl quantitative als auch qualitative Untersuchungen – etwa die von Vorländer, Herold und Schäller (2015) durchgeführten Interviews mit PEGIDA-Teilnehmern oder die Fokusgruppendiskussionen bei Geiges et al. (2015, S. 89ff.) – deuten darauf hin, dass weniger die Wahrnehmung eines *sozioökonomischen* Konkurrenzverhältnisses mit den neuerlichen Asylbewerbern und Flüchtlingen sowie die Angst vor entsprechender materieller Benachteiligung oder einem drohenden Abstieg in der Zukunft, sondern vielmehr das diffuse Gefühl vermeintlicher *kultureller Enteignung* und politischer Entfremdung für die PEGIDA-Teilnehmer im Mittelpunkt standen.[177]

In politischer Hinsicht begriffen viele Demonstranten – in Reminiszenz zu 1989 – den Protest als Form einer demokratischen Selbstermächtigung der Bürger

---

177 Gerade einmal 7,6 Prozent der Befragten äußerten bei Vorländer, Herold und Schäller (2015, S. 62, 69) eine derartige Angst vor sozioökonomischer Benachteiligung, ebenso wenige thematisierten wirtschafts- oder sozialpolitische Entwicklungen bei der Begründung ihrer Demonstrationsteilnahme.

gegen die Herrschaft einer vom Willen des Volkes abgekoppelten politisch-medialen Elite.[178] Das Gefühl des „Endlich-Gehört-Werdens" verband sich dabei mit der Behauptung eines gemeinsamen politischen Gestaltungswillens sowie der Entdeckung öffentlicher Sichtbarkeit als Ressource kommunikativer Macht. Auch der immer wieder in den Medien gezeigte, dennoch aber singuläre und stets von den gleichen Personen verantwortete Slogan „Putin hilf!" muss in diesem Kontext gesehen werden. Hinter PEGIDA steckte weniger der Ruf nach der Autorität eines starken Führers, sondern die „vulgärdemokratische" Vorstellung (Ernst Fraenkel), dass Politiker als schwache, abhängige und unmittelbar Rechenschaft schuldige „Angestellte des Volkswillens" anzusehen seien.[179]

### 7.3.5 Populismus

Diese und andere Einstellungen zu Demokratie und Politik, die bei PEGIDA beobachtet werden konnten, scheinen beinahe zielgenau auf den Begriff des „Populismus" hinauszulaufen, der ebenfalls auf eine gewisse „intrinsische Ambivalenz zwischen demokratischen und autoritären Stoßrichtungen" verweist (Priester 2011, S. 196). Definitionen von Populismus variieren. Jenseits der zahlreichen Versuche, mit einer essentialistischen Festlegung bestimmter Merkmale eine kohärente und abgeschlossene Doktrin zu beschreiben, hat sich mittlerweile eine Einschätzung durchgesetzt, die Populismus im Sinne einer heuristischen Beschreibungssemantik als Set von Merkmalen versteht, die sich je nach Kontext unterschiedlich formieren. Egal ob Populismus dabei als eine Ideologie, eine Mentalität oder eine Strategie zum Erwerb, zur Ausübung und zum Erhalt von Macht begriffen wird[180], die zentrale

---

178 Dies wurde auf den Demonstrationen durch zahlreiche Plakate unterstrichen. Vgl. etwa Slogans wie „Mut zur Demokratie Jetzt" (01.12.2014); „Parteien Gute Nacht, Bürger an die Macht", „Volksentscheid ins Grundgesetz" (15.12.2014); „Alle Politiker sind gewählte DIENER des Volkes! Und nicht umgekehrt" (12.01.2015) oder „EU-Diktat beenden – direkte Demokratie einführen" (12.01.2015).

179 Vgl. nur die Rede von Tatjana Festerling am 06.04.2015 oder die Äußerung eines Teilnehmers des von der Sächsischen Staatskanzlei ausgerichteten 2. Dialogforums „Miteinander in Sachsen", wonach „wir Bürger die Arbeitgeber" und „die Politiker die Arbeitnehmer" seien. „Und wenn sie [die Politiker] keine Leistung bringen, dann werden sie entlassen" (Beobachtungsprotokoll des 2. Dialogforums „Miteinander in Sachsen" am 10.03.2015).

180 Vgl. Priester (2012, S. 3 f.), Vorländer (2011a, S. 188). Im Sinne einer Strategie wird Populismus etwa definiert als „a mass movement led by an outsider or maverick seeking to gain or maintain power by using anti-establishment appeals and plebiscitarian linkages" (Barr 2009, S. 44). Als Gedankengebäude bezeichnet der Begriff wiederum „an ideology

## 7.3 Einstellungen zu Politik, Medien und Demokratie

Achse populistischer Erscheinungen wird konstituiert durch eine Unterscheidung von „Elite" und „Volk" als zwei homogene und antagonistische Gruppen. Das positiv herausgestellte „Volk" transportiert dabei einerseits die polemische Entgegenstellung von „unten" und „oben", beschwört die politische Vorrangstellung „der Vielen" gegenüber „den Wenigen" und hebt den imaginierten Kollektivsingular einer identitätsstiftenden Gemeinschaft hervor. Andererseits wirkt der Volksbegriff aber vor allem auch als Chiffre für die romantisierende Utopie und höhere Dignität eines „Universums der Selbstverständlichkeit" (Edmund Husserl).[181] Die Differenz zur „Elite" kann dabei in verschiedenen Dimensionen herausgestellt werden: in räumlicher Hinsicht als Gegenüberstellung eines (korrupten) Machtzentrums mit einer (unverdorbenen) Peripherie, in zeitlicher Hinsicht als Abgrenzung der ursprünglichen Quelle politischer Macht von den kritisierten Formen ihres Missbrauchs, in mentaler Hinsicht als Entlarvung eines fehlgeleiteten Intellektualismus gesellschaftlicher Wissenseliten durch den Common Sense, in moralischer Hinsicht als Verurteilung der Korrumpierung, Selbstbezüglichkeit und Arroganz der Eliten vor dem Hintergrund eines nicht rechtfertigungsbedürftigen volkstümlichen Wahrheits- und Gerechtigkeitsempfindens, in kultureller Hinsicht als positive Hervorhebung einer unhinterfragbaren, aber durch gesellschaftliche Wandlungsprozesse bedrohten lebensweltlichen Tradition, und schließlich, in politischer Hinsicht, als Konfrontation der Agenten ökonomischer, sozialer oder kultureller Bevormundung mit einer ursprünglichen Idee von Freiheit (vgl. ähnlich Priester 2011, S. 196).

Fast alle diese populistischen Topoi waren auch in den Äußerungen der Dresdner PEGIDA-Demonstranten präsent. So etwa die Auffassung, dass ein aus der konkreten lebensweltlichen Erfahrung (im Alltag, im Beruf, in der Familie, im Verein, usw.) wurzelnder „gesunder Menschenverstand" dem künstlichen Reflexionswissen der Eliten überlegen sei. In personalisierter Form wurde dieser Vorrang durch Bezeichnungen wie „der Normalbürger", „die arbeitende Bevölkerung" oder auch „die einfachen Leute" zum Ausdruck gebracht. Mit derartigen Typisierungen polemisierten die PEGIDA-Anhänger gegen die, in ihrer Wahrnehmung, korrupten Funktionseliten der Politik, die abgehobenen Stimmungsmacher in den Medien oder die hochnäsigen

---

that considers society to be ultimately separated into two homogeneous and antagonistic groups, ‚the pure people' versus ‚the corrupt elite', and which argues that politics should be an expression of the volonté générale (general will) of the people" (Mudde 2004, S. 543). Derartige Definitionsversuche in generalisierender Absicht stoßen jedoch – selbst bei erklärten Minimaldefinitionen – schnell an ihre empirischen Grenzen.

181 Im Deutschen wird dies vor allem durch den Begriff der „Lebenswelt" zum Ausdruck gebracht (Priester 2012, S. 5 f.). Vgl. hierzu auch den Begriff des „heartland" bei Taggart (2004, S. 274 ff.).

„Eierköpfe" in den Elfenbeintürmen der Wissenschaft.[182] Einfache Argumentationen, grobschlächtige Pauschalisierungen und eine dialektgefärbte Sprache waren in diesem Zusammenhang nicht als Merkmale von Rückständigkeit, Bildungsferne und gesellschaftlicher Peripherie, sondern als Kennzeichen „wahrer Volksnähe" kodiert.[183] Die in vielfacher Hinsicht zum Ausdruck gebrachte Elitenfeindlichkeit fand seine Verallgemeinerung in der Selbstinszenierung als eigentliche Volksvertretung („Wir sind das Volk"), in einer generellen Skepsis gegenüber intermediären Strukturen der politischen Meinungs- und Interessensbildung (insbesondere Parteien) sowie in der Forderung nach einer ungefilterten politischen Willensartikulation durch Instrumente einer direkten bzw. sachunmittelbaren Demokratie.[184]

Vor diesem Hintergrund ist eine genauere Charakterisierung des bei PEGIDA beobachteten Populismus sinnvoll. Im Zusammenhang mit den festgestellten Formen fremden- bzw. islamfeindlicher Ressentiments scheint dabei insbesondere der Begriff des *Rechtspopulismus* relevant. In der empirischen Einstellungsforschung wird dieser Begriff etwa bei Klein und Heitmeyer (2012, S. 91 ff.) als Korrelationszusammenhang verschiedener, vor allem autoritärer, antisemitischer, fremdenfeindlicher und (mit steigender Bedeutung) islamfeindlicher Orientierungen gemessen.[185] Auf der Grundlage dieser Operationalisierung waren rechtspopulisti-

---

182 Vgl. Beobachtungsprotokolle des 1. und 2. Dialogforums „Miteinander in Sachsen" am 29.01.2015 und am 10.03.2015.

183 Bei der Durchführung der Face-to-Face-Befragungen konnte bei Vorländer, Herold und Schäller (2015, S. 26) auch festgestellt werden, dass sich die Kontaktaufnahme mit PEGIDA-Teilnehmern erfolgreicher gestaltete, wenn seitens der Interviewer eine eher umgangssprachliche, wenn möglich dialektgefärbte Ausdrucksweise gewählt wurde.

184 Vgl. oben Kapitel 7.3.1. Ein Zeugnis populistischer Elitenkritik liefern auch die Reden Lutz Bachmanns. Er versteht es dabei, die Ablehnung gegenüber den politisch-kulturellen Eliten zu verdichten und in ein positives Gemeinschaftsgefühl zu wenden: „Wie man gestern Abend wieder hervorragend, unter anderem bei Günther Jauch, feststellen konnte, haben Politikexperten und Politikwissenschaftler momentan Hochkonjunktur – und in Massen ihre Thesen vorzubeten und als Krönung ihrer Studien uns alle als Verlierer mit Abstiegsängsten vorzuführen. [„Pfui"-Rufe im Publikum] Ich bin der Meinung, dass genau diese Leute Angst haben, Angst davor, dass ihr alle merkt, dass ihr nicht die Verlierer seid, sondern dass ihr eure Macht entdeckt, dass sich Menschen in ganz Deutschland und Europa verbünden und zu Gewinnern werden, [„Jawohl"-Rufe, Jubel, Klatschen], indem ihr ihnen zeigt, von wem alle Macht ausgeht [lange „Wir sind das Volk"-Sprechchöre]. Lasst sie schwatzen in ihren Talkshows, lasst sie diskutieren in ihren Politikrunden und lasst sie rätseln, was sie falsch machen. Sie werden es ohnehin nicht begreifen. Sie haben den Kontakt zur Basis schon lange verloren und ihre Wähler verraten [Jubel und Applaus]." Transkript der Rede von Lutz Bachmann am 15.12.2014.

185 Die Bielefelder Studienreihe zur *Gruppenbezogenen Menschenfeindlichkeit* um Wilhelm Heitmeyer bezeichnet jene Gruppe von Personen, die sowohl fremdenfeindlichen,

## 7.3 Einstellungen zu Politik, Medien und Demokratie

sche Orientierungen – mit Ausnahme der Islamfeindlichkeit – zwischen 2003 und 2011 in Deutschland zwar eher rückläufig, andererseits aber wurde insbesondere bei jenen Personen, denen nach empirischer Definition eine „rechtspopulistische Einstellung" bescheinigt werden kann, eine gestiegene Bereitschaft festgestellt, an politischen Veranstaltungen oder Demonstrationen teilzunehmen (Klein und Heitmeyer 2012, S. 94, 99). PEGIDA könnte hier einschlägig sein. Doch können mit Blick auf die Dresdner *Demonstrationsteilnehmer* des Winters 2014/2015 keine verallgemeinernden Schlussfolgerungen zum Thema „Rechtspopulismus" gezogen werden. Die zu den PEGIDA-Teilnehmern vorliegenden empirische Befunde zur Verbreitung rechtsextremer Einstellungen lieferten ein uneinheitliches Bild (Kapitel 7.2), Hinweise auf verbreitete autoritäre Orientierungen unter den *Patriotischen Europäern* liegen nicht vor oder erscheinen gar zweifelhaft (Kapitel 7.3.2), ausländerfeindliche Ressentiments waren indes bei etwa 30 bis 40 Prozent der PEGIDA-Teilnehmer verbreitet (Kapitel 7.2.1), Islamkritik und Islamfeindlichkeit spielten für die Demonstranten eher eine Nebenrolle (Kapitel 7.1).

Auf Seiten der *Redner und Organisatoren* aber wurden bei PEGIDA in Dresden bereits frühzeitig klassische Topoi, Semantiken und Forderungen rechtspopulistischer Strömungen deutlich. Insbesondere nach der Spaltung des Organisationsteam trat dieser Populismus in den Vordergrund und bestimmte nun unverkennbar die (anfangs lange Zeit unklare oder diffuse) Identität der Bewegung – bis hin zur Einladung des europaweit bekannten Rechtspopulisten und Islamkritikers Geert Wilders am 13.04.2015. Will man den bei PEGIDA zutage getretenen Populismus deshalb entlang des politischen Links-Rechts-Spektrums einordnen, so kann klar von „Rechtspopulismus" gesprochen werden, auch wenn dieser Begriff (vor allem im Hinblick auf die Demonstranten der Hochphase bis Ende Januar 2015) einige Unschärfen entstehen lässt – womöglich wäre hier ein Begriff wie ‚ethnozentrischer Populismus' insgesamt zutreffender.

Eine weitere begriffliche Abgrenzungsmöglichkeit liefert die Unterscheidung zwischen Protest- und Identitätspopulismus nach Pierre-André Taguieff. Während Protestpopulismus als monothematische Bewegung des Bürgerprotests sich meist mit konkreten Aktionen (wie Demonstrationen, Blockaden, Besetzungen, u. a.) gegen bestimmte politische Projekte sowie die dahinter vermutete politisch-ökonomische Machtkonzentration richtet, betont der heute vorherrschende Identitätspopulismus eine bestimmte traditionalistisch verstandene Identität und tendiert dazu, mit der Radikalisierung und Essentialisierung der eigenen kulturellen Zugehörigkeit indi-

---

antisemitischen, autoritären als auch islamfeindlichen Aussagen zustimmen, als „rechtspopulistisches Potential" und macht darin die mögliche Unterstützerschaft einer rechtspopulistischen Bewegung aus (Heitmeyer 2011, S.11).

rekt die Abwertung des ‚Anderen' zu betreiben. Auch PEGIDA wäre als typisches Beispiel eines solchen *Identitätspopulismus* zu klassifizieren.[186]

Schließlich lässt sich die bei PEGIDA beobachtete Form des Populismus durch eine gewisse *Latenz* beschreiben. Erfahrungsgemäß geht es bei Populismus eher um das aktive Handeln bestimmter Führungspersönlichkeiten, denen es als ‚Volkstribunen' gelingt, eine Unmittelbarkeit zu den Sorgen und Wünschen ‚des Volkes' zu inszenieren und somit diese Sorgen und Wünsche erfolgreich zu instrumentalisieren. Dieses politische Handeln wird dann (meist negativ konnotiert) als ‚populistisch' bezeichnet. Wie aber nicht zuletzt PEGIDA gezeigt hat, können populistische Phänomene und Ideologeme auch öffentlich wirksam werden, ohne dass sie durch demagogisch wirkende Figuren mehr oder weniger ‚entfacht' wurden.[187] Wird der Populismusbegriff in diesem ‚passiven' Sinne gewendet, dann ergibt sich für die Dresdner PEGIDA-Demonstranten das Bild einer politischen Mentalität, in der sich defensive Verhärtungsprozesse bestehender konservativ-ethnozentrischer bis historisch-rückwärtsgewandter Orientierungen zum Ausdruck bringen und sich gegen die empfundenen Bedrohungen eigener kultureller Identität positionieren. Die gleichzeitige Klage über politische Machtlosigkeit und gesellschaftliche Bedeutungslosigkeit befeuert diese Einstellungen und kann ihnen politisches Momentum verleihen. Als heuristische Beschreibungssemantik bezeichnet der Populismusbegriff dann die besondere *Form* der Veranlagung politisch-kultureller Einstellungsmuster in der Bevölkerung – eine Veranlagung, die dafür sorgt, dass sich nationalistische, regionalpatriotische, ausländerfeindliche oder auf die starke Betonung sogenannter „Etabliertenvorrechte" bezogene Orientierungen in bestimmten Situationen verselbstständigen und als Eruption öffentlicher Empörung artikulieren, dann aber ebenso schnell wieder in die Latenz zurücksinken können.[188] In der durch konkreten Anlass geschürten besonderen *Bereitschaft*, dieses Misstrauen auch als offene Kritik auf die Straße zu tragen und durch die symbolische Besetzung des öffentlichen Raumes zu unterstreichen, liegt womöglich auch ein Teil der Antwort, warum PEGIDA ausgerechnet in Sachsen entstanden ist.

---

186 Vgl. unter Verweis auf Pierre-André Taguieff: Priester (2012, S. 6 f.).

187 Zwar ist Lutz Bachmann eine gewisse Ausstrahlungswirkung nicht abzusprechen, insgesamt aber zeichnen sich die Mitglieder des Organisationsteams eher durch ein nüchternes, wenig charismatisches Auftreten aus.

188 In Anlehnung an Ionescu und Gellner (1969) spricht Karin Priester (2011, S. 196) hier von einem „populistischem Moment".

## 7.3.6 Erklärungsversuche

Wie können diese Befunde, insbesondere der einer allgemeinen ‚Demokratieentfremdung' erklärt werden? Worin liegen die Ursachen für die gerade unter den PEGIDA-Demonstranten häufig artikulierte Auffassung, eine abgehobene politische Klasse ohne Verständnis für die Probleme des ‚einfachen Volkes' würde alle wesentlichen politischen Entscheidungen treffen, ohne dass den Bürgerinnen und Bürgern hier de facto ein Mitspracherecht eingeräumt werde? Auf Grundlage der vorliegenden Erkenntnisse zu PEGIDA können erste Deutungsversuche unternommen werden.

Eine Variante möglicher Interpretationen ordnet die PEGIDA-Proteste und das bei den Demonstrationen zum Ausdruck gebrachte politische Entfremdungsgefühl in den Kontext *grundlegender gesellschaftlicher Wandlungsprozesse* ein – Wandlungsprozesse, deren politische Folgen sich zunächst in Ostdeutschland bemerkbar machen, weil sie hier auf die anhaltenden Nachwirkungen anderer Umwälzungen, wie der Transformation nach 1989 oder demographischen Abwanderungs- und Überalterungsprozessen, treffen und sich dabei wie in einem Brennglas zu einem fortwährend empfundenen starken Veränderungs- und Anpassungsdruck verdichten.

Die Öffnung der Grenzen, insbesondere zu den osteuropäischen Staaten, die mit der Etablierung des Internets eingetretene digitale Revolution, das Erreichen eines ‚Echtzeitniveaus' in der Informationsübertragung, die Herausbildung einer neuen, an den Finanzmärkten und ihren Akteuren ausgerichteten Wirtschaftskultur – derartige Prozesse haben in den vergangenen 20 Jahren zu einer Veränderung von Zeitstrukturen geführt, die sich im Kern als „*Beschleunigungsbewegung*" verstehen lassen (Rosa 2005, S. 336). Eine hochproblematische Folge derartiger Entwicklungen sei etwa, dass die politischen Institutionen und Strukturen des öffentlichen Lebens nicht mehr als „gemeinsam geschaffen" wahrgenommen würden. Wenn sich die Menschen in der Spätmoderne „wie Fremde in ihrer Welt fühlen" dann bedeute dies, „dass der politische Anverwandlungsprozess gestört ist, dass die Demokratie als Resonanzsphäre zu verstummen droht." Die fortwährende Veränderung der Lebenswelt im Zuge von Globalisierung, Liberalisierung oder Digitalisierung würde dann als Prozess erfahren, dem man als „ohnmächtiges Opfer" gegenüberstehe. Die Wahrnehmung steigender Zuwanderer- und Asylbewerberzahlen wirke in einer solchen Situation wie ein „Katalysator" für diese Fremdheitserfahrung. Die Folge könne mittlerweile fast überall in Europa beobachtet werden: vielerorts „gewinnen politische Kräfte an Boden, die gezielt von der Entfremdung der Wähler von dem demokratischen Establishment profitieren" (Rosa 20.04.2015).

Jene Prozesse, die vor allem in Ostdeutschland einen anhaltenden Veränderungsdruck aufrecht erhalten und als Ursache politischer Apathie und Entfremdung gelten, wurden im letzten Jahrzehnt auch verstärkt mit einer Ausbreitung wirtschaftlicher Rationalitäts- und Effizienzerwartungen in Verbindung gebracht. Nach Colin Crouch (2013, S. 30) könne insbesondere der Begriff „*Postdemokratie*" dabei helfen, „Situationen zu beschreiben, in denen sich […] Langeweile, Frustration und Desillusionierung breitgemacht haben; in denen die Repräsentanten mächtiger Interessengruppen, die nur für eine kleine Minderheit sprechen, weit aktiver sind als die Mehrheit der Bürger, wenn es darum geht, das politische System für die eigenen Ziele einzuspannen; in denen politische Eliten gelernt haben, die Forderungen der Menschen zu lenken und zu manipulieren; in denen man die Bürger durch Werbekampagnen ‚von oben' dazu überreden muss, überhaupt zur Wahl zu gehen". Die bevorzugte Staatsform in diesem „postdemokratischen Zeitalter" wird oft als „marktkonforme Demokratie" bezeichnet. In ihr habe sich die ausgehöhlte und erodierte Institutionenordnung des alten Repräsentativsystems mit dem gesamtgesellschaftlichen Vorrang marktförmiger Koordinationsmechanismen zu einer Politikform vereint, die unter anderem zur permanenten Behauptung der Alternativlosigkeit politischer Entscheidungen neige. Wie oben gezeigt wurde, greift eine solche politisch-ökonomische Einordnung der bei PEGIDA auf die Straße gebrachten „systemkritischen" Empörung zwar insgesamt zu kurz, gleichwohl liefert der Erklärungszusammenhang des aktuellen Postdemokratie-Diskurses aber einigen Wiedererkennungswert in den auf den PEGIDA-Demonstrationen geäußerten politischen Ohnmachtsgefühlen.[189]

Die Beobachtung einer politischen Entfremdung kann auch stärker in demokratietheoretischer Hinsicht eingeordnet werden. Demnach habe sich die gefühlte Distanz zu den politischen Institutionen, Verfahren und Verantwortungsträgern inzwischen zu einer *Krise der repräsentativen Demokratie* verdichtet. Dies, so Hans Vorländer (2011b, S. 8), mache sich in dreifacher Hinsicht bemerkbar: „Erstens scheint das System der stellvertretenden Entscheidungsbildung zu komplex und intransparent geworden zu sein. Die gewaltenteilige und föderale Organisation des demokratischen Entscheidungssystems, ihre Einbindung in supranationale Organisationen und internationale Governance-Strukturen" habe „zu einer komplexen und zeitintensiven Struktur von Willens- und Entscheidungsbildung" geführt, „die kaum den demokratischen Grundsätzen der Transparenz und der klaren Zurechnung von Verantwortlichkeiten genügt". Zweitens sorge die Globalisierung dafür, dass „die ursprünglich territorial gebundene und begründete parlamentarisch-repräsentative Demokratie an Substanz [verliert], während die Gestaltungsmacht transnationaler

---

[189] Eine Verknüpfung derartiger Argumente mit der Theorie eines „sekundären Autoritarismus" nach Decker et al. (2015, S. 29 ff.) wird etwa bei Nachtwey (2015, S. 86 ff.) zur Erklärung von PEGIDA herangezogen.

## 7.3 Einstellungen zu Politik, Medien und Demokratie

Politik ohne direkte demokratische Legitimation anwächst". Drittens habe sich der öffentliche Raum politischer Meinungs- und Willensbildungsprozesse den neuen Bedürfnissen einer „Mediendemokratie" angepasst, in der die Komplexität des Politischen durch eine „Dramaturgie des Visuellen" unterlaufen werde. Was sich darin nicht angemessen inszenieren lasse, so Vorländer, entgehe dem Wahrnehmungshorizont des Bürgers. Die aus diesen drei Entwicklungen insgesamt hervorgehende „Entkoppelung von Demokratie als repräsentativem politischen Entscheidungssystem und Demokratie als gesellschaftlicher Lebensform" könnte nun auch die große Dynamik der Mobilisierung bei PEGIDA teilweise erklären.

Nicht umsonst wurde auf den Dresdner Demonstrationen die Klage über die eigene Machtlosigkeit mit einer scharfen Kritik an den politischen Repräsentations- und den medialen Meinungseliten kombiniert. Das hier auf den Straßen womöglich sichtbar gewordene Vertrauensproblem repräsentativer Strukturen könnte durch spezifische Entwicklungen des deutschen Parteiensystems zusätzlich verstärkt worden sein. Demnach könnte die starke inhaltliche Fixierung der großen politischen Parteien auf die „Mitte" des politischen Spektrums im letzten Jahrzehnt sowie die Tatsache, „dass sich Deutschlands durchschnittlicher Medien-, Politiker- und Elitendiskurs im Vergleich zur realen Meinungsverteilung der Bevölkerung" nach links verschoben hat[190], insbesondere auf der rechten Seite des politischen Meinungsspektrums, jenseits von CDU/CSU, ein verbreitetes *Gefühl mangelnder Repräsentation* der eigenen politischen Orientierungen verursacht haben. In der Konsequenz liege dort mittlerweile ein erhebliches Wählerpotential brach und sei durch Parteien wie die AfD oder Bewegungen wie PEGIDA leicht abholbar.[191]

Die Feststellung, dass die politischen Institutionen und Strukturen des öffentlichen Lebens von vielen PEGIDA-Anhängern nicht als „die eigenen" wahrgenommen werden, könnte jedoch auch mit den langfristigen *Folgen der Transformation nach 1989* in einen erklärenden Zusammenhang gestellt werden. Demnach wurde die Demokratisierung in Westdeutschland nach 1945 im kollektiven Gedächtnis der Bevölkerung vor allem deshalb positiv konnotiert, weil sie mit einem enormen ökonomischen Aufschwung verbunden war – eine Erfahrung, die trotz anfänglicher Euphorie 1990 bis heute in weiten Teilen Ostdeutschlands fehlt. Stattdessen verband sich die Demokratie des Grundgesetzes hier „nicht mit dem erhofften ökonomischen Aufschwung und der erträumten Synthese aus D-Mark, Freiheit und sozialer Sicherheit. Im Gegenteil: Arbeitslosigkeit, Angst vor und Erfahrungen mit

---

190 Vgl. hierzu etwa eine Studie im Auftrag des Deutschen Journalisten Fachverbandes (DFJV), nach der rund ein Drittel der befragten Politikjournalisten angaben, politisch der Partei Bündnis90/Die Grünen nahezustehen (Berghofer und Lünenborg 2010, S. 13).
191 Zu dieser Theorie einer „Repräsentationslücke" vgl. Patzelt (21.01.2015; 2015b, S. 99).

sozialem Abstieg sowie das Gefühl der Entwertung privater Lebensleistungen zu DDR-Zeiten trafen viele ostdeutsche Familien und werden noch immer mit dem neuen Gesellschafts- und Politikmodell unmittelbar verbunden" (Borstel 2012, S. 258 f.). Diese Erfahrungen mit einem „real existierenden Kapitalismus" hat dazu beigetragen, dass die Demokratie im Osten zwar als politische Idee fest verankert ist, aber in ihrer konkreten Ausgestaltung noch immer als „fremd" empfunden wird. Soziale und ökonomische Deprivationserfahrungen, das Empfinden einer „strukturellen Benachteiligung" gegenüber den Westdeutschen sowie das Gefühl der Geringschätzung eigener biografischer Leistungen – all das dürfte in einer Tiefenstruktur auch zur großen Resonanz auf die PEGIDA-Protestaufrufe im Winter 2014/2015 beigetragen haben.

Die bei den PEGIDA-Demonstrationen mit verunglimpfenden Parolen wie „Lügenpresse", „Journalistenpack" oder „Volksverräter" zum Ausdruck gebrachte Elitenfeindlichkeit scheint allerdings weiterhin erklärungsbedürftig zu sein. In diesem Zusammenhang könnte die Überlegung wichtig sein, dass sich die Bewertung politischer Institutionen auch über die in ihnen wirkenden, sie ausfüllenden und repräsentierenden Personen vollzieht. Für den soziokulturellen Kontext der PEGIDA-Demonstrationen scheint dann auch von Bedeutung, dass gerade in Sachsen diese *politische, mediale und kulturelle Elite nach 1990* zu einem wesentlichen Teil von zugezogenen Westdeutschen gestellt wurde. Dies betrifft – zum Teil bis heute – nicht nur die Chefetagen wichtiger Unternehmen, sondern auch zahlreiche Schlüsselpositionen in Behörden und Ministerien bis hin zu den Chefredaktionen der Printmedien. Zwar hat hier mittlerweile ein Generationswechsel stattgefunden, doch konnte sich nach 1990 in der Bevölkerung der Eindruck verfestigen, die von den alten Bundesländern übernommenen Institutionen seien eben nicht die „eigenen", die Spielregeln des demokratischen Prozesses nicht die „selbst geschaffenen". Stattdessen würden sie im Wesentlichen durch Personen bestimmt, die typisch westdeutsche Sozialisierungen vorlebten.[192]

---

[192] Geiges, Marg und Walter (2015, S. 187 f.) sprechen hier gar von „Importeliten aus dem Westen", die nach 1989 – „nicht selten herrisch und arrogant im Auftritt" – aus den eigenen „privilegierten Lebenszusammenhängen von im Zeitverlauf ungefährdeter Bildungsbürgerlichkeit und politischer Administrationsprofessionalität" nur selten einen Sinn für die enormen sozialen, ökonomischen und biographischen Anpassungsleistungen der ostdeutschen Bevölkerung entwickelt hätten. Nun, da im Angesicht neuer demographischer Wanderungsbewegungen die mühselig erworbenen Saturiertheiten und Routinen für Viele erneut in Gefahr scheinen, hätte der Versuch einer politischen Artikulation dieser Empfindungen nur dazu geführt, dass man von den gleichen Eliten „als Menschen abgekanzelt [werde], die nichts von Demokratie, Weltoffenheit, kosmopolitischer Toleranz, global-kultureller Integrationsfreude verstünden". In ähnlicher Weise ziehen auch Patzelt und Klose (11.05.2015) politisch-kulturelle Demü-

## 7.3 Einstellungen zu Politik, Medien und Demokratie

Dies erscheint zunächst nicht weiter problematisch, auf der anderen Seite aber wurde in den Befragungen und Interviews mit Dresdner PEGIDA-Teilnehmern immer wieder deutlich, dass die bei PEGIDA artikulierten elitenfeindlichen Ressentiments zum Teil eine klare Zielrichtung aufwiesen: Sie wendeten sich nicht zuletzt gegen die (ost- wie westdeutschen) Repräsentanten jener politisch-kulturellen Einstellungen, deren *typisch westdeutsche* Prägungsmuster von Teilen der ostdeutschen Bevölkerung nach wie vor als „fremd", ihr diskursiver Hegemonieanspruch als Versuch der Errichtung von „Sprechverboten" empfunden wird. Dies schlug sich auch in den Positionspapieren von PEGIDA nieder. So wurde dort eine (mit starken Ressentiments angereicherte) Sicht auf Fragen von Zuwanderungs-, Asyl- und Integrationspolitik artikuliert, die in dieser Art und Weise wohl nur in Ostdeutschland eine breite Resonanz erzeugen konnte. Daneben standen Forderungen nach einer Einstellung der „Kriegstreiberei gegen Russland" sowie einem Ende der „zwanghaften, politisch korrekten Geschlechtsneutralisierung unserer Sprache" – Forderungen, deren Popularität wohl ebenfalls mit typisch ostdeutschen Sozialisierungsmustern zusammenhängen.[193]

Mit derartigen Meinungs- und Einstellungsunterschieden ist zugleich jener tief in *sozialpsychologische Vorurteilsstrukturen* eingelagerte Reizpunkt angesprochen, der das Zusammenleben von Ost- und Westdeutschen in Teilen der neuen Bundesländer auch heute noch prägt und dabei die gegenseitige Wahrnehmung bestimmt. Auf der einen Seite: das Gefühl des „Nicht-Ankommen-Könnens" in einem Umfeld, das mit subtilen Formen der Ausgrenzung „nichtetablierter Ortsfremder" operiert – auf der

---

tigungs- und Deprivationserfahrungen nach 1989 zur Erklärung von PEGIDA heran. So habe die friedliche Revolution in eine „gesamtgesellschaftliche Reorganisation von Machtstrukturen" gemündet, die aus der Sicht vieler Ostdeutscher „mit klaren Verlusten verbunden war". Aufgrund eines „umfassenden Elitenwechsels" sowie einer „schwierigen Einpassung ostdeutscher Biographien in westdeutsche Bewährungs- und Aufstiegsschemata" wurde letztlich eine ganze Generation „über einen langen Zeitraum von herausragender wirtschaftlicher, gesellschaftlicher und politischer Gestaltungsmacht ausgeschlossen" – was etwa erklären könnte, warum bei PEGIDA trotz relativen materiellen Wohlstandes immer wieder eine regelrechte „Kündigung gegenüber dem politischen System" registriert wurde (Patzelt und Klose 11.05.2015).

193 Vgl. PEGIDAs „19 Punkte" sowie die „Dresdner Thesen". Zur Schilderung empfundener Sprechverbote unter den PEGIDA-Teilnehmern vgl. Vorländer, Herold und Schäller (2015, S. 68). Gerade die Kritik am sog. *Gender Mainstreaming* verweist auf eine, nicht zuletzt durch die DDR-Erfahrung geprägte Sicht auf Emanzipation – eine Sicht, die sich vor allem am Bild der berufstätigen Mutter (bei ganztägigen Kinderbetreuungsangeboten bereits im Krippenalter) orientiert, und eher wenig mit der (v. a. durch die Erfahrungen der westdeutschen Emanzipationsbewegung seit den 1960er Jahren geprägten) Überzeugung anzufangen weiß, dass sich die Gleichstellung der Geschlechter gerade in einem zu verändernden Sprach- und Schriftgebrauch manifestieren müsse.

anderen Seite: die Wahrnehmung eines ewig belehrenden Überlegenheitsgestus der Gegenseite, verbunden mit der ansatzlosen Unterstellung einer gesamtdeutschen Normalität genuin westdeutscher Erinnerungsorte, Geschichtsbilder, Bewertungsmaßstäbe und Diskursregeln.[194]

Entlang dieser Vorurteilsmuster kann gerade in Dresden seit Jahren eine immer wiederkehrende Spaltung der Bürgerschaft beobachtet werden, die sich an (auch städtebaulichen) Sachfragen[195] ideologisch auflädt und sich mittlerweile in regelrechten Milieustrukturen verfestigt hat. Ihre Frontverläufe wurden mit Blick auf die PEGIDA-Demonstrationen weiter vertieft. Auf der Seite der PEGIDA-Unterstützer: zumeist ältere, berufstätige, politisch eher rechts stehend Ostdeutsche, die auf „Etabliertenvorrechte" verweisen – auf der anderen Seite, bei den Gegendemonstranten: eher jüngere, zumeist im akademischen Umfeld verwurzelte, politisch eher nach links tendierende Personen, die sich zu einem erheblichen Teil aus Zugezogenen rekrutieren.[196] Verbunden mit empfundener politischer Machtlosigkeit und sozioökonomischen Abstiegsängsten sind die bei PEGIDA zum Ausdruck gebrachten Ressentiments gegen die politische und meinungsbildende Elite auch in den Kontext derartiger politisch-kultureller Konfliktlinien zu stellen.[197] Die bei PEGIDA artikulierte Kritik richtete sich dabei aber auch gegen jene ostdeutschen Politiker, die sich – in ihrer Beurteilung politischer Streitfragen, aber auch in ihrer Beurteilung von PEGIDA selbst – als ähnlich „angepasst" erwiesen haben wie ihre westdeutschen Kollegen. Insbesondere mit Merkel, Gauck, Tillich und anderen war die diffuse Hoffnung verbunden worden, dass sich durch ihr politisches Handeln

---

194 Vor dem Hintergrund dieser Ost-West-Befindlichkeiten scheinen viele Episoden des Dresdner „PEGIDA-Winters" 2014/2015 erklärbar – so etwa die Entrüstung, mit der auf die „lagerübergreifende" Einladung des Organisators der gegen PEGIDA gerichteten Konzertveranstaltung „Dresden – place to be" vom 26.01.2015 in Teilen der Dresdner Bevölkerung reagiert wurde. Der aus Baden-Württemberg stammende Mediziner Gerhard Ehninger hatte hier in Richtung der PEGIDA-Sympathisanten erklärt, dass alle willkommen seien, „die offen sind und sich belehren lassen" (Bonß 17.01.2015).

195 Vgl. nur die heftigen Auseinandersetzungen um die „Waldschlößchenbrücke" (eröffnet 2013) oder die Bebauung des Dresdner Neumarktes rund um die Frauenkirche.

196 Empirische Befunde über die „NoPegida-Demonstranten" finden sich bei Geiges et al. (2015, S. 71 ff.).

197 Gespräche mit Redaktionsmitgliedern regionaler Medien in und um Dresden deuten darauf hin, dass die Spaltung zwischen PEGIDA-Sympathisanten und PEGIDA-Gegnern auch innerhalb der Redaktionen regionaler Tageszeitungen den beschriebenen Ost-West-Gegensatz abbildeten. Während einheimische Lokalredakteure oft Sympathie für die Dresdner Demonstranten hegten, waren die tonangebenden Ressortleiter, Mantel- und Chefredakteure – überwiegend mit Westdeutschen besetzt – in der Regel stark PEGIDA-kritisch eingestellt.

eine spezifisch ostdeutsche Perspektive, wie immer sie auch aussehen sollte, stärker durchsetzen werde.[198]

Nicht zuletzt anhand derartiger Erwartungs- und Enttäuschungsmuster wurde deutlich, dass sich Teile der ostdeutschen Bevölkerung affektiv nicht im politischen System des Grundgesetzes heimisch fühlen. Als eine Art „List der Vernunft" könnte in dieser Hinsicht paradoxerweise aber gerade PEGIDA einen Beitrag der Aneignung geleistet haben, weil die Menschen, die zu PEGIDA kamen, nunmehr, und zwar als empörtes und protestierendes Kollektiv, Gehör, Aufmerksamkeit und Anerkennung fanden.

---

198 So tauchte zu Beginn des Jahres 2015 auf den Demonstrationen wiederholt ein Schild auf, auf dem zu lesen war: „Oh Angela, kein Ossi hat uns so enttäuscht wie du – doch: der Joachim" (12.01.2015). Um die Jahreswende hatten sowohl die Bundeskanzlerin wie auch der Bundespräsident Organisatoren wie Teilnehmer von PEGIDA scharf kritisiert.

# Zusammenfassung 8

Was ist PEGIDA, warum hat die Bewegung eine so große Aufmerksamkeit erfahren, und weshalb war PEGIDA vor allem in Dresden ein so großer Erfolg? Viele Beobachter aus Medien und Wissenschaft haben versucht, das Phänomen zu erklären und zugleich ihrer politischen Sorge Ausdruck verliehen, dass PEGIDA eine durch und durch rechtsextreme Bewegung sei, die fremdenfeindliche, chauvinistische und rassistische Ressentiments bediene, verstärke und instrumentalisiere. Organisatoren und Teilnehmer taten wenig, um diesen Befürchtungen entgegenzutreten. Zugleich blieb aber die Mehrzahl der Erklärungen zu PEGIDA unbefriedigend und unzureichend, weil sie das äußere Erscheinungsbild – die im Dunkeln marschierenden und auf Kundgebungen martialische Slogans skandierenden Massen – bereits für den Kern der Bewegung nahmen und sowohl die unterschiedlichen Motivationslagen der Teilnehmer wie auch die komplexe Gemengelage ihres Protestes ausblendeten.

## 8.1 Was war, was ist PEGIDA?

PEGIDA war und ist keine einheitliche Bewegung, weder in organisatorischer und personeller noch in motivationaler und programmatischer Hinsicht. Die lokalen oder regionalen Ableger von PEGIDA unterschieden sich in der Zusammensetzung der Protestgruppen, vor allem aber auch in ihrem Erfolg auf der Straße. Die Klammer zwischen den Organisationen bestand in den teils diffusen und kritischen, teils aggressiv artikulierten Ressentiments gegenüber Muslimen, Asylbewerbern und Flüchtlingen, vor allem aber gegenüber den politischen und medialen Eliten der Bundesrepublik. Die Bewegung nahm ihren Ausgang von Dresden. Träger war zunächst ein Kreis von Freunden und Bekannten, die Mobilisierung verlief über Facebook, die große Resonanz in den Medien erzeugte einen Verstärkereffekt. Öffentliche Kritik, mediale Aufmerksamkeit und eine „Jetzt erst recht"-Reaktion der Demonstrierenden ließ die Protestbewegung bis auf ca. 25.000 Teilnehmer anwachsen.

In ihrer Hochphase um die Jahreswende 2014/15 war PEGIDA in Dresden mehrheitlich keine Bewegung von Rechtsextremisten, Islam- und Ausländerfeinden, wie zunächst gemutmaßt wurde. Etwa ein Drittel der Teilnehmer von Kundgebungen und „Abendspaziergängen" ließ diffuse fremdenfeindliche Motive und Einstellungen erkennen. Die Mehrheit übte fundamentale Kritik an Politik, Medien und der konkreten Funktionsweise der praktizierten Demokratie. PEGIDA rekrutierte sich aus der bürgerlichen Mitte Dresdens und Sachsens und ihren fragilen Segmenten. Auffallend in der soziodemographischen Zusammensetzung war der vergleichsweise hohe Anteil von Selbständigen und Angestellten, die starke Beteiligung von Akademikern und – bezogen auf die Einkommensstruktur Sachsens – eine leicht überdurchschnittliche Einkommenssituation. Zugleich ließen die biographischen Hintergründe der Organisatoren vielfach auf ein wechselhaftes, prekäres Berufsleben in verschiedenen Bereichen von Dienstleistung und Kleingewerbe schließen.

Nach ihrer Spaltung konnte PEGIDA in Dresden bis Ende Juli 2015 kaum mehr als zwei- bis dreitausend Teilnehmer mobilisieren. Der Auftritt von Geert Wilders bei ca. 10.000 Zuhörern bildete hier die Ausnahme. Die Kandidatin von PEGIDA bei der Dresdner Oberbürgermeisterwahl konnte im Juni 2015 beim ersten Wahlgang ca. 21.000 Stimmen – 9,6 Prozent – auf sich vereinen. Dieser – relative – Erfolg ließ PEGIDA einen Strategiewechsel ankündigen: Eigene Kandidaten sollten zukünftig bei Wahlen auf kommunaler und Länderebene aufgestellt werden. Einer Zusammenarbeit mit bereits bestehenden Parteien, wie der *Alternative für Deutschland* (AfD), erteilte PEGIDA bisher eine Absage. Zugleich schienen sich Führung und Teilnehmerschaft von PEGIDA weiter zu fragmentieren, einige Mitglieder des ursprünglichen Organisationsteams schlossen sich unterschiedlichen Gruppen an, die auch in neuerlichen Anti-Asylkampagnen in Erscheinung traten. Andere wiederum haben sich ganz zurückgezogen. Nach der Spaltung von PEGIDA musste der verbleibende Rest der Teilnehmerschaft weiter rechts im politischen Spektrum verortet werden. Die Organisatoren versuchten Anschluss an internationale rechte und rechtspopulistische Netzwerke zu finden.

Zentraler Anlass für die Entstehung der PEGIDA-Proteste waren religiös motivierte Gewalttaten des *Islamischen Staates* und kommunale Pläne zur Unterbringung von Asylbewerbern und Flüchtlingen. Damit war ein aktueller Kristallisationspunkt vorhanden, um den herum sich unterschiedliche Empörungsmotive anlagern und mobilisieren ließen. Zum einen konnte an verbreitete und in ganz Deutschland feststellbare nationalistische und ausländerfeindliche Ressentimentstrukturen angeknüpft werden. Zum anderen setzte dieser emotional aufgeladene Katalysator eine scheinbar über lange Zeit aufgestaute Wut über die politischen und medialen

## 8.1 Was war, was ist PEGIDA?

Eliten frei und brachte sie als pauschalisierte und generalisierte Entrüstung zum kollektiven und öffentlichen Ausbruch. Die entsprechenden Emotionen waren dabei weniger sozioökonomisch begründet, als Furcht vor ökonomischer Benachteiligung und sozialem Abstieg, sondern waren als diffuse Ängste vor *kultureller Enteignung*, vor Verlust von Tradition und regionaler bzw. nationaler Identität durch einen – im faktischen Alltagserleben nur wenig bekannten – Islam zu verstehen. Islamkritik und Islamfeindlichkeit stellten für PEGIDA mithin jenen ‚Zündfunken' dar, der die Empörung über eine schlecht kommunizierte und administrierte Asylpolitik und die unmittelbare Betroffenheit im persönlichen Nahbereich ins Grundsätzliche verlagerte und damit Schleusen öffnete, durch die alle Arten von Enttäuschungen und Frustrationen als Schmähungen „der Politik", „der Politiker" oder „der Medien" öffentlich inszeniert werden konnten.

Als Phänomen passt PEGIDA nicht oder nur bedingt in das übliche analytische Schema einer etablierten Protest- und Bewegungsforschung, die sich vorrangig den klassisch ‚guten', sich gelegentlich Formen zivilen Ungehorsams bedienenden Protestbewegungen verschrieben hat. Begriffe wie „Graswurzelbewegung", „soziale Bewegung" oder gar „neue soziale Bewegung" scheiden für PEGIDA entsprechend aus, denn sie sind inhaltlich klar vorgeprägt und werden vor allem für die Bezeichnung der als „progressiv", „aufklärerisch" und „emanzipatorisch" gelten wollenden, themenbezogenen Protestprojekte mit friedens-, gleichstellungs- oder umweltpolitischen Schwerpunktsetzungen bzw. kapitalismuskritischer Stoßrichtung verwendet.[199] Jene Form zivilgesellschaftlich organisierten Protests, der sich erstmalig bei PEGIDA auf den Straßen und Plätzen deutscher Großstädte zeigte, muss vor diesem Hintergrund dann zwangsläufig als „schmutzige Seite der Zivilgesellschaft" gelten[200] – insbesondere weil sich damit die berechtigte Kritik an öffentlich artikulierten Formen von Intoleranz, Nationalpatriotismus und „gruppenbezogener Menschenfeindlichkeit" verband. Diese tatsächlich zum Ausdruck gekommene ‚dunkle Seite' der Demonstrationen des Winters 2014/2015 aber für das Ganze zu nehmen, wird weder dem komplexen Erscheinungsbild noch der Gemengelage gerecht, aus der heraus sich eine kleine Facebook-Gruppe befreundeter Personen binnen weniger Wochen zu einer Massenbewegung entwickeln konnte.

Die hohe Emotionalität, der konfrontative Gestus, der Modus zur Schau gestellter Entrüstung und der erfolgreiche Versuch, kommunikative Macht auf prominenten Plätzen und Straßen zu erzeugen, hat PEGIDA zu einer Protestbewegung neuen Stils, einer *rechtspopulistischen Empörungsbewegung*, werden lassen. Ursprünglich als

---

199 Zur Erforschung derartiger „Protestbewegungen" vgl. Rucht (2011).

200 „PEGIDA – Die schmutzige Seite der Zivilgesellschaft?", so der vollständige Titel des Buches der Göttinger Forschungsgruppe um Franz Walter (vgl. Geiges et al. 2015).

globalisierungskritischer Protest, wie etwa bei *Occupy Wall Street* oder *Indignados*, entstanden und von Intellektuellen, wie Stéphane Hessel (2010), politisch und programmatisch befeuert, um der Vorherrschaft weltweit agierender finanzpolitischer Akteure entgegenzutreten, haben derartige Formen öffentlich artikulierter Empörung, sowohl nach Eigen- wie Fremdzuschreibungen, bisher ausschließlich zum eher linken politischen Lager gerechnet werden können.[201] PEGIDA hat sich ähnlicher Mechanismen und symbolischer Formen bedient, um als Bewegung öffentliche Aufmerksamkeit zu generieren. Dabei spielten die sozialen Medien in der Entstehungs- wie auch in der Hochphase eine entscheidende Rolle, und zwar als virtueller Raum von Kommunikation und Organisation. PEGIDA wurde aber erst in dem Moment zu einer Bewegung, als sie den realen Raum, prominente Straßen und Plätze, öffentlichkeitswirksam zu besetzen wusste. Und weil sie es tat, fand sie zu einer breiten Teilnehmerschaft. Performativer Akt und Konstituierung von PEGIDA als Massenbewegung gingen Hand in Hand. Die öffentliche, montägliche, durch Kundgebung und „Abendspaziergang" strukturierte Veranstaltung etablierte ein Ritual, welches durch regelmäßige Wiederholung den Teilnehmern erst das Gefühl gab, zu einer Gemeinschaft Gleichgesinnter zu gehören. Nur in der öffentlichen Inszenierung lag die Möglichkeit beschlossen, die eigene Ohnmacht überwinden und kommunikative Macht erringen zu können. Dabei ging es nicht um konkreten *issue*-gebundenen Protest, nicht um klare Lösungsvorschläge für konkrete politische Probleme, sondern um die Zurschaustellung von kollektiver Wut und Empörung – einer „Jetzt-reicht's-Stimmung".

Vor diesem Hintergrund können die oben herausgestellten Befunde einer diffusen Islamangst, einer bei vielen Demonstranten festgestellten Mischung aus national- und regionalpatriotischen bis ausländerfeindlichen Orientierungen sowie einer aggressiv gewendeten Unzufriedenheit mit der konkreten Verfasstheit der repräsentativen Demokratie zusammengeführt werden. PEGIDA ist dann als ein erster erfolgreicher, *populistisch* gefasster Mobilisierungsversuch von vorhandenen *ethnozentrischen* Einstellungsmustern zu verstehen, welcher sich gerade nicht auf konkrete politische Anliegen richtete, sondern allgemeine Unzufriedenheit öffentlich artikulierte – eine Bewegung der Empörung.

---

201 Den Stand von Forschung und Literatur zu sozialen und Protest- sowie Empörungsbewegungen haben Kneuer und Richter (2015) vorzüglich aufgearbeitet. Vgl. hierzu auch Castells (2015), der diese Bewegungen als ein Phänomen einer „networked society" versteht.

## 8.2 Was sind tieferliegende Ursachen?

Die tieferliegenden Ursachen von PEGIDA sind dabei in Entwicklungen zu suchen, die seit Jahren beobachtet und beschrieben werden. Auf der einen Seite sind fortschreitende Auflösungserscheinungen des politischen Vorfeldes, der sozialen Infrastruktur der Demokratie, zu verzeichnen. Parteien, Gewerkschaften, Stammtische und Vereine verlieren immer mehr ihren politisch bindenden, organisierenden, aber auch integrierenden Charakter. Die Bereitschaft zu einem verstetigten politischen Engagement nimmt ab, während Ad-hoc-Initiativen und der anonyme Foren-Kommentar im Internet zu neuen Aktivitätsformen avancieren. In der Folge drohen die etablierten Wege und Prozeduren demokratischer Partizipation zunehmend ins Leere zu laufen. Dem gegenüber steht, auf der anderen Seite, ein ähnlich tiefgreifender Wandel der Institutionen der verfassten Demokratie, die sich heute viel stärker an medialen Aufmerksamkeitsmomenten ausrichten und versuchen müssen, im Minutentakt, in ‚Echtzeit' auf aktuelle Entwicklungen zu reagieren. Hier entsteht eine politische Landschaft, die sich wechselseitig immunisiert: Soziale Medien, die prinzipiell ablehnen, was in der verfassten Politik geschieht – die Politik, die sich von den *shitstorms* in der „Netzgemeinde" nicht zu stark beeinflussen lassen darf, um überhaupt noch zu einigermaßen rationalen politischen Entscheidungsfindungsprozessen in der Lage zu sein.

Was am Ende einer solchen Entwicklung stehen könnte, käme einer Art von „funktionaler Elitendemokratie" gleich, einer politischen Ordnung, in der wirtschaftliche Macht und staatlich-administrative Funktioneliten in den nationalen und transnationalen Arenen der Verhandlung und Kompromissfindung politische Entscheidungen entwerfen, sich dabei aber gleichzeitig von dem entfernen, was die Bürger wahrnehmen bzw. was ihnen überhaupt demokratisch-legitimatorisch noch zugerechnet werden kann.[202] Jene Kongruenzsuggestion eines funktionierenden Repräsentationssystems, die bereits bei John Locke und anderen in der Idee des *responsible government* zum Ausdruck kommt, wonach Bürger und repräsentative Politik durch ein Verhältnis des Vertrauens aneinander gebunden sind, geht damit

---

202 Vgl. Vorländer (2011b, 2011c, 2013). Nach Blühdorns (2013) Diagnose einer „simulativen Demokratie" zeichnen sich gegenwärtige demokratische Ordnungen dadurch aus, dass demokratische Normen zwar hoch gehalten und in öffentlichen Diskursen auch immer angemahnt werden, dass sich letztlich aber alle Akteure diesen Normen entziehen. Nicht nur wirtschaftliche und politisch-administrativen Eliten, auch gesellschaftliche Akteure und Bürger seien mittlerweile nicht mehr bereit, die Kosten eines (verstetigten) politischen Engagements zu tragen und lieferten sich stattdessen der Effizienzlogik von Markt und Konsum aus.

verloren – mit kaum absehbaren Folgen für die in komplexen Strukturen, Institutionen und Prozeduren verfasste Demokratie.[203]

Im Ostdeutschland wiederum werden die Folgen dieser aktuellen Metamorphosen des demokratischen Systems durch die Nachwirkungen jener Transformation verstärkt, die in den vergangenen Jahrzehnten bereits einmal die politischen, ökonomischen und gesellschaftlichen Lebensbedingungen nachhaltig verändert haben. Hier sind im Zuge der Friedlichen Revolution von 1989 zum Teil stark vereinfachende Vorstellungen demokratischer Entscheidungsfindungsprozesse, zum Teil aber auch durchaus berechtigte Erwartungen an das neue freiheitlich-demokratische System entstanden, die vor dem Hintergrund gesellschaftlicher und ökonomischer Deprivationserfahrungen mittlerweile ebenso starke politische Enttäuschungsmuster produziert haben. Hinzu kommen die Folgen unvollständiger, zum Teil auch nicht leistbarer Aneignungsprozesse einer gesamtdeutschen politischen Kultur, die – aus Sicht vieler PEGIDA-Demonstranten – noch immer entlang typisch westdeutscher Erinnerungsorte, Erfahrungshorizonte und Interpretationsparadigmen definiert wird und so im politisch-medialen Diskurs der *Berliner Republik* den eigenen, womöglich abweichenden Einschätzungen nur geringen Resonanzraum bietet. Die daraus hervorgehenden kollektiven Entfremdungsgefühle, insbesondere der Verlust der Deutungshoheit über das eigene Leben, werden noch heute als kulturell-kommunikative Enteignung durch eine neue Meinungs- und Politikerelite erfahren und erzeugen eine ressentimentgeladene Elitenfeindlichkeit, die bei PEGIDA in zum Teil aggressiver Form artikuliert wurde. Die Wahrnehmung einer von innen und außen bedroht erscheinenden kulturellen Lebensweise, das Gefühl politischer Ohnmacht sowie die aggressiv gewendete Unzufriedenheit mit der konkreten politisch-medialen Verfasstheit der praktizierten Demokratie sind als wiederkehrende Motivationsbündel bei PEGIDA-Anhängern folglich weniger (wenngleich auch) als Konsequenz nachwirkender DDR-Prägungen zu erklären,

---

203 Weil sich dieses Potential der Enttäuschten und Entfremdeten letztlich aus allen Bereichen des politischen Spektrums rekrutiert, ist gerade zweifelhaft, ob hier eine neue – etwa rechts- oder linkspopulistische – Partei tatsächlich zu einer Reintegration dieser Gruppen in die politischen Meinungsbildungs- und Entscheidungsprozesse der repräsentativen Demokratie beitragen könnte. Diese Ursache von PEGIDA auf das Problem einer bestehenden „Repräsentationslücke" im politischen Spektrum zurückzuführen, scheint deshalb – trotz aller Plausibilität – das eigentliche Problem zu verkürzen – zumal unter den Dresdner Demonstranten die Bereitschaft, sich zu den Zielen irgendeiner politischen Partei zu bekennen, gering ausfiel und sich das Verhältnis von PEGIDA zu etablierten rechten (Protest)Parteien (etwa zur AfD oder zur NPD) wie auch zu eigenen Plänen einer möglichen Parteigründung als kompliziert darstellt. Anders argumentieren hier Patzelt (2015b) sowie Patzelt und Klose (11.05.2015).

sondern müssen vor allem als ein Ausdruck unbewältigter Transformationserfahrungen in der sogenannten Nachwende-Zeit gelten.

## 8.3 Warum Sachsen, warum Dresden?

Die Gründe für den besonderen Erfolg von PEGIDA in Dresden bzw. Sachsen sind nach wie vor unklar und auch mit den vorliegenden Erkenntnissen nur spekulativ zu benennen. Viele Mutmaßungen zu dieser Frage wurden von Journalisten, Wissenschaftlern, politischen Aktivisten und Intellektuellen in den Medien angestellt, einige davon – etwa die Behauptung einer besonders ausgeprägten Ausländerfeindlichkeit in Dresden bzw. Sachsen oder die Vermutung eines Zusammenhangs mit der Qualität der politischen Bildungsarbeit in Sachsen – können auf der Basis empirischer Befunde zumindest in Teilen widerlegt werden.[204] Jenseits dieser mehr oder weniger plausiblen Erklärungsangebote sind bei der Frage nach möglichen lokalen und regionalen Besonderheiten der Entstehung von PEGIDA vor allem zwei politisch-kulturelle Erklärungszusammenhänge für Dresden bzw. Sachsen in den Vordergrund zu stellen.

Zum einen lässt sich für *Sachsen* eine politische Deutungskultur und Mentalität konstatieren, die sich durch ein starkes Selbst- und Traditionsbewusstsein auszeichnet. Ihre Orientierungspunkte werden etwa aus einer langen Geschichte politischer Eigenständigkeit, einer Tradition sächsischen ‚Glanzes' von Kunst und (höfischer) Prachtentfaltung sowie dem ‚Erfindergeist' seiner Ingenieure gewonnen. Ein auf dieser Grundlage gedeihender starker ‚landsmannschaftlicher Zusammenhalt' bringt eine besondere Tendenz zu kollektiver Selbstbezogenheit und Eigensinn hervor. Auch unter dem DDR-Regime gelang es, diese Identität weiter zu pflegen, was gerade bei vielen Sachsen die Aufrechterhaltung einer gewissen inneren Distanz

---

204 In vielen Diskussionen wurde PEGIDA in den Zusammenhang mit einer – von der seit 1990 regierenden CDU zu verantwortenden – mutmaßlich mangelhaften Qualität politischer Aufklärungs- und Bildungsarbeit in Sachsen gestellt. Auf der Grundlage vorliegender Befunde dürfte diesem Argument aber eher eine geringe Erklärungskraft zukommen. Wissen über die Funktionszusammenhänge der freiheitlich demokratischen Grundordnung schien bei den meisten Dresdner Demonstranten durchaus vorhanden, seiner emotionalen und affektiven Aneignung stand aber vielfach das Gefühl entgegen, dass es sich bei dem aus dem bundesrepublikanischen Westen ‚importierten' politischen System nicht um das ‚eigene' handelt. Ob die hier notwendigen nachträglichen politischen Identifikations- und Anverwandlungsleistungen durch politische Bildungsarbeit überhaupt erbracht werden können, ist zu bezweifeln, zumal es sich bei den entsprechenden PEGIDA-Alterskohorten vor allem um ‚zornige alte Männer' handelt.

zu den sozialistischen Machthabern begünstigte. Durch die 1989 aus eigener Kraft erreichte politische Selbstbestimmung wurde dieses Empfinden schließlich weiter gestärkt und in den schwierigen Jahren des sozioökonomischen Umbruchs nach 1990 durch eine (ausnahmslos CDU-geführte) Politik der sächsischen Selbstbehauptung und des bewusst zur Schau gestellten Stolzes auf die eigene Vorreiterrolle in der ökonomischen, gesellschaftlichen und kulturellen Entwicklung in Ostdeutschland weiter befördert. Die offensichtliche Bereitschaft zur kollektiven, auch öffentlichen Artikulation von (im Vergleich mit anderen Bundesländern eher durchschnittlich verbreiteten) feindlichen Einstellungen gegenüber „Fremden", die in mehreren Studien bei ca. einem Drittel der PEGIDA-Demonstrationsteilnehmer festgestellt werden konnte, aber auch die öffentliche Zurschaustellung eigener Ressentiments gegenüber einer als „fremd" empfundenen politischen und medialen Elite könnte in diesem Zusammenhang als Ausweis eines besonders unverhohlen gepflegten *ethnokulturellen Zentrismus* interpretiert werden – eine Art *„sächsischer Chauvinismus"*, der mit der Selbstüberhöhung der eigenen Gruppe und einer starken Setzung von „Etabliertenvorrechten" einhergeht.[205]

Zum anderen stellt *Dresden* selbst eine medial eindrucksvolle Kulisse für Demonstrationen jeglicher Art dar. Im Zuge der alljährlich, am Gedenktag des 13. Februar, rituell memorierten historischen Zerstörung der „barocken" Stadt durch „anglo-amerikanische Bomberverbände"[206] hatte Dresden bereits vor PEGIDA regelmäßig als Bühne für die Aufmärsche einer europaweit mobilisierten Neonaziszene gedient. Zugleich hat die Stadtbürgerschaft über Jahrzehnte ein Narrativ aufrechterhalten, welches Dresden als stetes Opfer unverschuldeter Umstände beschrieb. Damit konnte einerseits die nationalsozialistische Vergangenheit der Stadt beschwiegen, zum anderen eine nostalgische Vision der Wiederherstellung vergangener städtebaulicher Schönheit erdacht werden. Mit dieser sich selbst vergewissernden Erzählung wussten sich Teile des Dresdner Bildungsbürgertums zwar gegen manche Zumutungen des SED-Regimes zu immunisieren, zugleich

---

205 Geprägt durch ähnliche historische Erfahrungen – wie die neuerliche Wiedererlangung politischer Selbstbestimmung, die anhaltenden Spätfolgen der sozioökonomischen Transformation oder die mangelnde Erfahrung mit (muslimischer) Zuwanderung – scheinen vergleichbare Einstellungsmuster eines ethnokulturellen Zentrismus in vielen der ehemals sozialistisch regierten Staaten Mitte- und Osteuropas politisch wirkungsmächtig zu sein, so etwa in Polen, Tschechien, Ungarn oder den baltischen Ländern. Dies zeigt sich aktuell angesichts völlig unterschiedlicher Einschätzungen in der europäischen Flüchtlingspolitik.

206 So eine aus der DDR-Zeit stammende, noch heute prominent platzierte Inschrift am Eingang zu den Porzellansammlungen im Zwinger der Staatlichen Kunstsammlungen Dresden.

sponnen sie sich aber auch in einen, die DDR-Zeit überdauernden Kokon nostalgischer Idealisierungen ein. Aus diesen prägenden Konstellationen resultiert ein – für Dresden typischer – deutungskultureller Konservatismus, der sich der Hervorhebung und Bewahrung eigener Kultur, Tradition und Identität verpflichtet sieht, der zugleich aber auch starke Abwehrreflexe gegen vermeintliche Gefahren oder Bedrohungen dieser „Heile-Welt-Nostalgien" produziert. Gerade die aktuellen Folgen von Globalisierung, islamistischem Terror und großen Migrations- und Flüchtlingsbewegungen werden hier als unmittelbare Bedrohungsszenarien interpretiert – als Bedrohungen eines nach den tiefgreifenden erwerbsbiographischen, sozioökonomischen und demographischen Umbrüchen der vergangenen Jahrzehnte gerade erst wieder erreichten Zustandes von Normalität, Stabilität und Sekurität.

## 8.4 Welche Folgen hat PEGIDA?

Die mittel- bis langfristigen Konsequenzen von PEGIDA sind nicht absehbar. Die Bewegung könnte als „Provinzposse" oder „Eintagsfliege" bald wieder vergessen sein, sie könnte aber ebenso in einigen Jahren als Vorbote kommender politisch-kultureller Cleavages und Deutungskämpfe gelten. Für die letztere Möglichkeit spricht, dass die bei PEGIDA sichtbar gewordenen Ressentimentstrukturen auch nach PEGIDA weiter bestehen werden und politisch wirksam, vor allem auch instrumentalisierbar bleiben dürften. Grundsätzlich ist die Rolle einer populistisch aufgeladenen Empörungsbewegung in einer demokratischen Ordnung als zwiespältig zu beurteilen. Eine Empörungsbewegung kann als Gefahr für die Demokratie oder bereits als Symptom ihrer Degeneration interpretiert werden, da die Bewegung in einem pathologischen Verhältnis zur demokratischen Ordnung steht. Sie kann aber auch als Aufforderung an die Demokratie verstanden werden, ihr politisches Versprechen popularer Teilhabe einzulösen.

Auf der einen Seite scheint sich die Entstehung eines immer größer werdenden Potentials politisch Enttäuschter abzuzeichnen: die sich von den Parteien, ihren Repräsentanten sowie von den politisch-administrativen Eliten entfremdet Fühlenden – ein Potential, das sich einerseits im wachsenden Bereich der Nichtwählerschaft wiederfindet, andererseits aber in den sozialen Medien sowie von Zeit zu Zeit auch in politischen Ad-hoc-Initiativen die Chance der öffentlichen Artikulation ihrer Unzufriedenheit ergreift. Dieses vor allem „rechts der Mitte" zu verortende Potential dürfte auch nach einem Niedergang der *Patriotischen Europäer* durch stärker ideologisierte Bewegungen oder charismatische „Volkstribunen" jederzeit politisch abrufbar sein. Insbesondere die seit Juli 2015 endgültig zu einer stark rechts-konservativen Ausrichtung tendierende AfD plant mit ihrem neuen Selbstverständnis als „PEGIDA-Partei" dieses politische Feld zukünftig stärker zu bestellen, eine sich womöglich abzeichnende eigene PEGIDA-Parteigründung käme dafür ebenso infrage. Wie in vielen anderen europäischen Ländern, in denen sich rechtspopulistische Parteien bereits seit Jahren dauerhaft in den Parlamenten etabliert haben, könnte Deutschland hier eine ähnliche Entwicklung bevorstehen.[207] Darüber hinaus lässt sich bereits jetzt konstatieren, dass PEGIDA zu einer Veränderung des politischen Diskursklimas beigetragen hat. Insbesondere in den sozialen Netzwerken muss eine erschreckende „Normalisierung" ungehemmter fremdenfeindlicher Äußerungen und aggressiver Elitenschmähungen festgestellt werden. Auch dass die PEGIDA-Demonstrationen insbesondere in Sachsen mittelbar zu einer sprunghaften Zunahme gewalttätiger Übergriffe auf Asylbewerberheime im ersten Halbjahr 2015 beigetragen haben, ist kaum von der Hand zu weisen.[208] PEGIDA hat, ob sie es wollte oder nicht, zu einer diskursiven und politischen Enthemmung geführt; was Thilo Sarrazin in den Talkshows, hat PEGIDA auf der Straße bewirkt.

Auf der anderen Seite könnte PEGIDA im Rückblick aber auch eine Rolle zufallen, die in der Populismusforschung als „Frischzellenkur der Demokratie" beschrieben wird. In diesem Falle wären die Demonstrationen vom Winter 2014/2015 eine Chance, „apathische, passive Bevölkerungsschichten politisch zu aktivieren – wenn auch um den Preis der Mobilisierung von Wut, Empörung und anderen ‚Leidenschaften'."[209] Die in einer solchen Situation aufbrandenden Empörungswellen wären dann als ein Moment unmittelbarer Demokratie zu verstehen, das repräsentative Strukturen belebt, einer erstarrten Demokratie wieder neues Leben einhaucht, für die Inklusion sich ausgeschlossen fühlender Gruppen sorgt, eine höhere Responsivität der politischen Eliten erzwingt und schließlich womöglich

---

207 Dass dies in Deutschland bisher nicht der Fall war, wird – unter anderem – immer wieder auf „Defizite der Rechtsparteien", die Besonderheit der politischen Kultur Deutschlands sowie eine hohe Integrationskraft der etablierten Parteien zurückgeführt (Klein und Heitmeyer 2012, S 95).

208 Im Nachgang einer gewalttätigen Protestaktion der sächsischen NPD gegen eine kurzfristig errichtete Zeltstadt zur Unterbringung von Asylbewerbern in Dresden schrieb die Süddeutsche Zeitung, dass sich hier bald „eine Art arbeitsteilige Koexistenz" zwischen der NPD und PEGIDA entwickeln könnte, „ganz gleich, ob jemand und wer diese aktiv vorantreibt: Pegida ist weiterhin für das Wort zuständig, die NPD sammelt jene ein, denen die Tat näher ist" (Pollmer 26.07.2015). Zum Verhältnis von PEGIDA und NPD vgl. Kapitel 4.5.

209 Priester (2012, S. 6), vgl. auch Canovan (1981). Zum Folgenden Vorländer (2011a, S. 187 ff).

## 8.4 Welche Folgen hat PEGIDA?

gar breite und nachhaltige neue Konsensbildungen auf umstrittenen Politikfeldern einleitet. Doch ob die mit den Protesten ausgelöste Politisierung tatsächlich Effekte in diese Richtung zeitigt, muss stark bezweifelt werden. Vielmehr scheint PEGIDA der Auftakt für eine dauerhafte rechtspopulistische Empörungsbewegung zu sein.

# Abbildungsverzeichnis

Abb. 2.1  Die Teilnehmerzahlen bei PEGIDA und bei den jeweils parallel stattfindenden Gegendemonstrationen in Dresden im Zeitverlauf ............................................... 8
Abb. 2.2  „PEGIDA-Abendspaziergang" am Dresdner Terrassenufer am 01.12.2014 ............................................... 9
Abb. 2.3  Mitglieder des Organisationsteams an der Spitze des Demonstrationszuges vom 01.12.2014 in Dresden ............... 11
Abb. 2.4  Die Organisatoren von PEGIDA in Dresden .................... 12
Abb. 2.5  PEGIDA-Kundgebung am 15.12.2014 in Dresden ............... 15
Abb. 3.1  Dialogforum der Sächsischen Staatskanzlei „Miteinander in Sachsen" am 10.03.2015 im Dresdner Albertinum ............... 29
Abb. 4.1  Lutz Bachmann spricht vor den Dresdner PEGIDA-Teilnehmern am 02.03.2015 in Dresden ..................................... 32
Abb. 5.1  PEGIDA-Kundgebung vor der Semperoper in Dresden am 25.01.2015 ................................................... 48
Abb. 5.2  Teilnehmer des PEGIDA-Demonstrationszuges in Dresden am 15.12.2014 ................................................... 50
Abb. 5.3  Geert Wilders bei PEGIDA am 13.04.2015 in der Dresdner ‚Flutrinne' ................................................... 52
Abb. 6.1  Überblick: Empirische Untersuchungen zu PEGIDA in Dresden .. 56
Abb. 6.2  Die PEGIDA-Demonstranten in Dresden: Soziodemographische Merkmale ................................................... 58
Abb. 6.3  Befunde zur Berufsgruppe der Dresdner PEGIDA-Demonstranten ............................................... 59
Abb. 6.4  Befunde zum Bildungsgrad der Dresdner PEGIDA-Demonstranten ............................................... 60

| | | |
|---|---|---|
| Abb. 6.5 | Befunde zum Einkommen der Dresdner PEGIDA-Demonstranten | 61 |
| Abb. 6.6 | Befunde zum Wahlverhalten der Dresdner PEGIDA-Demonstranten | 63 |
| Abb. 6.7 | Befunde zur Parteiverbundenheit der Dresdner PEGIDA-Demonstranten | 64 |
| Abb. 6.8 | Befunde zur politischen Selbstverortung der Dresdner PEGIDA-Demonstranten | 65 |
| Abb. 6.9 | Befunde zur Motivation der Dresdner PEGIDA-Demonstranten | 66 |
| Abb. 6.10 | Befunde zur Motivation der Dresdner PEGIDA-Demonstranten | 67 |
| Abb. 7.1 | Islamfeindliche und islamkritische Einstellungen im Ost/West-Vergleich | 74 |
| Abb. 7.2 | Thematisierung des Islams bei der Begründung der Teilnahme an PEGIDA | 77 |
| Abb. 7.3 | Islamfeindlichkeit in Deutschland und unter Dresdner PEGIDA-Demonstranten im Vergleich | 78 |
| Abb. 7.4 | Gehört der Islam zu Deutschland? | 79 |
| Abb. 7.5 | Manifest rechtsextreme Einstellungsmuster in Deutschland 2014 | 82 |
| Abb. 7.6 | Die manifest rechtsextreme Einstellung im Zeitverlauf 2002-2014 | 83 |
| Abb. 7.7 | Rechtsextreme Einstellungsmuster in Deutschland und unter Dresdner PEGIDA-Demonstranten im Vergleich | 85 |
| Abb. 7.8 | Mittlere Zustimmung zu ausländerfeindlichen Aussagen in Deutschland (Allbus 2000-2012) | 87 |
| Abb. 7.9 | Zustimmungswerte zu ausländerfeindlichen Aussagen nach Bundesland | 88 |
| Abb. 7.10 | Ausländerfeindliche Einstellungen in Dresden, Düsseldorf und Hamburg im Vergleich | 89 |
| Abb. 7.11 | Abwertung von Asylbewerbern in Deutschland und unter Dresdner PEGIDA-Demonstranten im Vergleich | 90 |
| Abb. 7.12 | Ausländerfeindliche Ressentiments unter Dresdner PEGIDA-Demonstranten | 92 |
| Abb. 7.13 | Zustimmungsraten unter Dresdner PEGIDA-Demonstranten zu Aussagen zum Thema „Zuwanderung und Asyl" | 93 |
| Abb. 7.14 | Zustimmung unter Dresdner PEGIDA-Demonstranten zu Aussagen zum Thema „Patriotismus" | 95 |

# Abbildungsverzeichnis

| | | |
|---|---|---|
| **Abb. 7.15** | Zustimmung zu Ethnozentrismus und NS-Ideologie in der Thüringer Bevölkerung 2001-2014 in Prozent | 97 |
| **Abb. 7.16** | Zustimmung zu Aussagen in den Bereichen „Ausländerfeindlichkeit" und „Nationalismus/Chauvinismus" nach Bundesland | 99 |
| **Abb. 7.17** | Zustimmung zu Aussagen aus den Bereichen „Antisemitismus", „Verharmlosung des Nationalsozialismus", „Befürwortung einer rechtsautoritären Diktatur" und „Sozialdarwinismus" nach Bundesland | 100 |
| **Abb. 7.18** | Unterstützung der Demokratie Ost/West | 107 |
| **Abb. 7.19** | Zufriedenheit mit der Demokratie unter Dresdner PEGIDA-Demonstranten | 108 |
| **Abb. 7.20** | Präferenzen für direkte und repräsentative Demokratiemodelle in Ost- und Westdeutschland | 110 |
| **Abb. 7.21** | Kritik an Medien und öffentlichem Diskurs unter Dresdner PEGIDA-Demonstranten nach Einkommensgruppe | 112 |
| **Abb. 7.22** | Kritik an Medien und öffentlichem Diskurs unter Dresdner PEGIDA-Demonstranten nach Bildungsabschluss | 113 |
| **Abb. 7.23** | Politisches Entfremdungsempfinden unter Dresdner PEGIDA-Demonstranten | 115 |
| **Abb. 7.24** | Politisches Entfremdungsempfinden unter Dresdner PEGIDA-Demonstranten nach Altersgruppe | 117 |
| **Abb. 7.25** | Politisches Entfremdungsempfinden unter Dresdner PEGIDA-Demonstranten nach Einkommensgruppe | 118 |
| **Abb. 7.26** | Politikkritik und Ressentiments im Bereich Zuwanderungs-, Integrations- und Asylpolitik unter Dresdner PEGIDA-Demonstranten nach Altersgruppe | 120 |
| **Abb. 7.27** | Politikkritik und Ressentiments im Bereich Zuwanderungs-, Integrations- und Asylpolitik unter Dresdner PEGIDA-Demonstranten nach Einkommensgruppe | 121 |

# Literatur

Altenbockum, J. v. (20.12.2014). Die Verdummung des Abendlands. *Frankfurter Allgemeine Zeitung*: 8.
Altenbockum, J. v. (07.01.2015). Shitstorm gegen Alice Schwarzer. *FAZ.net*. http://www.faz.net/aktuell/pegida-shitstorm-gegen-alice-schwarzer-13357475.html. (Zugriff am 08.06.2015).
Alexe, T. (15.12.2104). „Wieso funktioniert das bei denen?" *Sächsische Zeitung*: 6.
Alexe, T. (16.06.2015). Pegida will in die Parlamente. *Sächsische Zeitung*: 13.
Aly, G. (15.12.2014). Pegida, eine alte Dresdner Eigenheit. *Berliner Zeitung Online*. http://www.berliner-zeitung.de/meinung/kolumne-zur-fremdenangst-in-dresden-pegida--eine-alte-dresdner-eigenheit,10808020,29338774.html. (Zugriff am 08.06.2015).
Amanpour, C. (05.01.2015). German Minister: Don't overestimate ‚PEGIDA' movement. *CNN*. http://edition.cnn.com/videos/tv/2015/01/05/intv-amanpor-thomas-de-maiziere-germany-pegida-anti-islam-protests.cnn. (Zugriff am 08.06.2015).
Amman, M., M. Deggerich, S. Röbel und S. Winter (24.01.2015). Therapie an Tisch 26. *Der Spiegel*: 30.
Anderson, P. (16.01.2015). Verwirrung um angeblichen Meißner Pegida-Sprecher. *Sächsische Zeitung*: 17.
Backes, U. (2001). Gestalt und Bedeutung des intellektuellen Rechtsextremismus in Deutschland. *Aus Politik und Zeitgeschichte 46*: 24-30.
Backes, U. (2013). Rechtsextremismus in der Mitte der Gesellschaft? Paradoxie und triste Banalität eines Gemeinplatzes alarmistischer Zeitdiagnostik. In Landesamt für Verfassungsschutz Sachsen (Hrsg.), *Rechtsextremismus zwischen „Mitte der Gesellschaft" und Gegenkultur. Tagungsband zur Fachtagung des Verfassungsschutzes der Länder Sachsen und Brandenburg am 28. Januar 2013 in Dresden* (S. 29-42). Dresden: Initial Werbung & Verlag.
Barr, R. R. (2009). Populists, Outsiders and Anti-Establishment Politics. *Party Politics 15 (1)*, 29-48.
Barth, R. und J. Lemke (04.12.2014). Pegida-Märsche gefährden Dresdens Ansehen. *Sächsische Zeitung*: 1.
Barthel, L. (25.07.2015). „Irgendwo müssen die Flüchtlinge ja hin". *Sächsische Zeitung*: 17.
Baumann-Hartwig, T., H. Heuer und I. Pleil (26.11.2014). Die Debatte um neue Asylbewerberheime spaltet Dresden und treibt unter dem Schirm von Pegida Tausende auf die Straße. *Dresdner Neueste Nachrichten*: 3.
Baumgärtner, M., et al. (15.12.2014). Neue deutsche Welle. *Der Spiegel*: 23-26.

Bender, J. und E. Lohse (06.07.2015). Flugversuche mit einem Flügel. *Frankfurter Allgemeine Zeitung*: 2.
Berghofer, S. und M. Lünenborg (2010). Politikjournalistinnen und -journalisten. *Aktuelle Befunde zu Merkmalen und Einstellungen vor dem Hintergrund ökonomischer und technologischer Wandlungsprozesse im deutschen Journalismus*. Berlin: Deutscher Fachjournalisten Verband.
Best, H. und A. Salheiser (2012). Thüringen International: Weltoffenheit, Zuwanderung, Akzeptanz. Ergebnisse des Thüringen-Monitors 2012. *Thüringer Staatskanzlei Online*. http://www.thueringen.de/mam/th1/tsk/thueringenmonitor_2012_mit_anhang.pdf. (Zugriff am 08.06.2015).
Best, H. und K. Salomo (2014). Güte und Reichweite der Messung des Rechtsextremismus im Thüringen Monitor 2000-2014. *Thüringer Staatskanzlei Online*. http://www.thueringen.de/mam/th1/tsk/thuringen-monitor_gute_und_reichweite_der_messung_des_rechtsextremismus.pdf. (Zugriff am 08.06.2015).
Best, H., S. Niehoff, A. Salheiser und K. Salomo (2014). Die Thüringer als Europäer. Ergebnisse des Thüringen-Monitors 2014. *Thüringer Staatskanzlei Online*. http://www.thueringen.de/mam/th1/tsk/thuringen-monitor_2014.pdf. (Zugriff am 08.06.2015).
Bielmeier, D. (06.06.2015). Frühstück in Perba. *Sächsische Zeitung*: 7.
Birgel, D. (08.12.2014). Endlich Gegenwind. *Dresdner Neueste Nachrichten*: 1.
Birgel, D. (20.12.2014). Dresden – wo sonst. *Dresdner Neueste Nachrichten*: 18.
Bonß, A. (17.01.2015). 4000 Dresdner sollen zu Konzert für Weltoffenheit kommen. *Sächsische Zeitung*: 15.
Borstel, D. (2012). Rechtsextremismus und Demokratieentwicklung in Ostdeutschland. Eine Zwischenbilanz nach zehn Jahren. In W. Heitmeyer (Hrsg.), *Deutsche Zustände. Folge 10* (S. 246-260). Frankfurt a. M.: Suhrkamp.
Bundesregierung.de (31.12.2014). Neujahrsansprache der Bundeskanzlerin: Stärker zusammenhalten. http://www.bundesregierung.de. (Zugriff am 08.06.2015).
Burger, R. (13.12.2014). Scharfe Kritik an Anti-Islam-Bündnis Pegida. *Frankfurter Allgemeine Zeitung*: 1.
Canovan, Margaret (1981). *Populism*. New York: Harcourt Brace Jovanovich.
Carstens, P. (21.12.2014). Das Abendland ist eine Scheibe. *Frankfurter Allgemeine Sonntagszeitung*: 7.
Castells, M. (2015). *Networks of Outrage and Hope: Social Movements in the Internet Age*. New York: John Wiley & Sons.
Charter, D. (15.12.2014). Germans march on Mondays to oppose rising 'Islamisation'. *The Times Online*. http://www.thetimes.co.uk/tto/news/world/europe/article4297087.ece. (Zugriff am 08.06.2015).
Crolly, H. (16.03.2015). Lutz Bachmann dreht Frankfurter Pegida den Saft ab. *Welt Online*. http://www.welt.de/politik/deutschland/article138465853/Lutz-Bachmann-dreht-Frankfurter-Pegida-den-Saft-ab.html. (Zugriff am 08.06.2015).
Crouch, C. (2013). *Postdemokratie*. Frankfurt a. M.: Suhrkamp.
Decker, O. und E. Brähler (2006). *Vom Rand zur Mitte. Rechtsextreme Einstellungen und Einflussfaktoren in Deutschland*. Berlin: Friedrich-Ebert-Stiftung.
Decker, O. und E. Brähler (2008). *Bewegung in der Mitte. Rechtsextreme Einstellungen in Deutschland mit einem Vergleich von 2002 bis 2008 und der Bundesländer*. Berlin: Friedrich-Ebert-Stiftung.

Decker, O., J. Kiess und E. Brähler (2012). *Die Mitte im Umbruch. Rechtsextreme Einstellungen in Deutschland 2012.* Dietz: Bonn.
Decker, O., J. Kiess und E. Brähler (2013). *Rechtsextremismus der Mitte. Eine sozialpsychologische Gegenwartsdiagnose.* Gießen: Psychosozial-Verlag.
Decker, O., J. Kiess und E. Brähler (2014). Die stabilisierte Mitte. Rechtsextreme Einstellungen in Deutschland 2014. *Universität Leipzig.* http://research.uni-leipzig.de/kredo/Mitte_Leipzig_Internet.pdf. (Zugriff am 08.06.2015).
Decker, O., J. Kiess und E. Brähler (2015). *Rechtsextremismus der Mitte. Eine sozialpsychologische Gegenwartsdiagnose.* Gießen: Psychosozial-Verlag.
Decker, O., M. Weißmann, J. Kiess und E. Brähler (2010). *Die Mitte in der Krise. Rechtsextreme Einstellungen in Deutschland 2010.* Berlin: Friedrich-Ebert-Stiftung.
Detjen, S. (21.12.2014). Tillich: „Organisatoren sind nicht zum Dialog bereit". *Deutschlandfunk.* http://www.deutschlandfunk.de/pegida-proteste-tillich-organisatoren-sind-nicht-zum-dialog.868.de.html?dram:article_id=306804. (Zugriff am 08.06.2015).
Diekmann, A. (2014). *Empirische Sozialforschung. Grundlagen, Methoden, Anwendungen.* Reinbek bei Hamburg: Rowohlt.
Doncel, L. (05.01.2015). La marea islamófoba polariza Alemania. *El País.* http://internacional.elpais.com/internacional/2015/01/05/actualidad/1420489196_231287.html. (Zugriff am 08.06.2015).
Donsbach, W. (23.01.2015). Pressemitteilung: Welche Einstellungen führen zu PEGIDA? *TU Dresden.* http://tu-dresden.de/die_tu_dresden/fakultaeten/philosophische_fakultaet/ikw/news/2015/PM_Pegida_2015_01_23.pdf. (Zugriff am 08.06.2015).
Döring, F. (05.05.2015). Islamkritiker wollen bei Bürgermeisterwahl antreten. *Leipziger Volkszeitung:* 13.
Dörries, B. (05.01.2015). Kölner Dompropst stellt das Licht ab. *Sueddeutsche.de.* http://www.sueddeutsche.de/politik/protest-gegen-pegida-koelner-domprobst-stellt-das-licht-ab-1.2290719. (Zugriff am 08.06.2015).
Dresdner Neueste Nachrichten (04.11.2014). 200 stellten sich gegen Pegida-Demonstranten. *Dresdner Neueste Nachrichten:* 13.
Dresdner Neueste Nachrichten (15.12.2014). Zur Person: Lutz Bachmann. *Dresdner Neueste Nachrichten:* 3.
Eddy, M. (25.01.2015). German Quandary of How to Deal With Anti-Immigration Movement. *The New York Times Online.* http://www.nytimes.com/2015/01/26/world/german-quandary-of-how-to-deal-with-anti-immigration-movement.html. (Zugriff am 08.06.2015).
Eichstädt, S. (13.01.2015). Anti-Islam-Demo: Pegida-Anhänger ignorieren Strategieschwenk ihrer Spitze. *Welt Online.* http://www.welt.de/politik/deutschland/article136303424/Pegida-Anhaenger-ignorieren-Strategieschwenk-ihrer-Spitze.html. (Zugriff am 08.06.2015).
Exner, U. (05.01.2015). „Pegida-Anhänger haben ernst zu nehmende Sorgen". Interview mit Wolfgang Kubicki. *Die Welt:* 5.
Fischer, C. (09.12.2104). Hier zeichnet OB Orosz den PEGIDA-Chef aus. *Bild Online.* http://www.bild.de/regional/dresden/helmaorosz/ob-orosz-zeichnete-pegida-chef-aus-38901524.bild.html. (Zugriff am 08.06.2015).
Frankfurter Allgemeine Zeitung (19.12.2014). Ein Drittel der Westdeutschen teilt Pegida-Positionen. *FAZ.net.* http://www.faz.net/aktuell/politik/inland/pegida-findet-auch-in-westdeutschland-zustimmung-laut-umfrage-13331060.html. (Zugriff am 08.06.2015).

Frankfurter Allgemeine Zeitung (06.01.2015). De Maizière will das Ausland beruhigen. *FAZ. net*. http://www.faz.net/aktuell/politik/inland/pegida-bewegung-in-dresden-de-maiziere-will-das-ausland-beruhigen-13355786.html. (Zugriff am 08.06.2015).

Freie Presse (19.05.2015). Pegida-Kundgebung verläuft friedlich. *Freie Presse*: 10.

Frigelj, K. (13.12.2014). Subtil. Infam. Pegida. *Welt Online*. http://www.welt.de/politik/deutschland/article135316848/Subtil-Infam-Pegida.html. (Zugriff am 08.06.2015).

Fritsche, I., J. Deppe und O. Decker (2013). Außer Kontrolle? Ethnozentrische Reaktionen und gruppenbasierte Kontrolle. In O. Decker, J. Kiess und E. Brähler (Hrsg), *Rechtsextremismus der Mitte. Eine sozialpsychologische Gegenwartsdiagnose*. Gießen: Psychosozial-Verlag.

Fröhlingsdorf, M. (31.01.2015). Ablehnung im Osten deutlich höher. *Der Spiegel* 6: 14.

Gaugele, J. (10.12.2014). Rolle der AfD bei Pegida-Protesten „niederträchtig". *Welt Online*. http://www.welt.de/politik/deutschland/article135200597/Rolle-der-AfD-bei-Pegida-Protesten-niedertraechtig.html. (Zugriff am 08.06.2015).

Geiges L., S. Marg und F. Walter (2015). *PEGIDA. Die schmutzige Seite der Zivilgesellschaft?* Bielefeld: Transcript.

GESIS – Leibniz-Institut für Sozialwissenschaften (2015). *Allgemeine Bevölkerungsumfrage der Sozialwissenschaften ALLBUS 2000-2014*. Köln: GESIS Datenarchiv.

Gierth, M. (28.12.2014). EKD-Chef: Pegida ist „unerträglich". *Deutschlandfunk*. http://www.deutschlandfunk.de/bischof-bedford-strohm-ekd-chef-pegida-ist-unertraeglich.868.de.html?dram:article_id=307267. (Zugriff am 08.06.2015).

Götte, K.-W. (07./08.03.2015). Ideologischer Brückenschlag. *Süddeutsche Zeitung*: R11.

Grau, A., S. Wandschneider und J. Marth (2010). Gruppenbezogenen Menschenfeindlichkeit und bürgerschaftliches Engagement gegen Rechtsextremismus. In W. Heitmeyer (Hrsg.), *Rechtsextreme Strukturen, Gruppenbezogene Menschenfeindlichkeit und bürgerschaftliches Engagement gegen Rechtsextremismus in der Landeshauptstadt Dresden*. Landeshauptstadt Dresden. https://www.dresden.de/de/rathaus/aktuelles/pressemitteilungen/2011/05/pm_097.php. (Zugriff am 08.06.2015).

Haak, S. (15.01.2015). Experte: Sügida war rechtsextreme Demonstration. *Thüringer Allgemeine*: 10.

Hamann, G. (26.06.2015). Wer vertraut uns noch? *Zeit Online*. http://www.zeit.de/2015/26/journalismus-medienkritik-luegenpresse-vertrauen-ukraine-krise. (Zugriff am 08.06.2015).

Hanfeld, M. (22.12.2014). Ich bin Pegida. RTL-Reporter fällt aus der Rolle und verliert den Job. *Frankfurter Allgemeine Zeitung*: 9.

Harder, S. (20.06.2015). Massiver Polizeieinsatz: Randale in Frankfurt bei Protest gegen Pegida-Ableger. *Spiegel Online*. http://www.spiegel.de/politik/deutschland/frankfurt-protest-gegen-pegida-ableger-widerstand-ost-west-a-1039885.html. (Zugriff am 20.06.2015).

Hebel, C. (06.01.2015). Proteste in Dresden: Ministerpräsident Tillich will nicht auf die Pegida-Bühne. *Spiegel Online*. http://www.spiegel.de/politik/deutschland/pegida-in-dresden-stanislaw-tillich-lehnt-einladung-ab-a-1011504.html. (Zugriff am 08.06.2015).

Hebel, C. und A. Reimann (16.12.2014). Zitate von Pegida-Demonstranten: Die wirre Welt der Wohlstandsbürger. *Spiegel Online*. http://www.spiegel.de/politik/deutschland/pegida-in-dresden-die-kruden-aussagen-der-demonstranten-a-1008735.html. (Zugriff am 08.06.2015).

Hebel, C. und F. Otto (06.01.2015). Pegida-Demo: Die Trotzigen von Dresden. *Spiegel Online*. http://www.spiegel.de/politik/deutschland/pegida-proteste-die-trotzigen-von-dresden-a-1011394.html. (Zugriff am 08.06.2015).

Heitmeyer, W. (2010). Disparate Entwicklungen in Krisenzeiten, Entsolidarisierung und Gruppenbezogene Menschenfeindlichkeit. In W. Heitmeyer (Hrsg.), *Deutsche Zustände. Folge 9* (S. 13-33). Frankfurt a. M.: Suhrkamp.

Heitmeyer, W. (2011). Deutsche Zustände. Das entsicherte Jahrzehnt. Presseinformation zur Präsentation der Langzeituntersuchung Gruppenbezogene Menschenfeindlichkeit. *Universität Bielefeld.* https://www.uni-bielefeld.de/ikg/Handout_Fassung_Montag_1212.pdf. (Zugriff am 08.06.2015).

Heitmeyer, W. (Hrsg.). (2012a). *Deutsche Zustände. Folge 10.* Frankfurt a. M.: Suhrkamp.

Heitmeyer, W. (2012b). Gruppenbezogene Menschenfeindlichkeit (GMF) in einem entsicherten Jahrzehnt. In W. Heitmeyer (Hrsg.), *Deutsche Zustände. Folge 10.* (S. 15-41). Frankfurt a. M.: Suhrkamp.

Heitmeyer, W. und J. Mansel (2003). Entleerung der Demokratie. Die unübersichtlichen Folgen sind weitreichend. In W. Heitmeyer (Hrsg.), *Deutsche Zustände. Folge 2* (S. 35-60). Frankfurt a. M.: Suhrkamp.

Hermenau, A. (24.01.2015). „Das sind meine Leute". *Die Tageszeitung*: 20.

Hessel, S. (2010) *Indignez-vous!* Montpellier: Indigène éditions; dt.: (2011) *Empört Euch!* Berlin: Ullstein.

Heuer, H. und I. Pleil (24.11.2014). „Weltoffenheit ist keine Einbahnstraße". Interview mit Frank Richter von der Landeszentrale für politische Bildung. *Dresdner Neueste Nachrichten*: 13.

Heute.de (16.01.2016). „Islam gehört zu Deutschland" – Nation gespalten. *ARD.* http://www.heute.de/islam-gehoert-zu-deutschland-nation-gespalten-nur-17-prozent-finden-pegida-gut-36757200.html. (Zugriff am 08.06.2015).

Hoidn-Borchers, A. (04.02.2015). Interview mit Sigmar Gabriel: „Es gibt ein Recht darauf, deutschnational zu sein". *Stern Online.* http://www.stern.de/politik/deutschland/spd-chef-gabriel-im-stern-interview-zu-pegida-es-gibt-ein-recht-darauf-deutschnational-zu-sein-2170989.html. (Zugriff am 08.06.2015).

Holtmann, E., O. W. Gabriel, J. Maier, M. Maier, T. Jaeck und M. Leidecker (2015). Deutschland 2014. 25 Jahre Friedliche Revolution und Deutsche Einheit – Ergebnisse eines Forschungsprojekts. *Bundesministerium für Wirtschaft und Energie.* http://www.bmwi.de/BMWi/Redaktion/PDF/Publikationen/Studien/deutschland-2014-25-jahre-friedliche-revolution-und-deutsche-einheit. (Zugriff am 08.06.2015).

Horkheimer, M. und T. W. Adorno (1952). Vorurteil und Charakter. In R. Tiedemann (Hrsg.), *Theodor W. Adorno – Gesammelte Schriften Bd. 9.2* (S. 360-373). Frankfurt a. M.: Suhrkamp.

Infratest Dimap (2015). ARD-Deutschlandtrend Januar 2015. Eine Umfrage zur politischen Stimmung im Auftrag der ARD-Tagesthemen und der Tageszeitung Die Welt. *Infratest Dimap.* http://www.infratest-dimap.de/fileadmin/_migrated/content_uploads/dt1501_bericht.pdf. (Zugriff am 08.06.2015).

Ionescu, G. und E. Gellner (1969). *Populism: Its Meanings and National Characteristics.* London: Weidenfeld and Nicolson.

Jacobsen, L. (29.01.2015). Wo es brodelt und stinkt. *Zeit Online.* http://www.zeit.de/politik/deutschland/2015-01/pegida-dialog-gefuehlspolitik-essay. (Zugriff am 08.06.2015).

Jesse, E. (2013). Mitte und Extremismus. Eine Kritik an den „Mitte"-Studien einer Leipziger Forschergruppe. In U. Backes, A. Gallus und E. Jesse (Hrsg.), *Jahrbuch Extremismus & Demokratie, Jg. 25* (S. 13-35). Baden-Baden: Nomos.

Joffe, J. (23.12.2014). Rechte raus! *Die Zeit*: 10.

Junge Freiheit (12.12.2014). JF-TV veröffentlicht Film-Dokumentation über Pegida. *Junge Freiheit Online*. https://jungefreiheit.de/sonderthema/2014/jf-tv-veroeffentlicht-film-dokumentation-ueber-pegida. (Zugriff am 08.06.2015).

Kailitz, S. (2004). *Politischer Extremismus in der Bundesrepublik Deutschland: Eine Einführung*. Wiesbaden: VS Verlag für Sozialwissenschaften.

Kammholz, K. (25.01.2015). „Der Islam gehört nicht zu Sachsen". *Welt Online*. http://www.welt.de/politik/deutschland/article136740584/Der-Islam-gehoert-nicht-zu-Sachsen.html. (Zugriff am 08.06.2014).

Keilholz, C. (13.01.2015). Sachsens Innenminister Ulbig über Halbwahrheiten Pegidas und die Herausforderungen für die Polizei. *Dresdner Neueste Nachrichten*: 5.

Kellerhoff, S. F. (20.01.2015). Pegida maßt sich das Erbe des 20. Juli an. *Welt Online*. http://www.welt.de/geschichte/article136523616/Pegida-masst-sich-das-Erbe-des-20-Juli-an.html. (Zugriff am 08.06.2015).

Kern, H. L. und J. Hainmüller (2009). Opium for the Masses: How Foreign Media Can Stabilize Authoritarian Regimes. *Political Analysis 17/4*, 377-399.

Kessler, T. und I. Fritsche (2011). Ethnocentrism. In D. Christie (Hrsg.), *The encyclopaedia of peace psychology* (S. 425-429). Malden: Wiley-Blackwell.

Kiesel, R. (21.01.2015). Schulterschluss zwischen Islamkritikern und NPD. *Nordkurier*: 5.

Klaubert, D. (22.01.2015). Das sind die Köpfe hinter Legida. *FAZ.net*. http://www.faz.net/aktuell/politik/inland/leipzig-das-sind-die-koepfe-hinter-legida-13384814.html. (Zugriff am 08.06.2015).

Klein, A. und W. Heitmeyer (2012). Demokratie auf dem rechten Weg? Entwicklungen rechtspopulistischer Orientierungen und politischen Verhaltens in den letzten zehn Jahren. In W. Heitmeyer (Hrsg.), *Deutsche Zustände. Folge 10* (S. 87-104). Frankfurt a. M.: Suhrkamp.

Klein, A., B. Küpper und A. Zick (2009). Rechtspopulismus im vereinigten Deutschland als Ergebnis von Benachteiligungsgefühlen und Demokratiekritik. In W. Heitmeyer (Hrsg.), *Deutsche Zustände. Folge 7* (S. 93-112). Frankfurt a. M.: Suhrkamp.

Knaack, B. (08.10.2014). Kurden gegen Salafisten in Hamburg: Die Chaos-Nacht von St. Georg. *Spiegel Online*. http://www.spiegel.de/politik/deutschland/hamburger-steindamm-randale-zwischen-kurden-und-salafisten-a-996055.html. (Zugriff am 08.06.2015).

Kneuer, M. und S. Richter (2015). *Soziale Medien in Protestbewegungen. Neue Wege für Diskurs, Organisation und Empörung?* Frankfurt a. M.: Campus.

Koall, R. (2015). *Dresden. Ein Winter mit Pegida*. München: Hanser.

Knoche, K. (08.10.2014). Geste der Versöhnung zwischen Eziden und Muslimen in Celle. *Cellesche Zeitung*. http://www.cellesche-zeitung.de/S3392767/Geste-der-Versoehnung-zwischen-Eziden-und-Muslimen-in-Celle. (Zugriff am 08.06.2015).

Koch, A. und M. Blohm (2015). Nonresponse Bias. *GESIS – Leibniz-Institut für Sozialwissenschaften (SDM Survey Guidelines)*. doi:10.15465/sdm-sg_004.

Kochinke, J. (26.11.2014). CDU und SPD in Sachsen richten Lenkungsausschuss ein. Schwarz-Rot will Asyldebatte entschärfen. *Sächsische Zeitung*: 3.

Kochinke, J. (23.01.2015). Nach dem Rücktritt von Bachmann steht Pegida vor einer Zerreißprobe. *Dresdner Neueste Nachrichten*: 4.

Kollenberg, K. (06.05.2015). Pegida Freiberg sagt geplante Demo ab. *Freie Presse*: 9.

Krumrey, H. (13.01.2015). Heiko Maas ist „ein Minister für Schnelljustiz". *Wirtschaftswoche Online*. http://www.wiwo.de/politik/deutschland/afd-politiker-hans-olaf-henkel-heiko-maas-ist-ein-minister-fuer-schnelljustiz/11224770.html. (Zugriff am 08.06.2015).

Lachmann, G. (11.12.2014). AfD sieht sich als natürlichen Pegida-Verbündeten. *Welt Online*. http://www.welt.de/politik/deutschland/article135274592/AfD-sieht-sich-als-natuerlichen-Pegida-Verbuendeten.html. (Zugriff am 08.06.2015).

Lachmann, G. (08.01.2015). AfD-Chefin Petry sieht „Schnittmengen" mit Pegida. *Welt Online*. http://www.welt.de/politik/deutschland/article136170926/AfD-Chefin-Petry-sieht-Schnittmengen-mit-Pegida.html. (Zugriff am 08.06.2015).

Lackerbauer, S. (21.04.2015). Pegida-Postings bei Facebook: Was der Nachbar denkt, aber nicht ausspricht. *Spiegel Online*. http://www.spiegel.de/unispiegel/wunderbar/pegida-facebook-postings-der-islamgegner-a-1027702.html. (Zugriff am 08.06.2015).

Lehberger, R., S. Vogel und D. Walden (22.12.2014). Sind wir das Volk der Ausländerfeinde? Die Köpfe hinter Pegida. *SPIEGEL TV*. http://spon.de/vgDYh. (Zugriff am 08.06.2015).

Leithäuser, J. und M. Bickel (01.09.2014). Berlin will 4000 Mann bewaffnen. *Frankfurter Allgemeine Zeitung*: 4.

Leubecher, M. (02.12.2014). „Die Partei" kapert Pegida-Marsch mit Homo-Plakat. *Welt Online*. http://www.welt.de/politik/deutschland/article134940066/Die-Partei-kapert-Pegida-Marsch-mit-Homo-Plakat.html. (Zugriff am 08.06.2015).

Lindner, N. (28.06.2015). Freitaler Demos gegen Flüchtlinge. Politiker lassen einfach gewähren. *Deutschlandfunk Online*. http://www.deutschlandfunk.de/freitaler-demos-gegen-fluechtlinge-politiker-lassen-einfach.720.de.html?dram:article_id=323812. (Zugriff am 08.06.2015).

Lohse, S. (09.02.2015). Protest gegen Pegida: Frauenkirche wird ab 18.30 verdunkelt. *Dresdner Neueste Nachrichten Online*. http://www.dnn-online.de/dresden/web/dresden-nachrichten/detail/-/specific/Protest-gegen-Pegida-Frauenkirche-wird-ab-18-30-verdunkelt-377517058. (Zugriff 08.06.2015).

Lohse, S. und C. Springer (17.03.2015). Anwalt Lorek: Auszählung hat keine Beweiskraft. *Dresdner Neueste Nachrichten*: 13.

Lommel, B. (2014). Erklärung der AfD-Fraktion im Stadtrat der Landeshauptstadt Dresden zu den Demonstrationen von PEGIDA. http://afd-dd.de/erklaerung-der-afd-fraktion-im-stadtrat-der-landeshauptstadt-dresden-zu-den-demonstrationen-von-pegida. (Zugriff am 08.06.2015).

Lühmann, M. (16.12.2014). Pegida passt nach Sachsen. *Zeit Online*. http://www.zeit.de/politik/deutschland/2014-12/pegida-dresden-politische-tradition. (Zugriff am 08.06.2015).

Machowecz, M. (2015). Busen, Bier und Islamismus. *Zeit Magazin 15*: 16-25.

Machowecz, M. (04.02.2015). Pegida und ich. *Zeit Online*. http://www.zeit.de/2015/06/pegida-dresden-ostdeutschland. (Zugriff am 08.06.2015).

Marschall, B. und E. Quadbeck (24.12.2014). Wolfgang Schäuble im Interview: „Nur Russland kann die Krise beenden". *Rheinische Post*. http://www.rp-online.de/politik/deutschland/nur-russland-kann-die-krise-beenden-aid-1.4760264. (Zugriff am 08.06.2015).

Martel, C. (2015). A Dresde sur les pas de PEGIDA. *Le Monde*. http://www.lemonde.fr/europe/visuel/2015/01/21/a-dresde-sur-les-pas-de-pegida_4559085_3214.html. (Zugriff am 08.06.2015).

Martin, M. (19.12.2014). Sachsen und Araber. *Die Welt*: 2.

Maxwill, P. (25.06.2015). Streit über Asylbewerberheim in Freital: Pöbel-Pingpong im Pegida-Land. *Spiegel Online*. http://www.spiegel.de/politik/deutschland/fluechtlingsheim-in-freital-poebel-pingpong-im-pegidaland-a-1040544.html. (Zugriff am 25.06.2015).

Maybritt Illner (11.12.2014). Aufstand für das Abendland – Wut auf die Politik oder Fremdenhass? *ZDF*.

Meier, A. und M. Niewendick (09.12.2015). Kundgebung der Islam-Hasser in Dresden. Innenminister de Maizière: „Pegida ist eine Unverschämtheit". *Tagesspiegel Online.* http://www.tagesspiegel.de/politik/kundgebung-der-islam-hasser-in-dresden-innenminister-de-maiziere-pegida-ist-eine-unverschaemtheit/11091188.html. (Zugriff am 08.06.2015).

Meisner, M. (18.05.2014). NPD und Pegida nähern sich an. *Tagesspiegel Online.* http://www.tagesspiegel.de/politik/rechte-allianz-in-sachsen-npd-und-pegida-naehern-sich-an/11789080.html. (Zugriff am 08.06.2015).

Mudde, C. (2004). The Populist Zeitgeist. *Government and Opposition 39 (3)*, 541-563.

Müller, A.-K. et al. (20.12.2014). Im Zentrum. *Der Spiegel*: 30-32.

Münchner Kirchennachrichten (21.12.2014). Kardinal Marx: Pegida-Phänomen ist diffus. *Münchner Kirchennachrichten.* http://www.muenchner-kirchennachrichten.de/meldung/article/kardinal-marx-pegida-phaenomen-ist-diffus.html. (Zugriff am 08.06.2015).

Nachtwey, O. (2015). Rechte Wutbürger. Pegida oder das autoritäre Syndrom. *Blätter für deutsche und internationale Politik 3*: 81-89.

Neuerer, D. (11.12.2014). „Die AfD teilt viele Pegida-Forderungen". *Handelsblatt Online.* http://www.handelsblatt.com/politik/deutschland/bernd-lucke-die-afd-teilt-viele-pegida-forderungen/11107094.html. (Zugriff am 08.06.2015).

Noack, R. (16.12.2014). What's behind the astonishing rise of an anti-Islam movement in Germany? *Washington Post Online.* http://www.washingtonpost.com/blogs/worldviews/wp/2014/12/16/whats-behind-the-astonishing-rise-of-an-anti-islam-movement-in-germany. (Zugriff am 08.06.2015).

NPD-Landesverband Sachsen (05.01.2015). Die Dresdner Massenproteste gegen Überfremdung und Asylmißbrauch setzen klare politische Forderungen auf die Agenda. *NPD-Landesverband Sachsen.* https://npd-sachsen.de/die-dresdner-massenproteste-gegen-ueberfremdung-und-asylmissbrauch-setzen-klare-politische-forderungen-auf-die-agenda (Zugriff am 08.06.2015).

n-tv (09.12.2014). Interview mit einem Pegida-Aktivisten: „Wir sind überparteilich". *n-tv Online.* http://www.n-tv.de/politik/Wir-sind-ueberparteilich-article14121121.html. (Zugriff am 08.06.2015).

Orosz, H. (2014). Rede der Oberbürgermeisterin vor dem Stadtrat am 11. Dezember 2014 zum Thema Asyl. http://www.dresden.de/media/pdf/presseamt/OB-Rede-Stadtrat-11122014.pdf. (Zugriff am 08.06.2015).

Panorama (18.12.2014). „Kontaktversuch: ‚Lügenpresse' trifft Pegida". *ARD.* http://daserste.ndr.de/panorama/archiv/2014/Kontaktversuch-Luegenpresse-trifft-Pegida-,pegida136.html. (Zugriff am 08.06.2015).

Patzelt, W. J. (2015a). Was und wie denken PEGIDA-Demonstranten? Analyse der PEGIDA-Demonstranten am 25. Januar 2015, Dresden. Ein Forschungsbericht. *TU Dresden.* http://tu-dresden.de/die_tu_dresden/fakultaeten/philosophische_fakultaet/ifpw/polsys/for/pegida/patzelt-analyse-pegida-2015.pdf. (Zugriff am 08.06.2015).

Patzelt, W. J. (2015b). „Repräsentationslücken" im politischen System Deutschlands? Der Fall PEGIDA. *Zeitschrift für Staats- und Europawissenschaften 13 (1)*: 99-126.

Patzelt, W. J. (21.01.2015). Edel sei der Volkswille. *Frankfurter Allgemeine Zeitung*: 12.

Patzelt, W. J. und C. Eichardt (2015). Drei Monate nach dem Knall: Was wurde aus PEGIDA? Dresden. *TU Dresden.* https://tu-dresden.de/die_tu_dresden/fakultaeten/philosophische_fakultaet/ifpw/polsys/for/pegida/patzelt-analyse-pegida-mai-2015.pdf. (Zugriff am 08.06.2015).

Patzelt, W. J. und J. Klose (11.05.2015). Die Ursachen des Pegida-Phänomens. *Frankfurter Allgemeine Zeitung*: 13.
Petzold, A. (17.12.2014). Immer noch im Tal der Ahnungslosen. *Stern.de*. http://www.stern.de/politik/deutschland/pegida-demonstrationen-in-dresden-immer-noch-im-tal-der-ahnungslosen-2160827.html. (Zugriff am 08.06.2015).
Pfahl-Traughber, A. (1999). *Rechtsextremismus in der Bundesrepublik*. München: Beck.
Pleil, I., H. Heuer und A. Friedrich (25.11.2014). Erster „Bürgerdialog Asyl" verlief friedlich. *Dresdner Neueste Nachrichten*: 1.
Pollmer, C. (26.07.2015). Arbeitsteilung auf sächsisch. *Süddeutsche Zeitung Online*. http://www.sueddeutsche.de/politik/dresden-arbeitsteilung-auf-saechsisch-1.2582576. (Zugriff am 28.07.2015).
Popp, M. und A. Wassermann (10.01.2015). Rechte Spaßgesellschaft. *Der Spiegel 3*: 34.
Priester, K. (2011). Definitionen und Typologien des Populismus. *Soziale Welt 62*, 185-198.
Priester, K. (2012). Wesensmerkmale des Populismus. *Aus Politik und Zeitgeschichte 62 (5-6)*, 3-9.
Reinhard, D. (16.01.2015). „Uns bleibt keine Wahl als Pegida". *Sächsische Zeitung*: 3.
Reuband, K.-H. (2015). Wer demonstriert in Dresden für Pegida? Ergebnisse empirischer Studien, methodische Grundlagen und offene Fragen. *Mitteilungen des Instituts für Deutsches und Internationales Parteienrecht und Parteienforschung 21*: 133–143.
Rheinische Post (05.01.2015). Schneider: „Christen haben bei diesen Demos nichts zu suchen". *Rheinische Post Online*. http://www.rp-online.de/panorama/deutschland/nikolaus-schneider-christen-haben-bei-den-demos-nichts-zu-suchen-aid-1.4775318. (Zugriff am 08.06.2015).
Richter, K., J. Kochinke und A. Dunte (23.01.2015). Grönemeyer, Niedecken, Toni Krahl: Viel Prominenz beim Event für Toleranz und Weltoffenheit. *Dresdner Neueste Nachrichten*: 1.
Rosa, H. (2005). *Beschleunigung. Die Veränderung der Zeitstrukturen in der Moderne*. Frankfurt a. M.: Suhrkamp.
Rosa, H. (20.04.2015). Fremd im eigenen Land. *Frankfurter Allgemeine Zeitung*: 6.
Rossmann, R. (15.12.2014). Interview mit Heiko Maas: „Die Argumente von Pegida sind doch wirklich hanebüchen". *Süddeutsche Zeitung*: 5.
Rucht, D. (2011). Zum Stand der Forschung zu sozialen Bewegungen. *Forschungsjournal Soziale Bewegungen 24*, 21-47.
Rucht, D., P. Daphi, P. Kocyba, M. Neuber, J. Roose, F. Scholl, M. Sommer, W. Stuppert und S. Zajak (2015). Protestforschung am Limit. Eine soziologische Annäherung an PEGIDA. *ipb working paper*. https://protestinstitut.files.wordpress.com/2015/03/protestforschung-am-limit_ipb-working-paper_web.pdf. (Zugriff am 08.06.2015).
Sächsische Zeitung (09.12.2014). Dresdens OB Orosz: Wir erreichen Pegida-Anhänger nicht. *Sächsische Zeitung Online*. http://www.sz-online.de/nachrichten/dresdens-ob-orosz-wir-erreichen-pegida-anhaenger-nicht-2991156.html. (Zugriff am 08.06.2015).
Sächsische Zeitung (11.12.2014). Pegida veröffentlicht Positionspapier. *Sächsische Zeitung*: 6.
Sächsische Zeitung (13.12.2014). Gesprächsangebot an Pegida. *Sächsische Zeitung*: 17.
Sächsische Zeitung (25.06.2015). Angriffe auf Flüchtlingsunterstützer. *Sächsische Zeitung*: 6.
Saft, G. (08.01.2015). AfD und Pegida spielen verstecken. *Sächsische Zeitung*: 6.
Saft, G. (30.01.2015). Ex-Pegida-Führer gründen neue Bewegung. *Sächsische Zeitung*: 1.
Saft, G. und H. Berndt (25.06.2015). Attacken auf Asylbewerberheime nehmen stark zu. *Sächsische Zeitung*: 1.

Salzborn, S. (2014). *Rechtsextremismus: Erscheinungsformen und Erklärungsansätze*. Baden-Baden: Nomos.
Schädlich, S. (09.07.2014). Informelle Gespräche haben begonnen. *Dresdner Neueste Nachrichten*: 17.
Schaefer, D., J. Mansel und W. Heitmeyer (2002). Rechtspopulistisches Potential. Die ‚saubere' Mitte als Problem. In W. Heitmeyer (Hrsg.), *Deutsche Zustände. Folge 1* (S. 123-135). Frankfurt a. M.: Suhrkamp.
Scharf, C. (20.11.2014). Das Asylheim mitten im Dorf. *Sächsische Zeitung*: 13.
Scharf, C. (17.12.2014a). Die Wut wächst. *Sächsische Zeitung*: 13.
Scharf, C. (17.12.2014b). Ein Dorf wird überfordert. *Sächsische Zeitung*: 3.
Schenk, W. (03.06.2015). OB-Kandidatin Tatjana Festerling: Ein gut zweistelliges Ergebnis wäre eine Überraschung. *Menschen-in-Dresden.de*. http://www.menschen-in-dresden.de/2015/ob-kandidatin-tatjana-festerling-ein-gut-zweistelliges-ergebnis-waere-eine-ueberraschung. (Zugriff am 08.06.2015).
Schielicke, A.-M., J. Hoffmann und W. Donsbach (2015). Populism, Political Disenchantment and Media Criticism. Paper presented at the Annual Conference of the International Association for Communication and Media Research. Montreal.
Schimmer, A. (26.11.2014). Pressemitteilung: „Wir sind das Volk" – Mit der PEGIDA den Volkswillen auf die Straße tragen! *NPD-Landesverband Sachsen*. https://npd-sachsen.de/wir-sind-das-volk-mit-der-pegida-den-volkswillen-auf-die-strasse-tragen. (Zugriff am 08.06.2015).
Schlottmann, K. (09.01.2015). Verfassungsschutz schaut nach rechts und links. *Sächsische Zeitung*: 5.
Schlottmann, K. (02.07.2015). „Diese Kundgebungen sind unanständig". *Sächsische Zeitung*: 6.
Schneider, J. (23.01.2015). Pegidas Telefonjoker. *Süddeutsche Zeitung*: 5.
Schroeder, K. (21.10.2010). Überall Chauvinisten. *Tagesspiegel Online*. http://www.tagesspiegel.de/meinung/andere-meinung/gastkommentar-ueberall-chauvinisten/1962532.html. (Zugriff am 08.06.2015).
Schwan, G. (30.12.2014). Pegida ist überall. *Die Zeit*: 44.
Schwarzer, A. (06.01.2015). Sie fliehen vor den Islamisten! http://www.aliceschwarzer.de/artikel/sie-alle-fliehen-vor-den-islamisten-318215. (Zugriff am 08.06.2015).
Sigmund, J. (01.01.2015). Minister Müller: Es gibt keinen Grund für Fremdenhass. *Augsburger Allgemeine*. http://www.augsburger-allgemeine.de/politik/Minister-Mueller-Es-gibt-keinen-Grund-fuer-Fremdenhass-id32489802.html. (Zugriff am 08.06.2015).
Smale, A. (07.12.2014). In German City Rich With History and Tragedy, Tide Rises Against Immigration. *The New York Times Online*. http://www.nytimes.com/2014/12/08/world/in-german-city-rich-with-history-and-tragedy-tide-rises-against-immigration.html. (Zugriff am 08.06.2015).
Spiegel Online (12.12.2014). Bundespräsident zu Flüchtlingen: Gauck wünscht sich weniger Beachtung für Pegida. *Spiegel Online*. http://www.spiegel.de/politik/deutschland/pegida-bundespraesident-gauck-fordert-weniger-beachtung-a-1008161.html. (Zugriff am 08.06.2015).
Spiegel Online (13.12.2014). SPIEGEL-Umfrage zur Flüchtlingspolitik: Deutsche fühlen sich von Regierung übergangen. *Spiegel Online*. http://www.spiegel.de/politik/deutschland/deutsche-kritisieren-fluechtlingspolitik-ein-drittel-stimmt-pegida-zu-a-1008274.html. (Zugriff am 08.06.2015).

Spiegel Online (19.12.2014). Eurokritiker: Henkel warnt AfD vor Zusammenarbeit mit Pegida. *Spiegel Online.* http://www.spiegel.de/politik/deutschland/henkel-warnt-afd-vor-zusammenarbeit-mit-pegida-a-1009498.html. (Zugriff am 08.06.2015).

Spiegel Online (26.01.2015). Sächsischer Minister trifft Pegida-Team: Auch Kathrin Oertel gehört zu Sachsen. *Spiegel Online.* http://www.spiegel.de/politik/deutschland/sachsens-innenminister-ulbig-trifft-pegida-sprecherin-kathrin-oertel-a-1015127.html. (Zugriff am 08.06.2015).

Spiegel Online (31.01.2015). Anti-Islam-Bewegung: Sächsisches Ministerium hatte direkten Draht zur Pegida-Spitze. *Spiegel Online.* http://www.spiegel.de/politik/deutschland/pegida-hatte-direkten-draht-in-sachsens-innenministerium-a-1015935.html. (Zugriff am 08.06.2015).

Springer, C. (15.01.2015). 20-Jähriger aus Eritrea starb nach mehreren Messerstichen in den Hals und die Brust. *Dresdner Neueste Nachrichten*: 11.

Springer, C. (24.12.2014). Beamte räumen einzelne Fehler bei Durchlasskontrollen zu Anti-Pegida-Kundgebung am Montagabend ein. *Dresdner Neueste Nachrichten*: 15.

Springer, C., H. Heuer und S. Lohse (26.01.2015). Gestern 17300 Pegida-Anhänger auf dem Theaterplatz. *Dresdner Neueste Nachrichten*: 1.

Statistische Ämter des Bundes und der Länder (2014). *Zensus 2011. Bevölkerung nach Geschlecht, Alter, Staatsangehörigkeit.* Bad Ems.

Statistisches Landesamt des Freistaates Sachsen (2014). Landtagswahl 2014. http://www.statistik.sachsen.de. (Zugriff am 08.06.2015).

Stern Online (17.12.2014). Hier können Sie sehen, ob Ihren Freunden Pegida gefällt. *Stern Online.* http://www.stern.de/politik/deutschland/pegida-auf-facebook-hier-koennen-sie-sehen-ob-ihren-freunden-pegida-gefaellt-2160772.html. (Zugriff am 08.06.2015).

Stöss, R. und O. Niedermayer (2008). Rechtsextreme Einstellungen in Berlin und Brandenburg 2000-2008 sowie in Gesamtdeutschland 2005 und 2008. *FU Berlin.* http://www.polsoz.fu-berlin.de/polwiss/forschung/systeme/empsoz/forschung/media/rex_00_08.pdf. (Zugriff am 08.06.2015).

Sturm, D. F. (24.01.2015). Genossen rüffeln Gabriel für seinen Pegida-Dialog. *Welt Online.* http://www.welt.de/politik/deutschland/article136734129/Genossen-rueffeln-Gabriel-fuer-seinen-Pegida-Dialog.html. (Zugriff am 08.06.2015).

Süddeutsche Zeitung (13.12.2014). Gemeinsame Gegenwehr. Bundespräsident und Politiker sehen Pegida-Proteste mit Sorge. *Süddeutsche Zeitung*: 7.

Süddeutsche Zeitung (01.01.2015). Fast jeder Dritte hat Verständnis für Pegida. *Süddeutsche Online.* http://www.sueddeutsche.de/politik/umfrage-zu-anti-islam-bewegung-fast-jeder-dritte-hat-verstaendnis-fuer-pegida-1.2287619. (Zugriff am 08.06.2015).

Sumner, W.G. (2007). *Folkways: A Study of Mores, Manners, Customs and Morals.* New York: Cosimo.

Tagesthemen (11.12.2014). De Maizière im tagesthemen-Interview: „Sorgen von ‚PEGIDA' ernst nehmen". *ARD.* https://www.tagesschau.de/inland/de-maiziere-interview-101.html. (Zugriff am 08.06.2015).

Tageszeitung (25.01.2015). Hanebüchen, verharmlosend, naiv. *taz Online.* http://www.taz.de/Gruenen-Frau-kommentiert-Pegida/!5022617. (Zugriff am 08.06.2015).

Taggart, P. (2004). Populism and Representative Politics in Contemporary Europe. *Journal of Political Ideologies 9 (3)*, 269-288.

Tanriverdi, H. (17.12.2014). „Löscht Facebook-Freunde, die Pegida liken". *Sueddeutsche.de*. http://www.sueddeutsche.de/digital/like-button-loescht-facebook-freunde-die-pegida-liken-1.2271851. (Zugriff am 08.06.2015).

Thurau, C. (12.01.2015). Live-Bericht von der Pegida-Demonstration. *heute journal*. https://www.youtube.com/watch?v=3VXH9b64Ca8. (Zugriff am 08.06.2015).

Voigts, H. (14.04.2015). Heidi Mund kriegt Konkurrenz. *Frankfurter Rundschau Online*. http://www.fr-online.de/frankfurt/pegida-heidi-mund-kriegt-konkurrenz,1472798,30428150.html. (Zugriff am 08.06.2015).

Vorländer, H. (2009). Die Deutschen und ihre Verfassung. *Aus Parlament und Zeitgeschichte 18-19*, 8-18.

Vorländer, H. (2011a). The good, the bad, and the ugly. Über das Verhältnis von Populismus und Demokratie – Eine Skizze. *Totalitarismus und Demokratie 8*: 187-194.

Vorländer, H. (2011b). Spiel ohne Bürger. *Frankfurter Allgemeine Zeitung*: 8.

Vorländer, H. (2011c). Der Wutbürger – Repräsentative Demokratie und kollektive Emotionen. In H. Bluhm, K. Fischer und M. Llanque (Hrsg.), *Ideenpolitik. Geschichtliche Konstellationen und gegenwärtige Konflikte* (S. 467-478). Berlin: Akademie Verlag.

Vorländer, H. (2013). Kritik, Krise, Szenarien. Zur Lage der Demokratie. *Zeitschrift für Politikwissenschaft 2*: 267-277.

Vorländer, H., M. Herold und S. Schäller (2015). *Wer geht zu PEGIDA und warum? Eine empirische Untersuchung unter PEGIDA-Demonstranten in Dresden*. Dresden.

Walter, F. (19.01.2015). Studie zu Demos in Dresden: Psychogramm der Pegida-Anhänger. *Spiegel Online*. http://www.spiegel.de/politik/deutschland/pegida-franz-walter-legt-studie-zu-demonstranten-in-dresden-vor-a-1013688.html. (Zugriff am 08.06.2015).

Waurig, T. (20.12.2014). Altkanzler fordert „Aufstand der Anständigen". *couragiert. Magazin für demokratisches Handeln und Zivilcourage*. http://www.couragiert-magazin.de/me/schroeder-interview.html. (Zugriff am 08.06.2015).

Weckbrodt, H. (27.06.2014). Für Unterkunft und Betreuung sind 7,5 Millionen Euro zusätzlich nötig. *Dresdner Neueste Nachrichten*: 4.

Weidner, S. (2015). *Anti-Pegida. Eine Streitschrift*. Leipzig: Amazon.

Weiland, S. (19.12.2014). Eurokritiker: AfD-Vize Gauland verteidigt Pegida-Märsche. *Spiegel Online*. http://www.spiegel.de/politik/deutschland/afd-und-pegida-afd-vize-gauland-rechtfertigt-pegida-maersche-a-1009270.html. (Zugriff am 08.06.2015).

Weiland, S. (17.04.2015). Flügelkämpfe bei Eurokritikern: AfD-Vize Henkel rechnet mit Pegida-Anhängern ab. *Spiegel Online*. http://www.spiegel.de/politik/deutschland/afd-vize-hans-olaf-henkel-rechnet-mit-pegida-ab-a-1028984.html. (Zugriff am 10.07.2015).

Weller, A. (21.04.2015). NPD unterstützt Pegida-Kandidatin in Dresden. *Sächsische Zeitung*: 1.

Welt Online (04.02.2015). Für Gabriel gehört Pegida zu Deutschland. *Welt Online*. http://www.welt.de/politik/deutschland/article137107253/Fuer-Gabriel-gehoert-Pegida-zu-Deutschland.html. (Zugriff am 08.06.2015).

Welt Online (02.06.2015). Pegida in Karlsruhe benennt sich um. *Welt Online*. http://www.welt.de/regionales/baden-wuerttemberg/article141858207/Pegida-in-Karlsruhe-benennt-sich-um.html. (Zugriff am 08.06.2015).

Werfel, F. (27.06.2015). Politik zum Anfassen. *Sächsische Zeitung*: 30.

Wiegel, M. und A. Ross (13.01.2015). Paris verschärft nach Terroranschlägen Sicherheitsvorkehrungen. *Frankfurter Allgemeine Zeitung*: 1.

Wolf, U. (16.02.2015). Waschen, Schneiden, Blödeln. *Sächsische Zeitung*: 3.

Wolf, U. und A. Schawe (10.01.2015). Pegida etabliert sich. *Sächsische Zeitung*: 3.

Wolf, U. und M. Llanque (08.08.2014). Zimmer frei. *Sächsische Zeitung*: 3.
Wolf, U., A. Schneider und T. Wolf (22.12.2014). Pegida – wie alles begann. *Sächsische Zeitung*: 3.
Wolf, U., A. Schneider, T. Wolf und H.M. Löbbers (02.12.2014). Pegida persönlich. *Sächsische Zeitung*: 3.
Wonka, D. und J. Riecker (17.12.2014). Reaktionen schwanken zwischen Gesprächsbereitschaft und Ablehnung. *Sächsische Zeitung*: 1.
Yücel, D. (16.12.2014). „Ich geh ooch ma zum Döner". *taz Online*. http://www.taz.de/Pegida-Demonstration-in-Dresden/!5026039. (Zugriff am 08.06.2015).
Zeit Online (15.12.2014). Jeder Zweite sympathisiert mit Pegida. *Zeit Online*. http://www.zeit.de/politik/deutschland/2014-12/islam-pegida-fluechtlinge-deutschland-umfrage. (Zugriff am 08.06.2015).
Zick, A., A. Hövermann und D. Krause (2012). Die Abwertung von Ungleichwertigem. Erklärungen und Prüfung eines erweiterten Syndroms der Gruppenbezogenen Menschenfeindlichkeit. In W. Heitmeyer (Hrsg.), *Deutsche Zustände. Folge 10* (S. 64-86). Frankfurt a. M.: Suhrkamp.
Zick, A., B. Küpper und A. Hövermann (2011). *Die Abwertung des Anderen. Eine europäische Zustandsbeschreibung zu Intoleranz, Vorurteilen und Diskriminierung*. Berlin: Friedrich-Ebert-Stiftung.
Zweigler, R. (27.01.2015). Bürgerrechtlerin Freya Klier hält nicht aufgearbeitete Vorurteile für eine Wurzel der Pegida-Proteste. *Dresdner Neueste Nachrichten*: 4.

MIX
Papier aus verantwortungsvollen Quellen
Paper from responsible sources
**FSC® C105338**

If you have any concerns about our products,
you can contact us on
**ProductSafety@springernature.com**

In case Publisher is established outside the EU,
the EU authorized representative is:
**Springer Nature Customer Service Center GmbH
Europaplatz 3, 69115 Heidelberg, Germany**

Printed by Libri Plureos GmbH
in Hamburg, Germany